新訂

障がいの重い児(者)が求める
ムーブメントプログラム
― MEPA-ⅡRの実施と活用の手引 ―

監修・著

小林 芳文・藤村 元邦・飯村 敦子・新井 良保・小林 保子

萌文書林
Houbunshorin

まえがき
―障がいの重い児(者)の健康と幸福を願って―

　本書は，障がいの重い児(者)，つまり重症児(者)・医療的ケア児・重度重複障がい児などの運動・感覚とコミュニケーション支援に向けて作成された「**ムーブメント教育・療法プログラム　アセスメント：MEPA-ⅡR**」（MEPA-ⅡR＝Movement Education and Therapy Program Assessment-ⅡRevised，略称；メパーツーアール）の実施法とそのアセスメントに連携した活動プログラムのガイド書であります。

　私たちは，1992年に本書の前身であるMEPA-Ⅱアセスメントを，世に紹介しました。このアセスメントは時代の流れを受けて，新しい視点での作り直しが必要となり，2014年には「MEPA-ⅡRアセスメント」，および，そのアセスメントの実施と活用に結びつけた「障がいの重い児(者)が求めるムーブメントプログラム」を作成しました。

　これまでに障がいの重い児(者)の施設，重症児(者)の病院，児童発達支援センター，特別支援学校などで，教育，保育，療育にかかわっている多くの関係者により，このムーブメント教育・療法の理念やムーブメント活動のプログラムが活用され，ここに新たな情報や内容を組み入れた新訂書の刊行になりました。

　ムーブメント活動での支援により，それまで表情が乏しく，反応が少ないと思われていた障がいの重い人がたくさんの笑顔も出せるようになりました。楽しいムーブメント活動で，多くの方々が運動の幅も広がり，人とのかかわりなどのコミュニケーション能力を増やすことも示してくれました。

　私たちは，障がいのある方々が，この笑いながら参加できる軽運動のムーブメント活動で，健康のリズムや身体の動き作りもでき，何よりも「こころ」が育まれること，伝統的な訓練的活動でなくても，発達・成長に好循環が作れることなどを，療育や医療関係者との協力で実証してきました（医療スタッフのためのムーブメントセラピー，メディカ出版，2003年）。

　障がいの重い児(者)の支援には，医療モデルだけでなく，遊びの要素を持った生活モデルを組み込むことが必要なのです。その方法の一つに，「**ムーブメント教育・療法による支援方法**」があると考えます。

まえがき

　ムーブメント教育・療法のプログラムは，生活に結びついている活動なので
Positive Healthとしての健康支援，日々のQOL（生活の質）やウェルビーイングの向
上に，特に役立ちます。また，遊具，用具，音楽など多様な環境やグループでのプ
ログラムが展開できるので，情緒や社会性をも培う活動になるのです。

　MEPA-ⅡRは，発達の初期段階に止まりやすい障がいの重い児（者）の成長の変化
を，細かくチェックできる世界でも類をみないアセスメントツールなのです。
　その利点は，単なる検査と違い実際の支援に結びつけて評定できること，発達の
芽生えや育ちの振り返りがチェックできること，プログラム編成のポイントに結び
ついたプログラムが作れることなど，支援に必要なPDCAサイクル（計画，実行，
評価，修正した実行）につなげて行えることに特徴があります。
　つまり，本書は，重い障がい児（者）の運動・感覚やコミュニケーション支援に向
けた計画，教育や療育における個別の教育支援計画（IEP）や，障がい児（者）の個別
家族支援計画（IFSP）にも活用できるように編集されています。

　私たちは，40年前から米国のM. Frostig，ドイツのJ. Kiphard，スイスのS. Naville
ら世界の研究者のムーブメント理論を軸に，ムーブメント教育・療法のアセスメン
トや支援法，ムーブメント遊具などを開発してきました。
　そして，2005年には，特別支援教育の学校（学級）や療育機関など保育・教育の現
場で活用できる「MEPA-R；略称メパR」と，それと連携するプログラムとしての
「ムーブメント教育・療法による発達支援ステップガイド（日本文化科学社，2006年）」
を作成しました。
　重症児（者）の医療機関でのムーブメント教育・療法の活用に向けては，国立病院
機構まつもと医療センター中信松本病院（現，NHOまつもと医療センター）を中心に，
全国の重症児病院の療育関係者の協力のもと，NPO法人日本ムーブメント教育・
療法協会（JAMET）と連携して，プログラムの進化を図ってきました。

　ところで，本書の誕生には，日本ムーブメント教育・療法協会の初代会長であ
り，重症児医療の「大島の分類」で有名な，故大島一良博士の存在を忘れることは
できません。先生は，我が国の重症児（者）の療育にムーブメント教育・療法を推進
された方でした。先生の力強いエールにより今日の流れが生まれたと考えます。

　本書は，第1部第1章で，障がいの重い児（者）に対するムーブメント教育・療法
の基本的考え方についてふれています。また第2章では，MEPA-ⅡRを家族，施

設，学校，保育，病院の立場から，どのように活用すればよいか，実際の取り組み
をしている現場サイドの実践を紹介しています。そして，第3章で，MEPA-ⅡR
のねらいや特徴などその構成について説明しています。

　第2部は，第4章から第9章で構成しています。特に第5章，第6章は，本書の
軸となっている「MEPA-ⅡRの実施法と活用プログラム」の実際です。

　ここでは，アセスメント項目の運動・感覚分野(姿勢領域，移動領域，操作領域)の
それぞれ5ステップ(合計15ステップ)毎にある総ての小項目(150項目)について，
またコミュニケーション分野(言語・社会性・情緒の要求領域)のそれぞれ5つのス
テップ毎にある総ての小項目(50項目)について，その実施法(評定の仕方)，それに
つなげる「支援のめあて」「推奨する活用プログラム」を詳細，かつ解りやすく例
示しています。そこに，「発達のポイント」も加えました。

　第2部のもう一つの展開は，第7章から第9章でのアセスメントの実施方法(実
際の支援にあたってのプログラム編成に向けて)，事例の記入例，ムーブメント遊具等
の活用例，想定されるQ＆A，関連資料などを加えました。

　今，我が国では，ムーブメント教育・療法による支援や療育プログラムがいろい
ろな領域で使われています。本書の対象である重症児(者)，重度重複障がい児はも
とより，近年，高齢の方々の医療介護の支援にもムーブメント活動のプログラムが
取り入れられ，その効果が注目され始めました。

　子ども・子育ての楽しい環境，福祉共生，インクルージョン，ウェルビーイング
やストレングス(強み)に目を向けた療育支援，QOLの充実など，新しい風として
のキーワードがどんどん叫ばれています。

　本書が，このようなキーワードを大切にする医療，福祉，教育，保育，療育に携
わる皆様，そして保護者の方々に少しでもお役に立てれば，私たちのこの上のない
喜びであります。

　　　2025年2月

　　　　　　　　　　　　　　　　　　　　　　監修・著者代表　小 林 芳 文

目　次

まえがき

第1部　重症児(者)・医療的ケア児・重度重複障がい児のムーブメント教育・療法

第1章　重症児(者)・医療的ケア児・重度重複障がい児へのムーブメント教育・療法 ─その基本的考え方─

1．発達的課題としての感覚運動　1
2．教育的・療育的側面としての感覚運動　3
3．ムーブメント教育・療法における支援での基本的考え方　5

第2章　MEPA-ⅡRアセスメントの必要性とその活用

1．継続的な家族支援に活かす　6
2．肢体不自由児の療育に活かす　9
3．特別支援学校での自立活動に活かす　14
4．病院でのQOLに活かす　18
5．医療的ケア児の支援に活かす　23
6．インクルーシブ保育に活かす　26

第3章　MEPA-ⅡRの開発と構成内容

1．MEPA-ⅡRの開発の経過　31
2．MEPA-ⅡRのねらいと特色　32
3．MEPA-ⅡRの構成　34
4．MEPA-ⅡRの発達グリッドの系列化　37

第2部　MEPA-ⅡRの実施法と活用プログラム

第4章　実施にあたって

1．MEPA-ⅡRの記入法　38
2．MEPA-ⅡRの評定表の記入　39
3．プロフィール表の作成　39

第5章　運動・感覚分野の実施法と活用プログラム

1．姿勢領域　実施法と活用プログラム（第1ステップ～第5ステップ）　**40**

　　1）第1ステップ（0ヶ月～3ヶ月発達レベル）

　　　　P-1 腹臥位での頭の持ち上げ，P-2 垂直位での頭のコントロール

　　2）第2ステップ（4ヶ月～6ヶ月発達レベル）

　　　　P-3 背臥位での引き起こし，P-4 初歩の座位

　　3）第3ステップ（7ヶ月～9ヶ月発達レベル）

　　　　P-5 安定座位，P-6 初歩の四つ這い位，P-7 安定した四つ這い位

　　4）第4ステップ（10ヶ月～12ヶ月発達レベル）

　　　　P-8 膝立ち位，P-9 立位

　　5）第5ステップ（13ヶ月～18ヶ月発達レベル）

　　　　P-10 立位から一人で座る

2．移動領域　実施法と活用プログラム（第1ステップ～第5ステップ）　**62**

　　1）第1ステップ（0ヶ月～3ヶ月発達レベル）

　　　　Lo-1 自発的な身体の動き，Lo-2 自発的な手足の動き

　　2）第2ステップ（4ヶ月～6ヶ月発達レベル）

　　　　Lo-3 初歩的な寝返り，Lo-4 完全な寝返り

　　3）第3ステップ（7ヶ月～9ヶ月発達レベル）

　　　　Lo-5 這いずり移動，Lo-6 交互による腹這い移動，

　　　　Lo-7 安定した四つ這い移動

　　4）第4ステップ（10ヶ月～12ヶ月発達レベル）

　　　　Lo-8 つかまって動き回る，Lo-9 支持で歩く

　　5）第5ステップ（13ヶ月～18ヶ月発達レベル）

　　　　Lo-10 一人で歩く

3．操作領域　実施法と活用プログラム（第1ステップ～第5ステップ）　**88**

　　1）第1ステップ（0ヶ月～3ヶ月発達レベル）

　　　　M-1，M-2 手指の握りと探索

　　2）第2ステップ（4ヶ月～6ヶ月発達レベル）

　　　　M-3，M-4 両側手と片手の握り

　　3）第3ステップ（7ヶ月～9ヶ月発達レベル）

　　　　M-5 物の持ち替え，M-6 物を振る，M-7 物を両手に持つ

　　4）第4ステップ（10ヶ月～12ヶ月発達レベル）

　　　　M-8　2個の積木を重ねる，M-9 物を投げる

　　5）第5ステップ（13ヶ月～18ヶ月発達レベル）

　　　　M-10 おわんの物を取り出す

第6章　コミュニケーション分野の実施法と活用プログラム

1．第1ステップ「自己内部要求」（0ヶ月～3ヶ月発達レベル）　110
生理的要求でのかかわり支援，視線合わせによる支援，ほほえみでのやりとり支援，音声でのやりとり支援，模倣手段によるかかわり支援

2．第2ステップ「自己外界要求」（4ヶ月～6ヶ月発達レベル）　122
欲しいものを介しての支援，ものを取り込んだ循環での支援，認知発達の芽生え支援，動作や音声の模倣を取り入れる支援，喃語の発声を誘う支援

3．第3ステップ「自他循環要求」（7ヶ月～9ヶ月発達レベル）　134
手段－目的関係の支援，イメージ形成を育てる支援，身体像の支援，身近な人へのかかわり支援，模倣による広がり支援，喃語から言語音声への支援

コラム　いろいろな環境に応じたムーブメント活動の展開①　屋外編　151

4．第4ステップ「自発的循環要求」（10ヶ月～12ヶ月発達レベル）　152
自発的刺激の循環的状況の支援，言語・運動の連鎖的かかわりの支援

5．第5ステップ「社会的循環要求」（13ヶ月～18ヶ月発達レベル）　164
グループでの活動による支援，仲間とのつながりを広げる遊具を介した支援

コラム　いろいろな環境に応じたムーブメント活動の展開②　プール編　171

第7章　MEPA-ⅡRの実施と活用に向けて
―記入例と実践への活用―

1．アセスメントシートの記入例　172
2．発達パターンからみたプログラム実践方法　187
3．実践事例1：児童発達支援センターでの実践　192
4．実践事例2：特別支援学校での実践　198

第8章　障がいの重い児(者)に向けたムーブメント遊具等の活用の実際
書籍　208

関連資料　211

参考・引用文献　212

第9章　アセスメント実施にあたってのQ&A

監修者・著者紹介

第1部

重症児(者)・医療的ケア児・重度重複障がい児のムーブメント教育・療法

第1章

重症児(者)・医療的ケア児・重度重複障がい児へのムーブメント教育・療法
―その基本的考え方―

1．発達的課題としての感覚運動

一般に重症児(者)や重度重複障がい児は，身体を自由に動かして移動したり，物に手を出して操作する行動が困難です。このため，感覚機能の発達も低下し，二次的障がいを招くことがあります。

人の感覚は，それ自体でも機能しますが身体運動が加わると，よりその機能の働きを発揮することにより発達における「感覚運動」の課題が位置づきます。それが生きる力の脳幹を活性化し，健康や発達の土台作りになるのです(図1-1)。

人の発達における感覚運動支援を，ムーブメント教育・療法の立場からみると，表1-1のような課題にまとめられます。

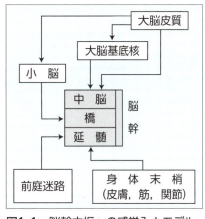

図1-1　脳幹中枢への感覚入力モデル
(RF. Schmidt)

表1-1　ムーブメント教育・療法での感覚運動のための発達的課題

①抗重力姿勢での感覚運動の経験
②豊かな身体の揺れ感覚の経験
③身体意識，特に身体像の形成

(1) 楽しい抗重力姿勢を経験する

ムーブメント活動による感覚運動の課題として，身体運動の「抗重力姿勢」の問題があります。

重症児(者)らの多くは座位保持が困難で，寝たきり状態の従重力姿勢を続けることになります。抗重力姿勢の経験は，筋肉，関節に緊張を与え，感覚を刺激します。身体軸が正常に維持できるので健康や認知発達にとっても良循環が作れます。そのために，座位保持椅子などの補装具を利用して，この姿勢保持が自然に経験できるようにムーブメント活動を組み合わせます。このことで単純な姿勢保持の活動を乗り越え，楽しく姿勢制御が経験できるのです。

トランポリンを使った活動は，障がい児(者)に抗重力姿勢を維持する大変優れたムーブメント活動と言えます。トランポリンのキャンパス上で，補助姿勢を保った状態でゆっくりと上下動の揺れを加えると，抗重力姿勢の持続時間が維持できます。

また，プールでのムーブメント活動(水泳ムーブメント)は，抗重力姿勢が作りやすいことから，特に椎奨される感覚運動であると言えるでしょう。

(2) 多様なムーブメント活動での豊かな揺れを経験する

身体の揺れ感覚のムーブメント活動は，身体機能の感覚刺激と結びつく動きの支援です。身体の揺れによる前庭感覚刺激は，快い「眩暈(めまい)」を誘発することが可能なため，ヒトは身体を多く動かすことになります。これにより，前庭感覚器がより機能することになり，他の感覚(固有感覚)を活性化して，結果的に発達や健康の循環ができることも明らかになりました。

小林ら(1998)は，身体の揺れ感覚を促す代表的なトランポリン運動での，揺れ運動時における身体各部の皮膚温，および，心拍(HR)の変化を分析しました。その結果，トランポリン運動が効果的に生体に作用することが確認されました。

また，新井ら(1992)は，ネットカー遊具に重症児を乗せて水平性運動を経験させ，その時の心拍数の変化を分析しました。その結果，安静時に比べて平均心拍数に有意な差で変化が観察され，揺れ運動が軽度であっても循環器系に負荷を与えることがわかりました。このことにより，寝たきりの状態の重症児(者)に，可能な限り抗重力姿勢と揺れ感覚運動の必要性が示唆されました。

身体の揺れ感覚は，ユランコ遊具(写真1-1)や毛布に乗せて，ハンモック様の揺れ経験を支援する方法も，ムーブメント活動では多く取り入れられています。

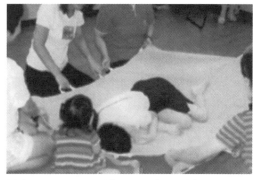

写真1-1　ユランコ遊具での楽しい揺れ

(3) 身体の気づきとしての身体意識，特に身体像の形成

人の発達に大きくかかわる身体意識(body awareness)について，M. Frostig(1978)は，それは，身体の内的・外的感覚としての身体像(body image)，身体の左右性・方向性などの身体図式(body schema)，身体の働きの知識などの身体概念(body concept)の総合体と定義しました。身体意識は心身の正常発達に不可欠な能力とも言っています。

身体全体に分布している感覚器(触覚，筋感覚など)の働きは，身体意識の形成に大きくかかわります。感覚器が働くためには，多様な活動ができるムーブメント活動の環境が必要です。特に，自発的な能動的な活動がポイントです。興味のある遊具に触れての遊び，身体全体が参加する転がり運動や，潜り抜けなどができる遊具を使ってのムーブメント環境が必要となります。

特に，重症児(者)らにとっては，身体像の形成につながるムーブメント活動が重要となります。それは，身体像が形成されることで自己意識の発達が育まれるからです。表1-2は，ムーブメント活動による身体像や身体図式の形成に役立つ感覚運動の例です。

表1-2　ムーブメント教育・療法での身体像等を育む感覚運動(例)

① 身体像の形成(身体の内的・外的感覚刺激と結びつけて)
　　触覚運動(アクティブタッチを含む)
　　筋緊張・弛緩運動(固有感覚刺激を含む)
② 身体図式を育てる(前庭感覚刺激などに結びつけて)
　　抗重力運動(ポジショニングと共に)
　　バランス運動(加速度運動)

2．教育的・療育的側面としての感覚運動

障がい児(者)の感覚運動の取り組みには，教育的・療育的アプローチが必要となります。それがムーブメント教育・療法ならではの，より対象児(者)側に結びつけた寄り添い支援の特徴の一つとなります。表1-3はその主要な課題をあげたものです。

表1-3　ムーブメント教育・療法での感覚運動のための教育的・療育的課題

① 多様な運動による感覚運動の支援
② 基礎的運動機能の支援
③ 情緒・社会性の支援

(1) 多様な運動による感覚運動の支援

重症児(者)は，動きが制限されているために感覚運動の発達が未発達です。J. Ayers (1978)は，感覚に目を向け，感覚統合(sensory integration)のアプローチをLD(学習障がい)

などの療法として立ち上げましたが，M. Frostig(1978)のムーブメント法では，感覚と運動が切り離せないという考えのもとに，楽しい自発的な活動が組み込まれた感覚運動統合(sensory motor integration)の考えを出しています。

このことは，障がい児(者)には，可能な限り動きのバリエーションを拡大してあげたり，多様な運動が展開できるような環境，とりわけ，さまざまな遊具を設定して，動きに制限が加わらないような状況(環境)を作ることを意味しています。多様な感覚モダリティ(sensory modality)を取り入れた活動が，感覚運動の統合に役立つとした考えです。

ムーブメント教育・療法での，遊具，音楽，人，場所などの多くの環境がかかわることで，これが自然に進められるのです。

(2) 基礎的運動機能の支援

Frostigは，ムーブメント教育・療法での感覚運動の課題に，動きづくりをあげています。そこには，姿勢，移動にかかわる運動と，操作にかかわる運動があります。

基礎的な運動機能とは，粗大運動が中心となります。それが「動きの基礎」を育てることになります。楽しいムーブメント活動のスモールステップで，寝返り，座位，四つ這い位(移動)，立位，歩行という粗大運動の経験を支援します。

主に運動障がいが強い脳性まひなどの肢体不自由児に対しては，これまで姿勢動作を中心にした訓練法が行われていましたが，最近，当事者が幼少時から動作の訓練に対して，これがいかに辛いことであったか，もっといろいろな活動(遊びを含めて)をしたかったと述べています(熊谷, 2009)。ここにムーブメント教育・療法の理念が位置づくのです。

人の動作は，姿勢の能力も，移動の能力も，操作の能力も加わって展開することを考えれば，ムーブメント教育・療法のような「動きの3要素」(姿勢，移動，操作)を自然な方法で経験できる機会が必要となります。

人の運動機能には，発達の初期段階からの流れがあります。この流れを考慮して運動能力を助長することで，重症児(者)の運動機能発達の支援ができるのです。

(3) 情緒・社会性の支援

ムーブメント教育・療法では，楽しみ，笑い，笑顔，心の解放という情緒的満足感や，人と人とのつながりにかかわる社会性を育む環境が大事にされます。

特に障がい乳幼児や児童においては，このことが強調されます。例えば，対象児(者)がセラピー器具や訓練具に乗せられる身体の揺れの感覚運動の活動があったとしても，そこに，楽しさや心を躍らせる状況を大切にする方法論を持たないアプローチでは，発達の支援や笑顔を作ることに限界があります。

ムーブメント教育・療法の特徴は，遊具や音楽を上手に使った障がい児(者)のためのやさしい活動の環境と，"もっとやりたい"とする楽しい心の環境を整えることにあります。つまり，ムーブメント教育・療法での感覚運動は，対象児(者)中心の環境，楽しめ

る，笑いと遊びの環境，“人”と“人”とを結びつける環境の力を使いながら，支援を進めることにあります。これにより，情緒・社会性の助長が図られると考えます。

3．ムーブメント教育・療法における支援での基本的考え方

　重症児（者）らのムーブメント教育・療法での活動を支援するうえで，その基本的考え方を示せば，伝統的な訓練やセラピーでは少ないと思われる運動スキルの拡大，活動の喜び，自発性や意欲，身体の気づきとしての身体意識の形成，社会性・情緒の拡大，そして，遊具，道具の活用という活動のかかわりなどが重要なポイントとなります（表1-4）。

表1-4　重症児（者）らのムーブメント教育，療法における支援の基本的考え方

① 可能な限り身体全体での活動を取り入れること
② 遊具（道具）を使って，刺激－反応のムーブメントシステムを作ること
③ 遊びの喜びを豊富に与えること
④ 人と物とを含めた環境からの問いかけに，変化を持って行うこと
⑤ 健康と幸福感の達成を中心的ゴールに据えること

　① については，可能な限り身体全体での活動を取り入れること，例えば，障がいのある部位の上肢や下肢など，運動機能障がいの克服だけをねらっているのではなく，不自由のない身体全体に通ずる活動を取り入れることです。

　障がい部位に捉えられていると，ともすると訓練的なかかわりが強くなります。これでは，ムーブメント教育・療法の良さである「自発性」が失われることになります。

　② については，環境を取り込んだ遊具を使っての刺激，反応のムーブメントシステムを作ることです。環境力を十二分に使うことで，対象児（者）の発達を支援します。重症児（者）らの支援は，場も含め遊具や道具や音楽などによる「ムーブメントのシステム」を，いかに対象児（者）の反応に合わせて設定するか，その工夫が必要となります。

　③ については，活動における「遊びの喜び」を発展させることが大切です。これにより，柔らかい表情としての笑顔がふくらみます。楽しい活動は喜びを育て，意欲を生みだし，情緒を安定させるからです。

　④ については，環境からの「問いかけに変化をつける」ことは，特に重症児（者）らに反応が顕著にみられない場合こそ，非常に大切にしたいことです。ムーブメント活動の特徴である大勢での活動による展開は，特にこの気持ちを前向きにします。

　⑤ については，「健康と幸福感の達成」とは，ムーブメント活動は決して訓練とは異なり，一方的な運動や強い命令や型にはまった関わりではありません。そこにはいつも，幸せ感を体験させる柔軟な活動があるからです。対象児（者）を泣かせないで支援できた時，支援者側も幸福感が味わえる活動なのです。

第2章

MEPA-ⅡRアセスメントの
必要性とその活用

1．継続的な家族支援に活かす

(1) はじめに

　ここでは，20年という長期にわたり，重度重複障がい児とその家族への支援に，ムーブメント教育・療法のプログラムを活用した事例を通して，家族支援におけるアセスメントの意義を考えたいと思います。

　本事例に，新訂版MEPA-ⅡRの旧版であるMEPA-Ⅱというアセスメントを活用したことで，対象児の成長や発達が客観的に記録でき，よりよい家族支援の成果をあげることができました。

　また，アセスメント結果による情報の共有化を通して，支援者である専門スタッフと家族との継続支援システムを構築することができました。

　ここに活用実践をとりあげてみます。

(2) 対　象

　① **生育歴**：対象者(O.Y)は1987年1月生まれの女児。周産前期，周産期には特に異常はなく，生後8ヶ月にF病院で「脳性まひ」と診断。1990年1月，3歳時に始めてムーブメント教室に参加しました。

　その後，継続して参加。1990年4月から1993年3月までY養設学校幼稚部(週3回)に通園。1991年5月から1993年3月まで地域のG保育園での保育を経て，1993年4月より養護学校に入学し，2005年3月に養護学校高等部を卒業し，2001年5月から現在までムーブメントサークル「Andante」(アンダンテ)の活動に参加し，現在，F市の生活介護事業所に通所しています。

(3) 支援期間

　① **ムーブメント教室への参加**：対象者は1990年1月から2011年9月の20年間に，毎月1回実施された「ムーブメント教室」でのムーブメント活動に参加しました。

　② **家族支援**：1990年1月から「ムーブメント教室」に参加したことをきっかけに，それ以降，家庭でもムーブメント法を取り入れた発達支援を始めました。

　③ **支援方法**：ムーブメント教室では，重点的に大型の揺れ遊具の活用を中心とした感覚運動プログラムに参加しました。また，家庭では椅子や遊具を工夫して，抗重力姿勢の

1．継続的な家族支援に活かす

経験と親子のスキンシップにつながるムーブメント活動から始め、3歳以降は養護学校、保育園、地域の小学校との子どもたちとの集団遊びの経験を多く取り入れました。

(4) 支援開始時のアセスメント

図2-1はO.Yの「ムーブメント教室」での支援開始時（3歳1ヶ月）から3年間（6歳1ヶ月）、および7年間（10歳6ヶ月）における支援経過のアセスメント結果です。

特に3年間（3歳から6歳）で、姿勢、移動、操作、コミュニケーションの総ての領域にわたって開始前の状態に比べ著しい変化がみられます。

運動・感覚分野は「初歩座位」の芽生え反応から、「安定座位」(P-5)がほぼ確立されています。コミュニケーション分野は、呼名に対する反応や喃語等の発声がみられない状態から「そばに寄ってきたり、膝に乗ったりする。」(C-3k)、「喃語で人に話しかける。」(C-3n)に芽生え反応がみられる、など著しい変化がみられます。

(5) 支援経過

7年間（3歳から10歳まで）の変化では、写真2-1のようにトランポリンの上下の揺れ刺激も写真のように「両手をつかんで介助すれ

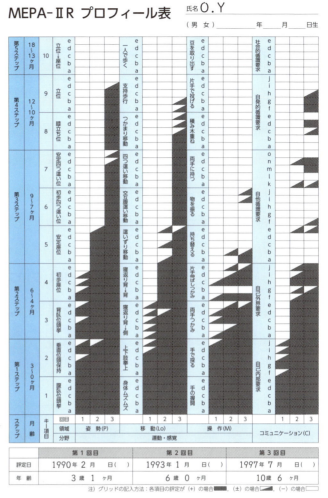

図2-1　O.Y児のMEPA-Ⅱに基づきMEPA-ⅡRに転記したプロフィール（3歳・6歳・10歳）

写真2-1　トランポリンの揺れ刺激を立位で楽しむ

ば，一人で立位がとれる。」の項目がほぼ達成し，立位(P-9)で楽しめるようになりました。

　四つ這い移動(Lo-7)も上手になり部屋から廊下まで移動できるようになりました。

　操作では，ビデオにテープを自分で入れてみることもできるようになりました。地域の子どもたちとの交流の機会が増え，子ども同士でも十分楽しめるようになりました。

　図2-2は，本児の14歳，18歳，23歳の発達プロフィールです。

　この結果から次のことが明らかになりました。

本児の14歳～18歳での様子
〈ムーブメント教室での様子〉
◎ 呼名の時，リーダーの先生に手を伸ばしタッチできるようになりました(C-2)。
◎ 集団遊びの活動を大変喜ぶことが多くなってきました。

〈家庭や学校での様子〉
◎ 写真カードをみて，一日の授業の流れや，これからやることを理解できるようになりました。
◎ 養護学校での授業で，連絡ノートの取り出しができるようになりました。

本児の18歳～23歳の様子
〈ムーブメント教室での様子〉
◎ いつもの「みんなが集まった」の歌が流れると，笑顔になり大きな声で笑い出します。その笑顔と笑いでその場にいる支援者みんなも笑顔になり，あたたかい気持ちになります。
◎ 支援者が歌い始めると，一緒に声を出して歌うようになりました。

〈通所施設での様子〉
◎「支持歩行」(Lo-9)がしっか

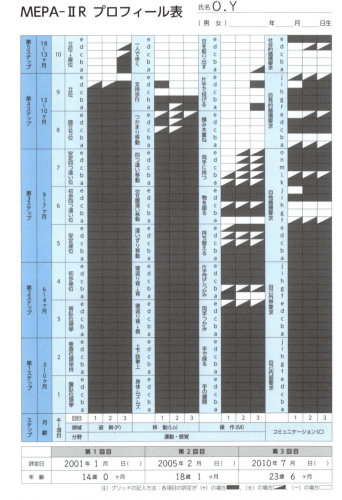

図2-2　O.Y児のMEPA-Ⅱに基づきMEPA-ⅡRに転記したプロフィール（14歳・18歳・23歳）

りしてきて，背筋を伸ばして，右足，左足と一歩ずつ，歩ける距離が伸びてきました。

図2-3は，〈O.Y児のMEPA-Ⅱ領域別評価でみた20年間における縦断的変化〉のグラフです。

3歳から23歳までの姿勢，移動，操作，コミュニケーションの総ての領域にわたって変化，成長していることが，このグラフから読み取れます。

(6) まとめ

本事例の旧版のMEPA-Ⅱを通して，以下のことが明らかになりました。

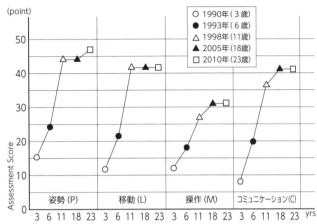

図2-3　O.Y児のMEPA-Ⅱ領域別評価でみた20年間におけるアセスメントスコアの縦断的変化

◎ ムーブメント教室や家庭，養護学校での発達の様子がみられました。
◎ 親が家庭での支援，および養護学校での教育にかかわりを持つことができました。
◎ 重度重複障がい児(者)の発達支援は長期間継続して行われることが重要で，そのためにも成果がわかりやすく，だれにでも使いやすいアセスメントが必要となりました。
◎ 家族にとってアセスメントを活用したことで発達の流れを知ることができ，かかわり方を工夫することができ，また，発達を確認できる手段があることで，子育ての意欲と喜びにつながりました。

本事例を通して，以下のような考察ができました。

◎ 重度重複障がい児(者)のQOLを高め，健康の安定を維持するためにも，いろいろな専門スタッフと家族が同じ視点で，ムーブメント教育・療法が使えるような環境(機会)が必要と思われます。
◎ 重度重複障がい児(者)の加齢とともに変化する環境に対応できる，継続支援のシステムを作ることが課題です。そのためにもMEPA-Ⅱを活用することで情報の共有化ができることの重要性が示唆されました。

2. 肢体不自由児の療育に活かす

(1) 肢体不自由児の療育施設の状況

肢体不自由児を対象とする児童発達支援センター(旧医療型児童発達支援センター)は，上肢，下肢または体幹の機能に障がいのある就学前の児童に対し，通所による医学的治療，機能訓練，および生活指導等の療育を提供している施設です。

近年，肢体不自由児通園施設に通園している子どもたちの状況をみると，以前より肢体不自由のみの単一障がいの子どもは少なくなり，障がいの状況は，重度重複化の傾向にあると言われています。

さらに喀痰吸引，経管栄養，気管切開やレスピレーター（人工呼吸器）などの呼吸管理を始めとする濃厚医療や濃厚介護を要する「超重症児」も多くみられるようになってきました。このように子どもたちの障がいが多様化する中で，心身の発達の状況での個人差は極めて大きく，療育を提供する側はより一層きめ細やかな対応が求められるようになりました。

(2) 療育で大事なこと

脳性まひに代表される肢体不自由児の多くは，周産期から新生児期等の生後間もない時期に何らかの原因によって障がいを有することとなり，発達していくうえでさまざまな課題を持つ可能性があります。その一方で，乳幼児期においては，子どもの発達は可塑性に富み，潜在能力の回復や脳機能の回復力，ならびに代償力に優れていると言われています。

この時期は，環境からの刺激を受けて著しい発達を遂げていく時期であり，療育からの適切な働きかけにより，子どもの発達の可能性を大きく引き上げて行くことができるのです。

このような乳幼児期における早期療育で大事なこととは何でしょうか。

それは，子どもにとって一番身近な存在であり，影響力の大きい「親」が前向きに子育てに取り組めるように，専門家を含めた身近な人々がサポートすることです。

子どもに障がいがあるとわかったばかりの親にとって，その事実を受け止めるのは容易なことではありません。実際の子育ては育児書に書いてあるようには進まず，いつまでも首が座らなかったり，経口で食べたり飲んだりできない状態が続くと，その戸惑いや子育ての大変さの中で，子どもが示す小さな発達の芽生えに気づかない，あるいはみえなくなってしまうことが少なくありません。

例え充実した療育環境設備が地域に整っていたとしても，主たる養育者である親に子育てに対する心の準備や前向きな姿勢がないと，子どもの発達の可能性は奪われかねず，二次障がいをもたらす原因にもなりかねません。

どうすれば親の前向きな姿勢を引き出すことができるのでしょうか。

親の気持ちに寄り添うこと。辛さや悩みに共感し，分かち合うこと。親の求める相談に応じ，適切なアドバイスを提供すること。これらのことは支援者の援助における基本的な姿勢として不可欠な要素です。

そのうえで，最大の援助となるのは，子どもの生き生きとした楽しそうな笑顔や，みえていない，気づいていない子どもの成長を一緒に確認し，それらを共に喜び合うことで

す。これらのことをするのが療育です。子どもと親，そして保育士等の専門家が一緒になって楽しい遊びの活動を行います。その活動を通して，保育士は子どもたちの生き生きと楽しむ表情や手振り身振り，声による表出を親と一緒に確認し，昨日まで苦手だったことが今日はできるようになっている姿をわかりやすく伝えます。

そして，子どもたちの成長を共に喜び合うことこそが，子育て支援，強いては発達支援へとつながります。そのための最適な療育プログラムとして，ムーブメント教育・療法とMEPA-ⅡRアセスメントがあります。

(3) 肢体不自由児のためのムーブメント教育・療法

「身体が不自由な子どもに，運動遊びなんてできるの？」，「動けないのに無理に動かして危なくないかしら？」などという声を耳にすることがあります。

また，障がいの有無にかかわらず，子どもの心身の発達にとって運動遊びが不可欠であることを理解していても，「肢体不自由児のムーブメントプログラムって何をしていいかわからない」という人も少なくないようです。親はもとより，肢体不自由児とかかわった経験が少ない人にとっては，わからなくても不思議ではありません。だからこそ，アセスメントと一体化したムーブメントプログラムが開発されたのです。

ムーブメント活動は，総ての子どもに使えるプログラムですが，肢体不自由児の発達支援を専門とする立場からすると，「肢体不自由児のために開発されたプログラムではないか」と思えるほど，子どもたちに容易にムーブメント活動を経験させることができます。なぜならば，ムーブメントプログラムでは自発的に身体を動かすのが大変な子どもでも，みたり，触れたり，動いて遊びたくなる，さらには考えたり，想像したり，工夫したり，他者と協力したくなるような魅力的な環境の作り方や遊び方がそれぞれの発達段階に合わせてたくさん提供されているからです。

また，ユランコやスクーターボード，パラシュート，トランポリンと言った遊具を活用することで，ダイナミックな運動も簡単に楽しむことができます。

(4) MEPA-ⅡRアセスメント活用の意義

① アセスメントの必要性

療育を提供するうえで，発達状況の把握は大変重要となりますが，乳幼児期の肢体不自由児の実態把握は，専門家でも経験を要しますし，親にとってはなおさら難しいかもしれません。

運動機能の発達が年齢的にも未熟な感覚運動期は，現在の状態が障がいによるものなのか，個人差によるものなのか，判断しかねることもあります。特に障がいの受容期にある親の中には「○ヶ月になるのに，未だ○○ができない」と言うように「できないこと」ばかりに目がいってしまう人も度々みられます。「あれもできない」「これもまだできない」といったマイナスの目線が日常化すると，子育てが楽しめない，辛いものになりかねませ

第2章　MEPA-ⅡRアセスメントの必要性とその活用

ん。

　そのような状況にならないためにも発達状況を客観的に捉えることのできる発達アセスメントがその存在意義を持つのです。

②　MEPA-ⅡRアセスメントの優れた特徴

　乳幼児や児童の発達評価法にはさまざまなものがあります。しかし，発達の速度が極めてゆっくりで，運動機能面では，月齢0ヶ月から18ヶ月の発達の初期段階に止まりやすい肢体不自由児の発達上の変化を，小さなステップごとに細かくチェックできるアセスメント法は，MEPA-ⅡRしかないと言っても過言でありません。

　さらに社会性，情緒などコミュニケーション能力を含めた全人的発達の変化をアセスメントできるのも，他に類をみないMEPA-ⅡRの優れた特徴です。また，「実施が難しくない」と言うこともMEPA-ⅡRの優れた特徴の一つです。一般的に発達検査や心理検査は，心理の専門家などが特別な研修を経なければ実践できないような難しいものが殆どです。

　一方，MEPA-ⅡRは，質問項目をみていただければわかるように，極力，専門用語を使わずに，療育や家庭での日常生活の振り返りから回答できる質問で構成されています。言いかえると，親にでもだれにでもアセスメントすることができるのです。療育においては，是非，保護者に参加していただき，アセスメントを実施することを推奨します。

③　親がMEPA-ⅡRアセスメントを行う利点

　親がアセスメントを行う利点は，主に3つあります。

　1つは，アセスメントを通して，知らず知らずのうちに乳幼児期の発達について学ぶことができるという点です。質問項目そのものが，「こんな姿，みえますか？」と聞いているような，現象を確認する問いかけスタイルになっているので，日常生活の中で，その問いかけが自然と頭に浮かんできて「あっ，できるようになっている」という気づきや発見が容易にできるようになります。その結果，何気ない日常の中から，子どもの発達を客観的にみる力が自然についていきます。

　次に，親が発達をみることができるようになると，「今これができるから，次はこれができるようになるといいな」と子育てが楽しくなってきます。肢体不自由のお子さんの中には，障がいの程度が重くなるほど，一つのことができるようになるのにとても時間がかかり，先がみえない中で親も辛くなってしまいます。しかし，親が発達上の見通しを持っていれば，子育てを楽しみながら「積極的に待つ」ことができるのです。

　3つ目は，親が主体となり，あるいは親と療育者が一緒にアセスメントすることで，同じ目線で子どもの状況を捉え，発達上の変化を確認できることです。親がアセスメントした結果を療育者が確認すると，親からみえている，園ではみせない子どもの表出などの気づきにつながります。また，逆に療育者にはみえていて，園でしかみせない子どもの姿を親は知ることもできます。時には，療育に入って間もない場合など，親が行ったアセスメ

12

ント結果が，子どもの実態とあまりにもかけ離れていて，親が精神的に厳しい状況にいる様子が推察されることもあります。そのような場合は，適切な相談援助を提供することもできます。療育においては，親と療育者が同じ目線で，共通理解を持って子どもの発達を支援できる状況にあることがもっとも大事なので，療育では親がアセスメントにかかわることに大きな意義があります。

(5)「個別の支援計画」に基づく療育とMEPA-ⅡRの活用

近年，療育の実践は，Plan(計画を立てる)，Do(実行する)，Check(評価する)，Action(評価により計画を修正して，さらに実行する)，いわゆるPDCAサイクルに基づいて行われています。

個別の支援計画の作成とそれに基づく実践は，PDCAサイクルを実体化したものといえます。療育の中で実態評価は，子どもの実態を知り，療育方針を立てるために重要で，実態を捉え問違えると，どんなに熱心に療育活動を提供しても発達支援にはつながりません。発達課題と方法がずれていては成果がでるはずはないからです。

一般に実態評価は，標準化された指標を用いたフォーマルなアセスメント法と専門的な視点からの行動観察によるインフォーマルな評価に，保護者や医療機関からの情報などを総合して行われます。この時，肢体不自由児の実態評価においては，MEPA-ⅡRが最適なアセスメントツールとなります。

実は，MEPA-ⅡRを用いる最たる意義は，他にあります。実態把握の後，療育方法の立案に入りますが，MEPA-ⅡRに沿ったムーブメントプログラムが用意されているので，立案が容易になります。つまり，各発達段階に適したムーブメント活動の推奨プログラムが多数用意されているので，アセスメント等から見出した発達課題に応じて，それらを参考にプログラムを作り，実践することができます。慣れてくると，参考例をみなくてもプログラムが作れるようになり，次第に身近にあるさまざまなもの(遊具など)から次々に新しいアイデアが生まれてきて，プログラム作りが楽しくなっていきます。

また，MEPA-ⅡRを，理学療法や作業療法等のQOLの立案や高齢者の医療介護の活動にも役立てることができます。

そして，MEPA-ⅡRにはコミュニケーション能力をみるスケールも用意されているので，言語療法にも活用することができます。

肢体不自由児の療育にとって，園内における各専門職と保護者との連携はもとより，地域における医療・福祉・教育・保育との連携も不可欠な中で，MEPA-ⅡRは子どもを語るうえでの共通資料として大いに活用することができます。積極的な活用をお勧めします。

(6) 就学への移行支援に活かす

療育の大きな役割の一つに，子どもたちをスムーズに適切な教育へと送り出していくための就学移行支援があります。肢体不自由のある子どもたちは，比較的早い段階から療育

第 2 章　MEPA-ⅡRアセスメントの必要性とその活用

を受け始めるため，療育での積み重ねを持って学校に送り出すことが可能となります。その時，子どもたちの発達の軌跡として沢山の行動観察記録があることも重要ですが，客観的でわかりやすい情報として，MEPA-ⅡRを通して確認された発達の継時的変化を提供できたら，就学後の支援のより円滑なスタートへとつなげることができます。

　療育での積み重ねをきちんと教育へとつなげるためにも，子どもの発達の姿を客観的に伝えてくれるMEPA-ⅡRを役立てていくことが大切です。

3．特別支援学校での自立活動に活かす

(1) 自立活動の重要性

　近年，特別支援学校では在籍する幼児・児童・生徒の障がいは重度重複化傾向にあります。重複障がい学級の在籍者数が占める割合は，年々増加しており，特に肢体不自由特別支援学校では，大きなウエイトを占める迄にいたっています。そこで，重度重複障がい児に対する教育を充実させることが特別支援学校の大きな課題となっています。

　特別支援学校では，重度重複障がいの教育課程の中心に「自立活動」が置かれています。特別支援学校学習指導要領によれば，自立活動の目的は，「個々の幼児・児童・生徒が自立を目指し，障がいによる学習上，または生活上の困難を主体的に改善・克服するために必要な知識，技能態度および習慣を養い，もって心身の調和的な発達の基盤を培う」（文部科学省，2009　同，2018）ことです。

　ここで言う自立とは，幼児・児童・生徒がそれぞれの障がいの状態や発達の段階等に応じて，主体的に自己の力を可能な限り発揮し，よりよく生きて行こうとすることを指します（「特別支援学校学習指導要領解説自立活動編」，文部科学省，2009　同，2018）。

　即ち，子どもの生活において，持てる力を最大限に引き出すことを促す支援が自立活動の中核となります。さらに，その支援において重要視されているのが，主体的な取り組みと，調和的な発達の2つのキーワードです。

　主体的とは，子どもが自分から進んで，障がいによって生じるつまずきや困難の軽減・解消に取り組む営みです。さらに，調和的発達とは，発達の遅れや不均衡を改善したり，発達の進んでいる得意な側面をさらに伸ばすことによって遅れている側面を伸ばしたり，それを補ったりする方法を身につけ，全人的な発達を促進することを意味しています。

　この主体性の重視と調和的発達の伸長と言う考え方は，ムーブメント教育・療法の基本的理念に合致しています。それ故，ムーブメント教育・療法を導入して自立活動の具体的な活動内容を設定することは，自立活動の目的に叶っていると言えるでしょう。

(2) MEPA-ⅡRの活用

　自立活動では，一人ひとりの障がいや発達の状態に応じて，自立に向けた課題を選定し，個に応じた活動を展開することが求められています。そのため，自立活動を実践する

3．特別支援学校での自立活動に活かす

にあたっては，個別の指導計画を作成することが義務づけられています。

指導計画作成においてまず必要なのは，実態の的確な把握であり，それに基づく目標を設定することと，目標の達成に必要な指導内容を段階的に取りあげることです(図2-4)。

特に重い障がいがある子どもの発達の実態を把握するにあたっては，知能検査などの構造化された検査を用いることが困難です。そのため，教師の直接観察による評価が重要になります。その際には発達の目安となる手がかりが必要となります。

MEPA-ⅡRは，子どもの発達の目安となる行動に関して，スモールステップでチェック項目が設定されています。そのため，重い障がいのある子どもの発達について，漠然とみているだけではつかむことができない細かな変化を捉えることができます。

また，姿勢，移動，操作，コミュニケーションと言った，発達の複数の側面からその様相を捉えることができるので，全人的な発達を目指す自立活動の理念に沿って，子どもの実態を把握することが可能です。

自立活動の指導に当たっては、個々の児童又は生徒の障害の状態や発達の段階等の適確な把握に基づき、指導の目標及び指導内容を明確にし、個別の指導計画を作成するものとする。（特別支援学校　小学部・中学部学習指導要領第7章第3の1）

自立活動におけるアセスメントツールの必要性

図2-4　自立活動の指導について

さて，MEPA-ⅡRの活用には，以下の3つの視点が考えられます(図2-5)。

① 自立活動の各区分に応じて，発達の実態とその課題をつかむ。
② 実態に基づく指導目標を選定する。
③ 集団での自立活動の授業を構成する。

それぞれを詳しくみて行きましょう。

① 自立活動の区分に応じた実態把握における活用

自立活動の内容には，6つの区分と26の項目があげられています。

6つの区分とは，「健康の保持」「心理的な安定」「人間関係の形成」「環境の把握」「身体の動き」「コミュニケーション」です。

これらの内容は，人間としての基本的な行動を遂行するために必要な要素と，先に述べた障がいによる困難の改善・克服のために必要な要素の代表的なものを項目として整理したものです(図2-6)。

すなわち，全人的な発達を目標として，それを促進するために必要な指導内容をカテゴ

自立活動のアセスメントツールとしてMEPA-ⅡR活用の可能性

①自立活動の各領域に合わせて、発達の実態とその課題をつかむため

②実態に基づく指導目標を選定するため

③集団での自立活動の授業を構成するため

図2-5　MEPA-ⅡR活用の3つの視点

リー化したものと言えるでしょう。

子どもは自らの感覚を用いて環境からの情報を捉え，それに基づいて自らの体の動きによって，環境（人，もの）に働きかけ，感覚を活用して環境に起こった働きかけの結果（情報）を確認し，さらにそれを基に環境に働きかけます。この環境との相互交渉の過程で，子どもは自らの動きを確立し，環境に働きかける主体である「自己意識」を作り上げていきます。そして，その過程で子どもが獲得することを期待される能力の要素が，自立活動の区分に整理されていると言えます。自立活動における子どもの実態把握においては，この区分との関連を明らかにする必要があります。

MEPA-ⅡRは，それぞれの区分に対応した子どもの発達の現状に関連した情報を提供することができます（図2-7）。

まず，MEPA-ⅡRの「運動・感覚」分野のチェック項目からみてみましょう。この領域では，自立活動の「健康の保持」「環境の把握」「身体の動き」の内容と関連が高い項目が含まれています。

また，子どもが環境の中でも特に「人」を環境として働きかけ，人との相互交渉が営まれる過程でコミュニケーションの発達が促進されます。この過程は，MEPA-ⅡRの〈コミュニケーション〉分野のチェック項目で捉えることができます。それは自立活動の「心理的な安定」「人間関係の形成」「コミュニケーション」と関連が深い内容が含まれています。

このように，MEPA-ⅡRを用いて，自立活動の指導内容と関連する視点から，子どもの発達の状態を把握し，発達の進んでいるところや課題となっているところを整理し，発達の全体像をつかむことが可能になります。

具体例をあげて説明します。MEPA-ⅡRの〈運動・感覚〉分野

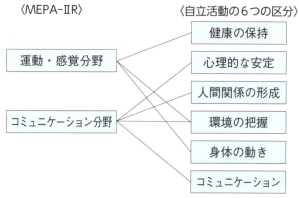

図2-7　MEPA-ⅡRと自立活動との関連

の「姿勢」「移動」の領域で把握された実態「背臥位→腹臥位への移行に芽生えがあること」「支えがあれば，しばらくの間，自分で座位を保持しようとする」ことは，自立活動の「身体の動き」において座位保持，寝返りへの挑戦をしている段階にあることを示しています。

また，〈運動・感覚〉分野の「操作」領域で把握された「M-2c 物をつかもうとして，その方向に十分に手を伸ばす」「M-3c 手に物を持たせると，数秒間，手のひらで握る」ことは，自立活動の「環境の把握」において，周りにある物に興味を持ち，自らの感覚を使って把握しつつある段階であることを示しています。

さらに，〈コミュニケーション〉領域で把握された「C-2f 人に向かって声を出す」「C-2g 自分の名前を呼ばれた時，反応する」「C-3d 介助に対して協力する様子がみられる」ことは，自立活動の「人間関係の形成」「コミュニケーション」において，人に対する愛着が育ち，言語理解の芽生えがみられる段階にあることを示していると言えます。

このように，自立活動の各区分との関連性で，子どもの実態を把握し，全体像を整理することができます。

② 指導目標設定における活用

個別の指導計画では，指導目標を設定します。重要なのは，子どもにとって獲得可能であり，現段階で取り上げることが適切であると判断できる目標を設定することです。ここでもMEPA-ⅡRから情報を得ることができます。

MEPA-ⅡRで「芽生え」がみられる項目は，子どもが今まさに伸びようとしている項目であり，指導によって獲得する可能性が高いと言えます。この項目を組み込んで指導目標を設定することは，目標の妥当性を高めることにつながるでしょう（図2-8）。

例えば，〈コミュニケーション〉分野で「C-3e 遠くにいる人を呼ぶように声を出す」，「C-2j 隠された物に気づく」との項目に芽生えがみられる事例では，目の前にいなくても確かにいるはずの人を意識できるようになりつつあり，さらに人に対して発声する意識が育ちつつあることがわかります。このことから，呼びかけ機能を持つコミュニケーションスキルを獲得できる可能性が示唆されるので，それを目標に取り入れ，指導計画を策定することが妥当と

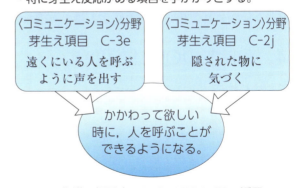

図2-8　指導目標設定におけるMEPA-ⅡRの活用

考えられるのです。

③ 集団での自立活動プログラムの作成における活用

　MEPA-ⅡRで得られた情報に基づき，類似の発達のステップにある子ども同士をグループ化して，共通の発達課題に取り組む集団での自立活動の授業を構成します。

　これにより，小集団で行う感覚運動ムーブメントを用いた自立プログラムを設定し，チームティーチングによる授業展開が可能になります。

　〈運動・感覚〉分野の「操作」領域で，「**M-2b 物をつかもうとして，その方向に手を伸ばす**」「**M-3c 手に物を持たせると，数秒間，手のひらで握る**」ことが共通に把握された子どもの集団の自立活動の例です。

　新聞紙を使ったカーテンや細かくちぎった新聞紙プールなどの環境を準備し，自ら新聞紙に触れ，摑み，動かす活動を取り入れます。さらに，友だちと一緒にスクーターボードで新聞紙カーテンをくぐる，プールで揺れるなどの動きを行います。

　この活動では，新聞紙を素材として自立活動の「**環境の把握**」に主眼をおいて，周りにある物に興味を持ち，自らの感覚を使って把握しようとする力を育てると共に，その過程で周りの身近な大人や友だちと一緒に活動する楽しさを味わい，他者を意識する「**人間関係の形成**」「**コミュニケーション**」の発達を促すことを意図しています。

(3) まとめ

　MEPA-ⅡRを自立活動に活用する視点について述べてきました。

　MEPA-ⅡRは，重度重複障がいのある幼児・児童・生徒の発達の全体像を複数の視点から把握することができます。よって子どもが主体的に取り組みながら，調和的発達の基盤を培うことを日指す自立活動の理念に沿って，個別の指導計画を作成し，それを取り組み可能な活動に具現化して，実践する際の有効なアセスメントツールであると言えます。

4．病院でのQOLに活かす

(1) はじめに

　中信松本病院(現NHOまつもと医療センター)の重症心身障がい児(者)病棟には，大島の分類の１〜４までに該当する２歳から60歳までの利用者が80名が入院しています。家族を始め，医師・看護師・療育介助員・教員・理学療法士・作業療法士・栄養士・児童指導員・保育士と多職種が利用者の生活を支えています。

　重度の肢体不自由と知的障がいが重複した状態である重症児(者)は，ADL全介助，医療的ケアを受けながら，ベッドの上で過ごす生活を送っています。

　さらに，レスピレーター(人工呼吸器)管理など濃厚な医療的ケアが必要な超重症心身障がい児(者)にとっては，生命活動が最優先となります。しかし，利用者にとって病棟は生活の場であり，人生を送る場所でもあります。当院では，利用者への療育の柱に，ムーブ

4. 病院でのQOLに活かす

メント教育・療法を取り入れ，実践してきました。

(2) MEPA-ⅡRの実施について

ムーブメント教育・療法を実践するにあたり，当院では年に一度，MEPA-ⅡRを実施しています。重症児(者)の発達は，通常の乳幼児初期の段階であると言われています。しかし，生活年齢の高い利用者さんへの実施の時は，実際に項目を追って「さあやってみよう」と意気込んでみても，なかなかその場で動きを追うことが難しいこともあります。

例えば，**姿勢領域(P)** で初歩の座位までは可能(P-4)で，四つ這い(P-6)が難しい利用者が，私たちのいない夜間に「排便している時は，ベッド柵につかまって立ち膝になるんだよ」と看護師から教えられ，日中とは違う姿をみせている場合もあります。

移動領域(Lo) の寝返り(Lo-4)では，日常生活の中でベッドの柵を握りながら，足をかけて寝返りをしていたり，方向転換したりと，いとも簡単にこなしている姿をみかけます。また，**操作領域(M)** の握る動作(M-2)では，オモチャには興味を示さなくても，ベッド柵や何時も使用している「おしぼり」には手を伸ばして握る動作がみられます。

さらに**コミュニケーション分野(C)** でも，支援者が呼んでも反応しない利用者が，母親が呼ぶと移動して近づく姿(C-2)もみられます。

このように，重症児(者)にアセスメントを行う場合は，発達の流れやMEPA-ⅡRの項目を把握したうえで，日常の様子の観察や，さまざまな人から情報収集を行うことが重要であると言えます。そして，どのような状況でその動きがみられるのかを「特記事項」等に明記して置くと，評定者以外の人がみても理解でき，次回アセスメントを行う時もスムーズに実施することができます。

また，前述の姿勢領域の例のように，身体部位の障害の有無や生活年齢によって，項目の順番通りには行かずに，発達を飛び越えたようにプロフィール表が埋まることがありますが，その場合は，発達の順序性を経ての結果として把握しています。

(3) MEPA-ⅡRの活用について

MEPA-ⅡRを実施するにあたり当院では「A～E」のモデルパターン((注)：第2部7-2)に基づきながら，グループ分けを行っています。そのことにより，各グループの特性や援助について導き出すことができ，活動プログラムを立案することができます。

また，個々の「得意なことや優れていること」を発揮できる環境や遊具についても，検討することができます。

それらを踏まえながら，実践する時にかかわる職員の共通理解の材料としても，MEPA-ⅡRを活用しています。プロフィール表から利用者の姿勢・移動・操作領域を把握することで，利用者が能力を発揮しやすい支援や，難しい時の援助の方法（環境を近づける，本人の動きのある身体部位を使う，逆に動かないことを活かす内容にする，等）を工夫することができます。

19

また，だれがかかわっても同じ認識のもとでの支援が可能となるので，利用者にとっても安心して活動に参加できます。さらに，コミュニケーション領域でも，さまざまな職員の目から日常生活や活動場面での気づきや変化などの情報交換ができ，反応の捉えにくい利用者との，場面と情動の結びつきを共有することも可能となります。そして，再度アセスメントすることにより，新たな成長や発見，能力を維持することができていたかも評価でき，次年度の支援方法などの検討ができます。さらに継続することで，利用者の発達記録にもなります。

障害者自立支援法(注：平成24年4月～「障害者総合支援法」)に基づく「指定障害福祉サービス事業等の人員設備および運営にかんする基準(平成18年9月29日厚生労働省令第171号)」では，「指定障害者福祉サービス事業者は，利用者の意向，適性，障害の特性その他の事情を踏まえた計画(以下個別支援計画という)を作成し，これに基づき利用者に対して指定障害者福祉サービスを提供するとともに，その効果について継続的な評価を実施すること(後略)」とされ，個別支援計画作成・評価が義務づけられ，それらにもMEPA-ⅡRを活用することができます。さらにケース会議など，多職種がかかわる中でも，利用者の発達段階を理解する大事な役割を果たしています。

(4) 超重症児(者)へのムーブメント活動

当院では，濃厚な医療的ケアを必要とする超重症児(者)にもムーブメント活動を行っています(写真2-2)。

人工呼吸器の使用，気管切開，点滴，経管栄養による注入など，ほとんど病室から出ることができない状態であり，病状によっては身体の動きなどがみられず，反応の捉えにくい超重症児(者)への療育活動として，ムーブメント教育・療法を導入するにあたり，医療スタッフと病状についての情報交換，家族の

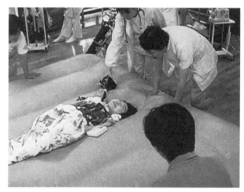

写真2-2　エアートランポリンを活用した超重症児(者)のムーブメント活動

意向，利用者の日常生活の様子やMEPA-ⅡRの実施，検討を行いながら，音楽ムーブメントを意図した演奏ボランティアなどさまざまな人たちの協力と連携により，実現に至りました。

遊具と音楽を使用した環境で『動くことを学び』，人や物との『触り，触られる』経験から自分の身体を知り，楽しい集団活動の中での快の経験の積み重ねによって，自己表出を引き出させるムーブメント活動は，超重症児(者)の「身体と心を揺さぶり」ながら継続することにより，僅かな身体の動きを引き出し，活動に対する意欲を生み出しているのではないかと推測されます。

ベッドで過ごすことが多い利用者にとって，車椅子に座ることで，自然に抗重力姿勢がとれ，視界が広がり，前進・後進や加速度などの動きを感じることができます。そして，体調に合わせて医師の許可をとりながら，トランポリンでの垂直や横揺れ，回転板での前後，左右，回転の揺れなど，動きに合わせた音楽と共に，楽しく適度な運動負荷の経験ができるよう工夫しています(写真2-3)。

　活動中は，医療スタッフに身体的変化や表情の観察，吸引などをして貰いながら，安全に実施できるようにしています。また，運動や揺れが身体に与える影響について，看護師を中心に自然排便への効果についてや睡眠－

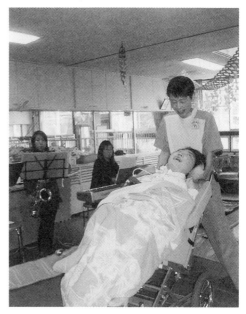

写真2-3　車椅子とトランポリンの組み合せでのムーブメント活動

覚醒リズムの調整，骨密度，活動中のバイタルサインの推移など生理的指標を用いた評価も行っています(仁志田他：2005)。

　反応の捉えにくい利用者に対して，NIRS(近赤外光線方式脳血流評価システム)を用いて，活動中の脳の血流量がどの刺激に対しみられたかを評価することで，利用者の情動を探る試みも行われています。

　病室で実施することが多かった活動が，現在は医療スタッフの連携により，呼吸器や注入を病棟プレイルームまで移動することで，利用者が安心して集団活動に参加でき，生活空間の拡大が可能となりました。さらに，病棟を出て，療育棟での行事参加ができるようになったり，社会見学で福祉タクシーに呼吸器を積んで，家族との外出が実現できた利用者もいました。

(5) 健康と幸福感の達成への願いとQOL向上を目指して

　ムーブメント教育・療法における『ポジティブ・ヘルス(積極的な健康作り)』の考え方は，重症児(者)に対して，「動けない」「安静」という考え方から，身体を動かすことの楽しさ，身体への影響や効果についてを知り，利用者にとって調子のよい状態や，身体が楽な状態とは何かを考えながら，どうすれば無理なく動きの経験ができるかについてさまざまな視点から，検討し続けることができるのではないでしょうか。

　そして，MEPA-ⅡRでのチェック項目にある「できる(＋)」「できない(－)」だけでなく，「芽生え(±)」の考え方は，利用者の全体像や発達の把握だけでなく，重症児(者)とかかわり，生活を支える上でとても大切であると言えます。

芽生えをチェックする優しいH線はっきりとみえない発達，成長に気がつく力，共感し，共有する力，共に喜び，認め合える力を培いながら，多角的な視点を持ち続けることが，より利用者の生活や人生を豊かにして行くと思います。

病院でのQOL向上のための可能性を見出す支援のツールとして，MEPA-ⅡRは有効であると言えます。

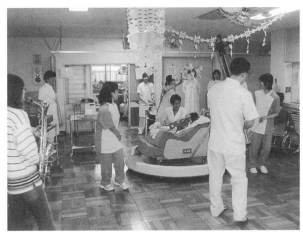

写真2-4 手づくりの回転性大型遊具によるムーブメント活動

写真2-5 ソフトパラシュートによる屋外でのムーブメント活動

5. 医療的ケア児の支援に活かす

(1) 医療的ケア児について

　重い障がいのある児(者)の中には，生命活動を営む上で医療的ケアを必要としている人がいます。医療的ケアとは，喀痰吸引や経管栄養，人工呼吸器による呼吸管理，その他の医療行為のことを意味し，「医療的ケア児」とは，生まれた時からそれらの医療行為を日常的に必要として生活をしている児童のことを言います。この「医療的ケア児」ということばは，このような医療ニーズのある子どもを表現する手段として，家庭や教育，福祉，医療等の関係者間ではかなり以前から用いられ，それぞれの現場において，療育や教育の保障，充実に向けた取り組みがなされてきました。

　近年になると，医療技術の進歩を受けて，出生時に多くの命が助けられるようになった一方で，重い障がいが残り，医療的ケアを要する子どもの数が顕著な増加を示すようになりました。これを受け，このような子どもたちを社会的に認知し，一人ひとりの子どもと家族の状況に応じた支援を保障するための法整備が急務となりました。2021年9月には「医療的ケア児およびその家族に対する支援に関する法律」が施行に至り，「医療的ケア児」が法律上明確に定義され，国や地方自治体が医療的ケア児と家族の支援を行う責務が示されました。このことは，当事者の在宅生活の保障はもとより，インクルージョンの推進下にある教育や療育，加えて保育の現場で試行錯誤してきた先人やこれから子どもたちと初めて出会う人々にとって追い風になったといえるでしょう。

医療的ケア児及びその家族に対する支援に関する法律
(令和 3 年 6 月18日公布・同年 9 月18日施行)

第二条 この法律において「医療的ケア」とは、人工呼吸器による呼吸管理、喀痰吸引その他の医療行為をいう。
2 この法律において「医療的ケア児」とは、日常生活及び社会生活を営むために恒常的に医療的ケアを受けることが不可欠である児童（18歳未満の者及び18歳以上の者であって高等学校等（学校教育法に規定する高等学校、中等教育学校の後期課程及び特別支援学校の高等部をいう。）に在籍するものをいう。）をいう。

---

(2) 医療的ケア児の姿

　医療的ケア児といっても，子どもたちの状況は一人ひとりさまざまに異なります。例えば，痰の吸引も口や鼻から行う子もいれば，気管切開を行っている場合は気管切開カニューレに挿入して吸引する子もいます。摂食が困難で胃ろうや腸ろうなどの経管栄養を受けている子もいますし，人工呼吸器を気管切開カニューレにつなげて呼吸管理が行われている子や，酸素ボンベを持ち歩き，酸素吸入を行っている子もいます。

第2章　MEPA-ⅡRアセスメントの必要性とその活用

　これらの医療行為は，一般的には特別なことと捉えられがちです。確かにこれらの医療的ケアや医療器具・装置がなかったら子どもたちが生命活動を営むことは困難でしょう。しかし，例えば生まれた時からこれらのケアを受けながら生活している子どもたちの視点に立ってみると，果たして特別なことなのでしょうか。子どもたちにとって，鼻をかむ＝吸引であり，ご飯を食べる＝経管栄養，呼吸する＝酸素吸入であって，それが当たり前のことなのです。

　かねてより特別支援学校や療育センターなどでは，授業や保育活動中に教員や保育士，看護師などが適時吸引したり，給食の時間に注入したりしてきました。また，常に人工呼吸器を装着していることで，毎日人工呼吸器をもって学校や療育センターなどに通学，通園するのが困難な場合は，訪問教育や訪問型児童発達支援サービスを受け，自宅やベットサイドで教員や保育士などと学びや遊びを楽しむこともできます。

　しかし，社会全般でみると，まだ医療的ケアや医療的ケア児については十分に知られていません。2020年に関東首都圏にある保育園の保育士を対象に実施したアンケート調査では（小林・河合，2022），当時「医療的ケアということばを聞いたことがある」は，全体の6割弱で，4割が「聞いたことがない」とする回答結果でした。実際に「医療的ケア児とかかわったことがある」とする保育士は，まだ全体の14％と大変少ないことがわかりました。先の法律の施行を受けて，保育所等や通常学校に在籍する医療的ケア児も増えてくるかもしれません。その際，医療的ケアを中心に支援を考えてしまうのではなく，子どもを中心において，その子の特別なニーズの一つとして医療的ケアを捉えると，本来の子どもの姿と育てたい力が見えてきます。

(3)　なぜムーブメント教育・療法なのか

　本アセスメントの対象である障がいの重い児（者）においても日常的に何らかの医療的ケアを必要とする人は少なくありません。長い間ムーブメントに携わってきた人の中には，医療的ケア児と一緒にムーブメント活動をした経験のある人や，療育センター等で日常的にムーブメント活動を実践してきた人はたくさんおられます。そしておそらく多くの人が，プログラムを通して子どもたちの笑顔はもとより，目，眉，口などによる気持ちの表出や，手足，指の動き，発声などから，子どもたちのこころが発する「楽しい」や「もっと遊びたい」に出会い，それらをさらに引き出したいという気持ちになったのではないでしょうか。

　ムーブメント教育・療法は，感覚運動期にある子どもたちに様々な遊具や異なる環境下で快適な揺れ刺激を中心に提供し，無理なく，安全に一人ひとりの発達を支えることができる支援方法なので，医療的ケア児の支援にも大変有効です。

　ではなぜ，医療的ケア児にムーブメント活動が適しているのでしょうか。

① 子どもの主体性を大事した支援方法である

　一つは，ムーブメント教育・療法が，子どもの主体性を大切にしていることにあります。子どもたちは，いつ活動に参加しても活動から外れてもかまいません。ムーブメント活動には「こういう流れでなくてはいけない」「これを使わないといけない」「プログラム全てに参加しなければならない」といった，「こうでなければいけない」という決まりごとや制限がまったくありません。いつ戻ってきても仲間に入って無理なく活動ができるプログラムが工夫され，支援者は子ども自ら参加したくなる声がけを大切にしています。子どもたちがその日の活動の中で，一つでも「楽しい」を発見し体験できればよいのです。

　吸引を必要とする子どもの場合，痰が上がってくると吸引器がある所に戻って取り除く必要があります。その日の体調によって，吸引数が頻繁になることもあります。そんなとき，「○○ちゃん，すっきりしたら戻ってきてね〜」と声がけし，再び活動の輪に戻ってきたら，好きな遊びに興じることができるのがムーブメント活動の良いところです。

② MEPA-ⅡRアセスメントがある

　療育や保育，教育の場では一人ひとりに応じた「個別の支援計画」を作成して支援を実践していく上で，アセスメントの活用が大変重要になってきています。MEPA-ⅡRのように小さな変化を見逃さず，プロフィール表から客観的かつ視覚的に発達状況を3回にわたり捉え，変化を確認することができるアセスメントは，ゆっくりと発達していく障がいの重い児(者)や医療的ケア児には最適なアセスメントといえます。

　(2)で，子どもにとって医療的ケアが必要なことは当たり前のことと既述しましたが，各児がどのようなケアをどのような頻度で行っているか，日常どのような生活をし，好きなことは何なのかをしっかりと把握した上で，子どもの発達を支援することは必須です。アセスメントを行う際，大事にしたいのはアセスメントの4ページにある「2.MEPA-ⅡRフェイスシート」です。「1障害の状況」の記載項目に「医療的ケア」の欄が新たに設けられました。アセスメントによる発達状況と発達課題を踏まえた上で，ケアの種類によっては，保護者と密に連携し，ムーブメント活動時の揺れや移動の姿勢，感覚刺激の大きさを工夫したりすることに役立てることができます。

　本アセスメントは，ムーブメント教育・療法を用いた支援の実践に用いるだけでなく，個別の支援計画の作成とそれに基づく支援になくてはならないものです。教育・保育・療育現場での一層の活用が期待されます。

(4) 医療的ケア児のムーブメント活動事例「初めてプールに入れたＡちゃん」

　Ａちゃんは，生まれて間もなく気管切開をしています。お母さんと一緒に4歳時から児童発達支援センターに通園しています。とはいえ，最初はなかなか体調が安定せず，お休みすることの方が多い状況でした。このセンターでは長年にわたり療育にムーブメント療法を取り入れ，アセスメントを活用してきました。月に1回，親子参加で実施されるム

ーブメントは，屋外(公園)，室内，プールと季節に応じ，それぞれの環境が持つ特性を活かしたプログラムを作って行い，それらを日々の療育活動にも取り入れていました。Aちゃんが年長になった年，お母さんは昨年度欠席して体験できなかったプールでのムーブメントに参加したいという強い思いを持っていました。先生方もAちゃんに体験させてあげたいと，どうすれば安全に水中ムーブメントが楽しめるか，リーダー(保育士)，サポート保育士，理学療法士，看護師，ムーブメント特別講師でプログラムの内容と各場面でのAちゃんの援助の仕方の話し合いを重ねました。通常子どもの介助は親が行いますが，気管切開部に水が触れることなく適切な姿勢を維持することができる理学療法士が介助し，お母さんは側で様子を伺いなら一緒に活動することにしました。Aちゃんは無事，主治医の了解を得て，当日を迎えました。

　印象的だったのは，初めてお風呂とは異なる温水にゆっくりとお腹まで使ったときの表情です。普段あまり表情を変えないおすましのAちゃんが，「ひゃー」って言わんばかりのびっくりした表情を見せてくれました。皆で輪になり，歌に合わせて身体を左右にゆらゆらしたり，小さく上下にジャンプしたり，列になってパラシュートのトンネルをくぐり抜けたりと，水中での揺れや水圧を受けての移動を身体で感じ，表現豊かに楽しむことができました。この経験は，Aちゃんはもとより，お母さんにとってもこれまで見たことのなかったAちゃんを発見し，発達支援を意図した新たな遊びの方向性を見つける機会になりました。

(5) 最後に

　医療的ケア児の支援においては，「気管切開しているからプールに入れない」とか「ベッドサイドではムーブメントなんてできない」などと周囲が思い込んでしまうと，そこに環境があっても子どもの「経験から学ぶ」可能性を奪ってしまいかねません。まずはどこまで動かしたり，感覚刺激を提供したりしてよいのかなど，保護者に確認した上で，例えばベットサイドでも子どもがわくわくし身体部位や感覚が参加したくなるムーブメントを工夫して，子どもの感じたい，動きたい，遊びたいを叶えてあげましょう。その積み重ねが子どものQOLの向上，ひいてはウェルビーングの向上につながります。

6．インクルーシブ保育に活かす

(1) 子ども一人ひとりに寄り添うインクルーシブ保育

　近年，保育所等において，障がいの有無やその状態にかかわらず子ども一人ひとりのニーズに寄り添うインクルーシブ保育の考え方に注目が集まっています。「インクルーシブ(inclusive)」とは「すべてを包み込む」という意味です。インクルーシブ保育では，誰一人として排除されることなく，子どもたち一人ひとりがその子なりのペースや方法で，安心して楽しく主体的に保育活動に参加できる環境を作ることが重要になります。そのた

め，インクルーシブ保育を実現するためには，保育者は，目の前にいる子どものニーズに合わせた保育環境や活動を提供していかなければなりません。

ムーブメント教育・療法は，遊具などを用いた「動的な環境」の設定や「人も環境」と捉え，子どもたち一人ひとりがきらきらと輝いて活動ができる集団での保育を大切に考えています（写真2-6）。そのため，様々なニーズのある子どもたちが共に活動を共有できるムーブメント活動を取り入れていくことは，子どもたち一人ひとりの発達に寄り添いながら楽しい集団活動を展開する上で非常に有効です。

写真2-6　インクルーシブ保育の環境作り（パラシュートでのムーブメント活動）

子どもが自らやってみたいと思えるような保育を提供するためには，子ども一人ひとりをしっかりと理解すること（＝「子どもの見取り」）が重要になってきます。まずは，子どもの好きなことや得意なこと（プラス反応），もう少しでできそうなこと（芽生え反応）を知り，それらを活動の中に積極的に取り入れながら，どのような関わりや支援が必要なのかを考えていきましょう。しかし，障がいの重い子どもは，ことばによる表出や自ら身体を動かすことが困難なため，好きなことややりたいこと，困っていることを自分で相手に表現することが難しく，保育者が理解しにくい場合があります。そのような際には，ムーブメント教育・療法のアセスメントであるMEPA-ⅡRを用いることで，発達段階がゆっくりな子どもの全体的な発達の状態が理解でき，支援プログラムのヒントが生まれます。

(2) インクルーシブ保育におけるムーブメント活動

保育所や幼保連携型認定こども園の保育者を対象に，様々なニーズのある子どもの保育についてインタビューを行ったところ（袴田，2023），特別なニーズのある子どもや周囲の子ども個々の成長を感じることはもちろんのこと，「特別なニーズのある子どもがクラスにいることで，クラス全体に思いやりの気持ちが育つ」ことや「子ども同士の自発的な関わりが増える」など，様々なニーズのある子どもが一緒に過ごすことでの集団としての育

第2章　MEPA-ⅡRアセスメントの必要性とその活用

ち合いを感じていることが明らかになりました。その一方で，「クラスに様々な発達段階の子どもたちがいる際にどのような活動を行ったらよいか難しい」「クラスのみんなが楽しめる活動内容がわからない」というような困り感を強く抱いていることもわかりました。すべての子どもが楽しめる活動を提供するためには，それ相応の知識やスキルが必要になってくるかもしれません。定型発達の子どもたちにねらいを合わせた活動内容にすると発達がゆっくりな子どもがついていけなくなり，逆の場合は，定型発達の子どもたちが物足りなくなってしまうということは実際によくあることです。

　ムーブメント活動では，子どもの「さわってみたい，やってみたい」という気持ちを大切にしていくため，子どもたちの反応を見ながら柔軟にプログラムの内容を設定したり，一つの活動を行う際にもその子に合わせたねらいを定めたりすることができます。例えば，みんなで輪になって座り，カラーロープを持って上下左右に動かす活動では，以下のことが目標となります。

- ・上下左右がわかる子どもは，自分で判断してロープを動かすこと。
- ・まだ上下左右の理解が難しい子は，ロープを握ってみんなと一緒に動かすということ。
- ・ロープを握り続けることが難しい子どもは，保育士と一緒にロープを握り続けるという体験をすること。
- ・集団で活動することが苦手な子どもは，まずはその場にいること。

　このようにムーブメント活動では，子どもの状態に合わせたねらいを設定することができるため，様々な発達段階の集団でもみんなが楽しめる活動を展開することができるのです。

(3) インクルーシブ保育におけるMEPA-ⅡRの活用

　ここでは，実際に保育所等でのムーブメント活動やMEPA-ⅡR，MEPA-Rを用いた保育実践について紹介します(社会福祉法人日本保育協会調査研究報告書，2016)。

　福井県にある社会福祉法人竹伸会が運営する清水台こども園，玉ノ江こども園，杉の木台こども園では，障がいの重い子どもを含め特別なニーズのある子どもを積極的に受け入れています。何らかの支援が必要な子どもは，毎年10名以上在籍し，全園児の1割を超える人数になっています。園の基本方針の一つとして，ハンディを持っている子どもたちや，異年齢(0歳から年長児)の人たちと関わりを持ち，生きる喜びをわかち合い，共に育つスキルを育むことや一人ひとりの発達の課題を把握し，一人ひとりの個性を大切にする保育を行うことを掲げています。特別なニーズのある子どもが在籍するクラスでは，担当保育者を複数配置し，チームで保育を行っています。また，障がいのある子どもにも優しい環境づくりに力を入れており，廊下等に手すりやスロープを設置している他，様々なム

28

6．インクルーシブ保育に活かす

写真2-7　全身を使った楽しいムーブメント活動（手作りの揺れ遊具・カラーボール）

ーブメント遊具に加え，トランポリン，エアートランポリン，巧技台等の動的環境を活用し，全身を使った楽しい活動が日々展開されています(写真2-7)。

　玉ノ江こども園では，温水プールが設置されており，ASD児や車椅子利用の子どもなど障がいの有無にかかわらず年間を通して，子どもたちの健康やウェルビーイングに結びつくムーブメント遊具を活用した水中ムーブメント活動が行われています。

　清水台こども園では，特別なニーズのある子どもの発達を早期から支援するために，毎年4月～5月にMEPA-ⅡRやMEPA-Rによる発達アセスメントを実施しています。その結果を整理・分析して，子ども一人ひとりの運動・言語・社会性面の発達像を把握，園内カンファレンス等を通して，保育者間で共通理解を図っています。アセスメント結果に基づき，支援が必要な子どもの個別の支援計画を作成し，ムーブメント教育による支援プログラムを作成，実践しています。必要に応じて，保護者との懇談を行い，子どもの育ちを確認しながら，家庭への支援につなげられるプログラムを紹介する取り組みを行っています。

　他2園も同様の取り組みをしており，従来型の保育ではおそらく集団での保育が難しい状況であっても，豊かな動的環境を作り出すことができるムーブメント活動を積極的に取り入れ，身体を使って動くことを通した保育活動を展開していることで，発達支援に直結したすべての子どもが輝ける保育を実現しています(注：JAMET：日本ムーブメント教育・療法協会認定の中級指導者や上級指導者資格を有する保育者が多数)。

(4) 共に育ち合う場としてのインクルーシブ保育

　玉ノ江こども園では，在園児と卒園児の保護者を対象にインクルーシブ保育の効果について過去2回にわたり調査を行っています。いずれの調査においても，約98％の保護者が「障がいのある子どもと一緒に育ってよかった」と回答しており，インクルーシブ保育の効果を保護者も感じていることが示されています。また，日々の保育にムーブメント教

育・療法を取り入れている保育所の保育者からのインタビュー調査(2023，袴田・大橋)からは，ムーブメント教育・療法の考え方を学び，MEPA-ⅡRやMEPA-Rを実施することで，「保育者が子どもの実態に合わせた遊びや子どもを主体とした保育内容を提供することができるようになった」という声や，「保護者と連携した保育実践を行う中で自然と子どもの姿を見取る力がついた」というような声があがっています(図2-9)。

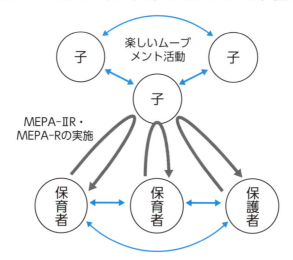

図2-9　子どもの見取りの共有の概念図
(袴田・大橋，2024，p.160より一部改変)

　MEPA-ⅡRやMEPA-Rは，感覚運動発達面だけではなく，認知力や情緒などコミュニケーション面の発達を把握することができます。保育者は子どもの「からだ・あたま・こころ」の全体で発達を捉えることができ，プロフィール表の作成により，子どものマイナス面だけではなく，「＋」の評定が多い分野に注目をすることで子どもの得意なことや好きなことが一目で理解できるようになります。MEPA-ⅡRは，コミュニケーション分野について非常に細かく丁寧に評定することができるため，日常生活の中で見逃されてしまうような発達が非常にゆっくりなお子さんの変化についても保育者間や保護者と共有できます。保育者が障がいの重い子どもの小さな変化を感じ，周囲の子どもにも伝え，理解が浸透することで，子ども同士の自発的な関わりが増えていくという良循環が生まれます。「子どもは子どもの中で育つ」ということばの通り，すべての子どもが楽しく安心して活動に参加できる環境を整えていく中で，様々なニーズのある子どもたちが自分のペースで成長できるよう，MEPA-ⅡRやMEPA-Rに基づいた保育活動を展開していくことは，インクルーシブ保育の実現に有効であると考えます。

第3章
MEPA-ⅡRの開発と構成内容

1．MEPA-ⅡRの開発の経過

開発のねらい

　療育施設や医療サイドでの重症児(者)や重度重複障がい児への健康支援は，健康維持管理(健康の二次予防)に加え，近年はヘルスプロモーションやポジティブヘルス，生活の質(QOL)，ウェルビーイングのアプローチが叫ばれるようになりました。

　その主要な一つの方法に「ムーブメント教育・療法」を位置づけたいと思います。

　ムーブメント教育・療法とは，遊びの要素を持った身体運動で感覚を育てる，身体意識や運動機能の向上を図る，心理的諸機能の発達をも目指すと言う，人間の「からだ，あたま，こころ」の全体性にかかわる活動に特徴があります。

　ムーブメント教育・療法は，単なる身体の運動の療法や訓練法ではなく，遊具や場など動的な環境力を活用する外的刺戟で，個々人の発達に寄り添って，対象児(者)に喜びや満足感を与え，もっとやりたいと思う内発的な能力の支援をねらいとする支援法です。

　人の感覚の働きは，多様な身体運動によって支えられていることも知られるようになり，この点からも重症児(者)にとってさまざまな動きの場としての環境を設定することが必要となりました。

　障がい児(者)の療法・支援の方法は多くを数えていますが，その殆どは障がい児(者)の感覚刺激や神経促通をねらう医療モデルで，一般の生活に即した支援に取り入れることは難しい方法と言われています。その理由は，技法に熟慮した専門家でないとその方法で対処することができず，家庭や施設などでは活用が難しいこと，また，訓練的度合が強く，対象児(者)へのかかわりで戸惑うことが多いなどで，十分な支援に限界がありました。

　われわれは，これらの先人の理論や方法を参考にしながら，1992年に保護者や療育担当者，学校の教員，保育士，家族などでも可能な，ムーブメント活動による重症児(者)らの感覚運動発達アセスメント(MEPA-Ⅱ)や，それに連携したムーブメントプログラムを開発しました(小林ら，1992)。

　なお，われわれは，MEPA-Ⅱに先駆け，子どもや児童の療育や特別支援教育に役立つ「ムーブメント教育・療法プログラムアセスメント(MEPA)」(小林ら，1986)と，その指導プログラムを1986年に開発しました(小林ら，1986)。

　障がいが重くても，重症児でも楽しい遊びの要素を持った身体活動としてのムーブメン

ト教育・療法で，「健康と幸福が支援できる」（M.Frostig）と言うことを多くの事例で証明してきました。

MEPA-ⅡRは，ほぼ40年前に開発したMEPA-Ⅱのアセスメントを基軸にしながら，表記，項目，その項目の妥当性などについて全面的に見直して，時代の流れに添って開発した世界に類のないアセスメントと，その活用プログラムを誕生させました。特に「コミュニケーション分野」のステップは，第5ステップとして「社会的循環要求」のステージ名を新たに加えました。またプロフィール表に「発達キー項目名」を入れて，対象児（者）の（＋）（±）反応を生かした解りやすいプロフィール表にしました。

2．MEPA-ⅡRのねらいと特色

(1) MEPA-ⅡRねらい

近年，乳幼児や障がいを持つ子どもの発達や教育，保育，療育にムーブメント教育・療法によるプログラムが，盛んに取り入れられるようになりました。

前述のようにMEPA-R（ムーブメント教育・療法プログラムアセスメント改訂版）が2005年に作成されました。このアセスメントは，特別支援学級や学校，児童発達支援センター，保育所など多くの場で，個別の教育支援（IEP）の計画・実践に向けて活用されています。

MEPA-Rは，評定可能発達年齢を0ヶ月～72ヶ月としているため，発達の未分化なレベルにある対象児（者）の適用には，やや評定項目などが粗く，ゆるやかな発達を示す重症児（者）や重度重複障がい児の実態を，精緻にチェックすることが十分にできない限界性を持つと言われていました。

これらの課題を乗り越えるために，このMEPA-ⅡRが位置づきました。MEPA-ⅡRはMEPA-Rの第1・第2・第3ステージ（0ヶ月～18ヶ月）における「運動・感覚分野」と，「コミュニケーション分野」の発達に準拠して，スモールステップ化項目として作成されたものです。

(2) MEPA-ⅡRの特色

MEPA-ⅡRは，重症児（者）・医療的ケア児・重度重複障がい児，さらには高齢者の介護まで，幅広いムーブメント活動の実践につなげるアセスメントです。

このアセスメントの特色は，次のところにあります。

① MEPA-ⅡRは，ムーブメント教育・療法の原理に基づいた支援プログラムを作成するためのアセスメントです。つまり，このアセスメントは，人のトータルな発達を支援するムーブメント教育・療法理論の理念から，「運動感覚分野」の発達を中心とし，「コミュニケーション分野」をも含む発達分野で構成されています。

② MEPA-ⅡRは，対象児（者）の日常での健康面や行動面の情報を，できるだけ汲み取り考慮して，プログラムが作成できるようにしました。つまり，支援・療育上配慮しなけれ

ばならない情報を収集できるようにフェイスシートを設けました。

このフェイスシートにより障がいの状況・健康の状況・日常生活動作(ADL)を含む現在の状況・保護者からの相談事項やQOL上の環境設定の情報までも参考にできるようになっています。

③ MEPA-ⅡRの評定項目は，日常生活で観察できるもの(ADLなど)・保護者の報告(生育環境など)・ケース記録などに記載されている情報などを取り入れて構成されています。

その評定内容は，「1)姿勢(P：Posture)」「2)移動(Lo：Locomotion)」「3)操作(M：Manipulation)」の3領域(10項目)，計30の発達キー項目を設定し，各発達キー項目はそれに関連する5つの下位評定項目(サブキー項目)が設定されています。

すなわち，支援・療育においては，それぞれ5つの下位項目を目標に置くことで，最終的に，そのキー項目でねらうスキルの達成ができるように構成されています。

④ MEPA-ⅡRの「コミュニケーション分野(C：Communication)」は，このアセスメントの対象児(者)の発達が未分化で，言語・社会性・情緒機能を分けてアセスメントできない状態が多いため，これを考慮して，「言語・社会性・情緒領域」を含んだ分野として，アセスメントできるように設定しました。

⑤ MEPA-ⅡRのプロフィール表は，アセスメントの状況が長期間活用できるよう3回の記入ができるように作成してあります。

記入において1回目は，ムーブメント活動を始める前のアセスメント結果を，2回目は，活動後，例えば，1年後のアセスメント結果を記入します。3回目は，例えば3年後のアセスメントの結果の記入となります。

このことによって，支援後の対象児(者)の発達状況の評定や，支援プログラムのチェックと新しいプログラム支援と修正に利用できるようにしてあります。

⑥ MEPA-ⅡRの評定を通して，評定項目の欄にある「特記事項」への記入については，付随する支援などの情報が活用できるようになっています。つまり，これは評定項目では拾えない「関係すると思われる発達や育ちの情報」を記入する欄です。

⑦「評定結果の活用状況」の欄は，項目の(＋)や(±)をどのようにムーブメント活動に活かし，かかわりを持っているかを記入する箇所です。これにより，より実践に向けた流れが，より一歩前に向けて作れます。

つまり，(＋)の項目を活かしているかどうかの取り組みのチェックにもなります。

⑧「プログラムの編成ポイント」には，(＋)や(±)に注目し，その対象児(者)の「よいところ」や「できるところ」，あるいは「できそうなところ」，つまり「伸ばしたいこと」に結びつけた取り組みのポイントが書けるようになっています。

⑨ MEPA-ⅡRの項目は，諸発達検査の検討結果に甚づいて構成されています。つまり，それぞれの下位項目の設定にあたっては，私たちの研究結果はもとより，既存のMEPA-R，

第3章　MEPA-ⅡRの開発と構成内容

発達検査(遠城寺式乳幼児分析的発達検査，DENVERⅡ－デンバー発達評定法，津守式乳幼児梢神発達診断法，ピアジェの認知発達理論など)も参考にしながら，対象児(者)の特性を考慮して，より適切に実態把握ができる項目を選択しました。

⑩　必要に応じてMEPA-ⅡRとMEPA-Rのアセスメントの併用ができるように構成されています。両アセスメントの項目はそれぞれ独立しているため，それにかかわるプログラムも異なっています。このMEPA-ⅡRでは，人間発達の感覚運動におけるムーブメント活動の幅広い，かつ精緻なプログラム支援に向けて多くのヒントを供することができると思います。(別書「ムーブメント教育・療法による発達支援ステップガイド―MEPA-R実践プログラム)」を参考にしてください。)

3．MEPA-ⅡRの構成

(1) MEPA-ⅡR，その分野と領域

　表3-1は，MEPA-ⅡRの分野とその領域，それに基づく内容を含む構成を示しました。アセスメントの分野は「運動・感覚」と「コミュニケーション」の大きく2分野から構成してあります。

　「運動・感覚分野」は「姿勢(P；Posture)」「移動(Lo；Locomotion)」「操作(M；Manipulation)」の3領域を含み，「コミュニケーション(C；Communication)」分野は，重症児(者)や重度重複障がい児の発達が，言語・社会性・情緒の各領域に分化する以前の状態にあることを踏まえて，領域に分けず，発達月齢に応じたステップごとに，その項目内容を構成しました。

　MEPA-ⅡRにおける「運動・感覚分野」の姿勢・移動・操作の3領域は，各々10の「発達キー項目」を，さらに各キー項目はそれと連携する「5つの評定項目」(下位項目)から

表3-1　MEPA-ⅡRの構成(分野・領域・内容)

分野	領域	内容	キー項目数	下位項目数
運動・感覚	(1) 姿勢 (P；Posture)	非移動，主に静的な活動	10	各　5 計　10
	(2) 移動 (Lo；Locomotion)	移動，主に動的な活動	10	各　5 計　10
	(3) 操作 (M；Manipulation)	物を媒介とする主に操作性	10	各　5 計　10
	コミュニケーション (C；Communication)	笑い声や発声等を含む対人的な反応・聴覚の反応・環境とのかかわりなど言語・社会性・情緒に関するもの		5ステップ 計　50

(総計200項目)

なっています。つまり，発達に主要な30項目にわたるキー項目にそれぞれ5つの評定下位項目が加わった，総数150の評定項目で成り立っています。

また，「コミュニケーション分野」は，各ステップによる構成ですが，ヒトの「要求」発達の理論を5つにステップ化して，各ステップに評定下位項目を組み入れ，総数50の評定項目からなっています。表3-2は，コミュニケーション分野の第1ステップから第5ステップにおけるステップ名です。

表3-2　MEPA-ⅡRの「コミュニケーション分野」におけるステップ名

ステップ	ステップ名
第1ステップ	自己内部要求
第2ステップ	自己外界要求
第3ステップ	自他循環要求
第4ステップ	自発的循環要求
第5ステップ	社会的循環要求

即ち，本アセスメント全体は，総計200の評定項目から構成されています。

(2) 構成内容—発達ステップと発達キー項目

MEPA-ⅡRにおける発達月齢に基づく「発達ステップ」と「発達キー項目」，その下位項目の構成は，表3-3のとおりです。「コミュニケーション発達」の概要をチェックするステップとして発達月齢に基づき5ステップ（第1ステップ～第5ステップ）を設けました。また，各発達ステップには「キー項目」および「下位項目」を示しました。

これらは，既存の乳幼児の発達検査，MEPA-R，そしてわれわれの研究成果などを加え，発達月齢0ヶ月～18ヶ月の範囲での子どもの運動発達(P)やコミュニケーション発達(C)を軸に，各項目を配列・系列化したものです。

また，各々の表示は，「発達キー項目」を「1・2・3～」で，「下位項目」は「a・b・c～」で示しました。

表3-3　MEPA-ⅡRにおける発達ステップ，発達キー項目，その下位項目

発達ステップ	発達月齢	P・Lo・M・Cのキー項目および下位項目			
		P-	Lo-	M-	C-
第1ステップ	0～3ヶ月	1 (a～e) 2 (a～e)	1 (a～e) 2 (a～e)	1 (a～e) 2 (a～e)	1 (a～j)
第2ステップ	4～6ヶ月	3 (a～e) 4 (a～e)	3 (a～e) 4 (a～e)	3 (a～e) 4 (a～e)	2 (a～j)
第3ステップ	7～9ヶ月	5 (a～e) 6 (a～e) 7 (a～e)	5 (a～e) 6 (a～e) 7 (a～e)	5 (a～e) 6 (a～e) 7 (a～e)	3 (a～o)
第4ステップ	10～12ヶ月	8 (a～e) 9 (a～e)	8 (a～e) 9 (a～e)	8 (a～e) 9 (a～e)	4 (a～j)
第5ステップ	13～18ヶ月	10 (a～e)	10 (a～e)	10 (a～e)	5 (a～e)

第 3 章　MEPA-ⅡRの開発と構成内容

表3-4　MEPA-ⅡRのプロフィール表にみる各発達ステップでの簡易なキー項目名

発達ステップ	発 達 キ ー 項 目 名
第1ステップ （0ヶ月～3ヶ月） 反射運動活発期	P-1. 腹臥位頭挙／P-2. 垂直位頭保持 Lo-1. 身体ムズムズ／Lo-2. 上下肢挙上 M-1. 手の握開／M-2. 手で探る C-1. 自己内部要求
第2ステップ （4ヶ月～6ヶ月） 随意運動萌芽期	P-3. 背臥位頭挙／P-4. 初歩座位 Lo-3. 寝返り背→側／Lo-4. 寝返り背→背 M-3. 両手つかみ／M-4. 片手伸ばしつかみ C-2. 自己外界要求
第3ステップ （7ヶ月～9ヶ月） 抗重力運動開始期	P-5. 安定座位／P-6. 初歩四つ這い位／P-7. 安定四つ這い Lo-5. 這いずり移動／Lo-6. 交互腹這い移動／Lo-7. 四つ這い移動 M-5. 持ち替え／M-6. 物を握る／M-7. 両手に持つ C-3. 自他循環要求
第4ステップ （10ヶ月～12ヶ月） 立位歩行準備期	P-8. 膝立ち位／P-9. 立位 Lo-8. つかまり移動／Lo-9. 支持歩行 M-8. 積み木重ね／M-9. 片手で投げる C-4. 自発的循環要求
第5ステップ （13ヶ月～18ヶ月） 歩行確立期	P-10. 立位→座位 Lo-10. 一人で歩く M-10. 豆を取り出す C-10. 社会的循環要求

表3-5　MEPA-ⅡRの運動・感覚分野にみる「発達グリッド（8パターン）」

① **第1グリッド**（定頸）…（P-1）腹臥位での頭の持ち上げ，（P-2）垂直位での頭のコントロール，（P-3）背臥位での引き起こし

② **第2グリッド**（寝返り）…（Lo-1）自発的な身体の動き，（Lo-2）自発的な手足の動き，（Lo-3）初歩的な寝返り，（Lo-4）完全な寝返り

③ **第3グリッド**（座位・四つ這い保持）…（P-4）初歩の座位，（P-5）安定座位，（P-6）初歩の四つ這い位，（P-7）安定した四つ這い位

④ **第4グリッド**（四つ這い移動）…（Lo-5）這いずり移動，（Lo-6）交互による腹這い移動，（Lo-7）安定した四つ這い移動

⑤ **第5グリッド**（立位保持）…（P-8）膝立ち位，（P-9）立位，（P-10）立位から一人で座る

⑥ **第6グリッド**（歩行）…（Lo-8）つかまって動き回る，（Lo-9）支持で歩く，（Lo-10）一人で歩く

⑦ **第7グリッド**（初歩的な手の操作性）…（M-1，M-2）手指の握りと探索，（M-3，M-4）両側手と片手の握り，（M-5）物の持ち替え，（M-6）物を振る

⑧ **第8グリッド**（基礎的な手の操作）…（M-7）物を両手に持つ，（M-8）2個の積木を重ねる，（M-9）物を投げる，（M-10）おわんの物を取り出す

なお，表3-4はMEPA-ⅡRのプロフィール表にみる各発達ステップ（発達月齢）と，各ステップでの簡易な発達キー項目名です。

4．MEPA-ⅡRの発達グリッドの系列化

MEPA-ⅡRは，対象児（者）の発達の実態把握とムーブメント活動の支援プログラムの方向性の流れをわかりやすくするために「発達グリッド」を系列化をしました。

発達グリッドは，まず「運動・感覚分野」の8グリッド（第1グリッド〜第8グリッド）の8パターンがあります（表3-5）。

また，「コミュニケーション分野」には，5グリッド（第9グリッド〜第13グリッド）があり（表3-6），発達グリッドの合計は「13グリッド」で構成されています。

表3-6　MEPA-ⅡRのコミュニケーション分野にみる発達グリッド（5パターン）

⑨ **第9グリッド**（自己内部要求）…（C-1），生理的な要求

⑩ **第10グリッド**（自己外部要求）…（C-2），自己内部→外部への要求

⑪ **第11グリッド**（自他循環要求）…（C-3），自己←→他者の循環関係の要求

⑫ **第12グリッド**（自発的循環要求）…（C-4），手段−目的の連合の要求

⑬ **第13グリッド**（社会的循環要求）…（C-5），社会性・関係性の循環要求

なお，コミュニケーション分野でのアセスメントの5ステップに沿った活用プログラムのおおよその流れは，表3-7のようになっています。

表3-7　MEPA-ⅡRのコミュニケーション分野の各ステップと活用プログラム

第1ステップ（自己内部要求：0ヶ月〜3ヶ月発達レベル）
　生理的要求でのかかわり支援，視線合わせによる支援，ほほえみでのやりとり支援，音声でのやりとり支援，模倣手段によるかかわり支援

第2ステップ（自己外部要求：4ヶ月〜6ヶ月発達レベル）
　欲しいものを介しての支援，ものを取り込んだ循環での支援，認知発達の芽生え支援，動作や音声の模倣を取り入れる支援，喃語の発生を誘う支援

第3ステップ（自他循環要求：7ヶ月〜9ヶ月発達レベル）
　手段−目的関係の支援，イメージ形成を育てる支援，身体像の支援，身近な人へのかかわり支援，模倣による広がり支援，喃語から言語音声への支援

第4ステップ（自発的循環要求：10ヶ月〜12ヶ月発達レベル）
　自発的刺激の循環的状況の支援，言語・運動の連鎖的かかわりの支援

第5ステップ（社会的循環要求：13ヶ月〜18ヶ月発達レベル）
　グループでの活動による支援，仲間とのつながりを広げる遊具を介した支援

37

第2部

MEPA-ⅡRの実施法と活用プログラム

第4章

実施にあたって

1．MEPA-ⅡRの記入法

MEPA-ⅡRの実施にあたっては，次に示す手続きによって実施します。

なお，記入例については，第2部第7章の「MEPA-ⅡRの実施，活用に向けて─記入例と事例─」を参照してください。

(1) MEPA-ⅡRのフェイスシートについて

フェイスシートは，対象児(者)の行動上の特徴について知り，その状況を適切に把握して，対象児(者)の支援に「寄り添える」プログラム作りと取り組みの入口になるものです。

フェイスシートは，以下の側面から記述ができるようになっています。

1．障がいの状況　　2．健康の状況　　　3．日常生活動作(ADL)

4．生育歴　　　　5．現在の社会的環境　6．支援上，手がかりとなる事項

7．QOL，ウェルビーイングのための環境

です。

それぞれのフェイスシート記入欄には，初回の記入に続いて2回目，3回目の状況も記入できます。

(2) MEPA-ⅡRプログラムの編成ポイント

このアセスメントには，その特徴である「支援プログラム編成ポイント」の欄が設けてあります。

第1回目，第2回目，第3回目のそれぞれの評定時には，支援プログラムの流れと対応が異なることを想定して，自由に記述してください。

プログラム作りには「ムーブメント教育・療法」の理論を十分に取り入れて「〜できな

い」というポイントは極力避けて,「〜〜することができるので,……のプログラムが考えられる」と言うような,強みや評定により(+),あるいは(±)がついた「できている,あるいは,できそうな」項目を活かす記述を望みます。

2. MEPA-ⅡRの評定表の記入

ムーブメント教育・療法によるプログラム作りのために対象児(者)の評定項目を中心に,日常生活場面での観察,関係者などからの報告,ケース記録に記入されている情報などにより,評定表各項目の「第1回目」の欄に,以下のマークで記入します。

○ 反応や行動が明らかに観察できた場合 ──────────────▶ (+)
○ その反応や行動ができそうな場合や,少しみられる場合(芽生え反応) ──▶ (±)
○ 反応や行動がみられない場合 ───────────────────▶ (−)

重症児(者)・医療的ケア児・重度重複障がい児の場合,項目によっては(+)(−)が錯綜することが多いため,可能な限り多くの項目を評定して,実態を正確に把握するように努めてください。

(+)が多い場合は次の上のステップに,(−)が多ければ下のステップに進みます。

「評定表」の「特記事項」には,評定項目では拾えないが関係すると思われる発達や育ちの情報を記入して,支援のヒントにしてください。

「評定表」の「活用状況」には,(+)や(±)の項目をどのように活かし,かかわりを持っているかを具体的に記述し,支援プログラムの編成ポイントにつなげます。

3. プロフィール表の作成

プロフィール表の作成にあたっては以下のような(+)(±)(−)の様式により,MEPA-ⅡRプロフィール表の「第1回目」の欄(□の枠組み)にマークを記入します。

このプロフィール表によって,対象児(者)の各分野・各領域の発達の芽生えや育ちの状況がトータルに把握できます。

なお,アセスメントの状況は,評定表とプロフィール表,そしてプログラムの編成ポイントに3回(例えば毎年1回ならば3年間活用)表示でき,発達が把握できるようになっています。

第5章
運動・感覚分野の実施法と活用プログラム

1．姿勢領域　実施法と活用プログラム（第1ステップ～第5ステップ）

(1) 姿勢（ヘッドコントロール）について

「ヘッド(頭部)のコントロール」とは，首の座り(定頸)を意味し，以下の姿勢が保てる状態を言います。

① 頭部が前後・左右に傾けられても，頭部が垂直位に戻れる(立ち直り反応)(写真5-1)。

② 頭部は垂直位を保持していられる。

③ 背臥位での引き起こしで，頭部が持ち上げられる(引き起こし反応)(写真5-2)。

定頸は，以後の運動発達にとって欠かせない能力であり，これが不十分だと，座位や四つ這い移動・歩行などの発達が困難になります。つまり，寝返り，座位ができない人に対しては，頭部のコントロールの状態をきちんと確認して，支援を行います。

重症児(者)など腹臥位での頭部のコントロール(頭の持ち上げ)に困難を示す場合でも，プログラムの展開でムーブメント遊具などを使用して，より自然な取り組みや，"楽しむ"という遊び的な要素を取り入れることができれば，腹臥位での姿勢に慣れるようになります。

頭部の動きが増し，頭の持ち上げの時間が長くなり，上肢の前腕で床から胸部を持ち上げるようになり，肘立ち位の姿勢が徐々にとれるようになります。

集団の活動で，コミュニケーション(声かけなど)を考慮することが，プログラム実施上

表5-1　小児発達反射の自然経過（Bobathによる）（林・小林，1986）

	1～4週	2か月	4～6か月	7～12か月	12～14か月	2～3歳	3～5歳	5歳以後
モロー反射	＋	＋	±	－				±
対称性緊張性頸反射	＋	＋	±	－				±
把握反射	＋	＋	±	－				±
吸引反射	＋	±	±	－				
頸の立ち直り反射	＋	＋	＋	±	－			
迷路性立ち直り反射		＋	＋	以後は視性立ち直り反射の出現で減少・抑制される				
ランドー反射			＋	＋	＋			
パラシュート反射			＋	＋	＋	＋	＋	＋
軀幹に対する立ち直り反射				＋	±	±	±	

＋：出現あるいは存在　±：不完全あるいは出現しても弱い　－：出現しない

1．姿勢領域　実施法と活用プログラム（第1ステップ～第5ステップ）

の大切なポイントになります。

(2) 運動・感覚にかかわる反射の成熟過程について

　運動・感覚の発達は，神経生理学的基礎の上に成り立っており，反射の成熟過程の発達が，その前提となります。表5-1は，その出現あるいは存在の状態を示したものです。

　なお，人の姿勢はどのように発達するのだろうか。前川(1974)によると，新生児の月齢別に運動発達のおおよその様相が，以下のように紹介されています。

［1ヶ月］
① 寝ていて自由に顔を左右に向ける。
② 引き起こすと首がやや背屈し，正中位となると数秒間，首が座った後に前屈する。
③ 腹臥位では，顔を一方に向け四肢を屈曲し，臀部が頭部より高い。時に正中位で瞬間的に顔を上げることがある。
④ 背臥位では，四肢は半屈曲位で顔を一方に向け，緊張性頸反射の姿をとることが多い。

［2ヶ月］
① 手を口へ持って行く。
② 背臥位で肘関節を伸展し，上肢を下におろしている姿勢をとることがみれる。
③ 手を半ば開き，ガラガラなどを持たせると少しの間，握っている。
④ 腹臥位で，顔を瞬間的に上げる。
⑤ 引き起こすと首がわずかに背屈し，正中位で暫くの間，座っている。

［3ヶ月］
① 両手を持って引き起こすと，首はほぼ座っている。揺すると揺れる。
② 腹臥位で顔を45度位まで挙上する。
③ 手を開いて，ガラガラを握らせるとしばらくの間，握っている。

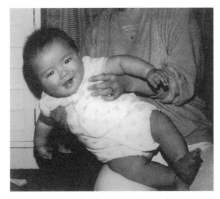

写真5-1　左右動での頭部の立ち直り反応

写真5-2　背臥位での引き起こし反応

第5章　運動・感覚分野の実施法と活用プログラム

第1ステップ：頭の持ち上げとコントロール

Posture P-1　腹臥位で，前腕で体重を支え，どうにか頭を持ち上げている。

アセスメントのポイント

○ 人間の運動発達は，頭尾律の原理により頭から下肢の方向に進みます。

腹臥位とは，新生児レベルでは，頭を一方（横）あるいは床面に向けて，四肢を屈曲し，臀部が頭の位置より持ち上がっている屈曲姿勢をとります。

○ このレベルから頭を持ち上げて体幹が床から離れる位置は，頭尾律により首の持ち上げ・胸の持ち上げ・腰の持ち上げと，下方の方向に移って行きます。

a．腹臥位で，頭を数秒持ち上げる。

　　方法　腹臥位にして，頭部の様子を観察する。

　　評定　頭を動かすことができれば（＋）

　　　　　その芽生えがみられれば（±）　　　　　　　　　できなければ（－）

b．腹臥位で，頭をまっすぐ（中間位）にする。

　　方法　腹臥位にして，頭部の様子を観察する。

　　評定　頭をまっすぐに持ち上げることができれば（＋）

　　　　　その芽生えがみられれば（±）　　　　　　　　　できなければ（－）

c．前腕で上半身を支え，頭を持ち上げる。

　　方法　腹臥位にして，頭部の様子を観察する。

　　評定　前腕で上半身を支え，頭を瞬間，持ち上げることができれば（＋）

　　　　　その芽生えがみられれば（±）　　　　　　　　　できなければ（－）

d．前腕で上半身を支え，頭を持ち上げて，右または左に動かす。

　　方法　腹臥位にして，頭部の様子を観察する。

　　評定　前腕で上半身を支え，頭を持ち上げて右，または左に動かすことができれば（＋）

　　　　　その芽生えがみられれば（±）　　　　　　　　　できなければ（－）

e．腹臥位，前腕で体重を支え，どうにか頭を持ち上げている。

　　方法　腹臥位にして，頭部の様子を観察する。

　　評定　前腕で上半身を支え，頭を数秒持ち上げて動かすことができれば（＋）

　　　　　その芽生えがみられれば（±）　　　　　　　　　できなければ（－）

1．姿勢領域　実施法と活用プログラム（第1ステップ～第5ステップ）

支援のめあて　　　　　　　　　　　　　　　　　P-1

　腹臥位姿勢で，前腕を使って体重を支え，頭が持ち上げられ，左右に動かすことの支援です。

　頭部を動かしたくなる環境作りとして，視覚への刺激（見たくなる），聴覚への刺激（聞きたくなる）を大切にします。

推奨する活用プログラム

① 腹臥位姿勢で，頭の持ち上げを促すムーブメント活動を支援します（図5-1）。

　1）転がりオモチャや，音の出るオモチャなどを，顔面（顔前）に置く。

　　ムーブメント活動によって，頭部の回旋（左右に向きを変える）や，挙上がみられる状況を作ります。

　　腹臥位の活動に慣れるように，問いかけを工夫します。

　2）床から頸部が持ち上がるように，三角マットを使って支援します。

② 腹臥位にしてトランポリンに乗せます。

　1）トランポリンに直接顔面が接しないように，タオルケットやロールマットを前腕部に入れ，ゆるやかに上下に揺すり，頭部の挙上を促します。

　2）トランポリンの上で背臥位にして，両手を持って引き起こします。

③ 肘立ち位での頭部の活動を支援します（写真5-3）。

　1）三角マットやロールマットなどの上で肘立ち位をとらせ，前方から声かけや音楽，音の出るオモチャや光るオモチャなどの聴覚・視覚刺激で，頭部の挙上を支援します。

　2）トランポリンの上に三角マットやロールマットなどを置き，その上で肘立ち位をとらせ，上下に揺すって頭部の挙上を支援します。

　3）好きな歌や，頭部の挙上能力に合わせた，やさしいリズムの曲に合わせて，ゆっくり身体を揺すります。

発達のポイント

　背臥位状態では，頭部を動かす機会が乏しくなります。そこで環境を工夫して，腹臥位の姿勢で頭の持ち上げを支援します。

　これにより頭部を動かす機会を増やします。

図5-1
背臥位状態と腹臥位状態での頭部の動きの差

写真5-3
肘立ち位でのムーブメント環境づくり

43

第5章　運動・感覚分野の実施法と活用プログラム

第1ステップ：頭の持ち上げとコントロール

Posture P-2　支持による垂直位で，どうにか首が座っている。

アセスメントのポイント

　○ この項目では，対象児（者）を垂直に起こした状態（垂直位）での首の座りを評定します。垂直位で首が座る順序は，前方→後方→側方であり，P-1の能力が基礎条件になります。

　○ つまり，垂直位での姿勢の前傾に対して，頭部の持ち上げができるか否かが，まずポイントになります。

a．体幹上部を支えて垂直に起こし，前方に傾けられても，時々頭を垂直に起こす。
　　方法　体幹上部（脇の下など）を支えて垂直に座らせ，前方に傾ける。
　　評定　時々，頭を垂直に起こすことができれば（＋）
　　　　　その芽生えがみられれば（±）　　　　　　　　　　　できなければ（－）

b．体幹上部を支えて垂直に起こし，前方に傾けられても，頭を垂直に起こしている。
　　方法　体幹上部（脇の下など）を支えて垂直に座らせ，前方に傾ける。
　　評定　頭を垂直に起こしていることができれば（＋）
　　　　　その芽生えがみられれば（±）　　　　　　　　　　　できなければ（－）

c．体幹上部を支えて垂直に起こし，後方に傾けられても，頭を垂直に起こしている。
　　方法　体幹上部（脇の下など）を支えて垂直に座らせ，後方に傾ける。
　　評定　頭を垂直に起こしていることができれば（＋）
　　　　　その芽生えがみられれば（±）　　　　　　　　　　　できなければ（－）

d．体幹上部を支えて垂直に起こし，右または左に傾けられても，頭を垂直に起こしている。
　　方法　体幹上部（脇の下など）を支えて垂直に座らせ，右方（左方）に傾ける。
　　評定　頭を垂直に起こしていることができれば（＋）
　　　　　その芽生えがみられれば（±）　　　　　　　　　　　できなければ（－）

e．支持による垂直位で，どうにか首が座っている。
　　方法　体幹上部（脇の下など）を支えて垂直に座らせる。
　　評定　頭を垂直に起こしていることができれば（＋）
　　　　　その芽生えがみられれば（±）　　　　　　　　　　　できなければ（－）

44

1．姿勢領域　実施法と活用プログラム（第1ステップ〜第5ステップ）

支援のめあて　　　　　　　　　　　　　　　P-2

体幹上部が支えられ，前後左右に傾けられても，頭が垂直位に戻り維持できることにあります。

定頸のためには，腹臥位の状態から可能な限り，垂直位の機会を作るムーブメント活動を取り入れることです。

推奨する活用プログラム

① **介助座位（抱っこ）での，左右動のムーブメント活動をします（図5-2）。**

　1）床の上に，体幹上部を支えて座り，まず，左右傾を取り入れ，歌に合わせて動かし，頭部の垂直位への立ち直りを促すムーブメント活動を行います。

　2）トランポリンの上で，体幹上部を支えて座らせ，上下にゆっくり揺すって，頭部の垂直位への立ち直りを促します。

② **ユランコ（ムーブメント遊具）を使っての姿勢の持ち上げをします（写真5-4）。**

　1）ユランコを床に置いて，その上に背臥位（上向き）で寝かせます。頭部側のユランコを少しずつ持ち上げて傾きを作ります。それを繰り返します。

　2）音楽に合わせてリズム良く，上下の揺れを入れて上体を起こしたり，寝かせたりします。

　3）ユランコの上に，ロールマットを胸腹部に入れた状態で腹臥位に寝かせ，フロアーの上をソリのように滑らせます。

発達のポイント

支援による垂直位の姿勢を通して首の座りや，頭部の立ち直り姿勢の運動発達を促します。

いわゆる「ポジショニング」は静的な動作時の支援より，トランポリンやユランコのような動的な活動時の方が，より「ポジショニング」がしやすいことがわかってきました。

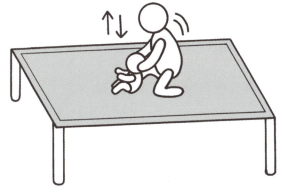

図5-2　トランポリン（動的活動）による姿勢の立ち直りのムーブメント活動

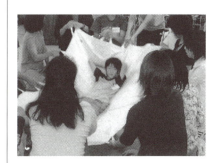

写真5-4
ユランコによる姿勢の持ち上げ，リズム（音楽）を入れての活動

第5章　運動・感覚分野の実施法と活用プログラム

第2ステップ：引き起こしと初歩の座位

Posture P-3　背臥位で，水平の位置から引き起こされた時，頭を持ち上げている。

アセスメントのポイント

○ 新生児レベルでは，頭の持ち上げについては，背臥位において頭を一方(横)に向けた全身屈曲位の姿勢をとっていますが，次第に頭をまっすぐに前に向けていられるようになり，頭部の動作の発達の姿がみられます。

○ 首が座っている場合には，腹臥位では頭を持ち上げたり，肘をつくなどしながら，下肢や上肢を上げたりする姿勢ができます。

a．背臥位で，頭をまっすぐに前に向けている(頭は持ち上げられなくてもよい)。
　　方法　背臥位にして，頭部の様子を観察する。
　　評定　頭をまっすぐ前に向けていられれば（＋）
　　　　　　その芽生えがみられれば（±）　　　　　　　　　　　　　できなければ（－）

b．背臥位で，頭を右に動かせる(頭は持ち上げられなくてもよい)。
　　方法　背臥位にして，頭部の様子を観察する。
　　評定　頭を右に動かせれば（＋）
　　　　　　その芽生えがみられれば（±）　　　　　　　　　　　　　できなければ（－）

c．背臥位で，頭を左に動かせる(頭は持ち上げられなくてもよい)。
　　方法　背臥位にして，頭部の様子を観察する。
　　評定　頭を左に動かせられれば（＋）
　　　　　　その芽生えがみられれば（±）　　　　　　　　　　　　　できなければ（－）

d．三角マットなどを背にして引き起こされた時，頭を持ち上げている。
　　方法　三角マットなどに背臥位にして，両腕を持って引き起こし，頭部の様子を観察する。
　　評定　引き起こされるにつれ，頭を持ち上げてくれば（＋）
　　　　　　その芽生えがみられれば（±）　　　　　　　　　　　　　できなければ（－）

e．背臥位で，水平の位置から引き起こされた時，頭を持ち上げている。
　　方法　水平の位置に背臥位にし，両腕を持って引き起こし，頭部の様子を観察する。
　　評定　引き起こされるにつれ，頭を持ち上げてくれば（＋）
　　　　　　その芽生えがみられれば（±）　　　　　　　　　　　　　できなければ（－）

1．姿勢領域　実施法と活用プログラム（第1ステップ～第5ステップ）

支援のめあて　　P-3

　頭部のコントロール支援は，まず，日常生活時に，腹臥位や側臥位の機会を増やすことや，顔の向いている位置を変えるきっかけとして，興味のある歌や音の出る遊具など，感覚刺激の環境の力を活用することもヒントになります。

推奨する活用プログラム

① **背臥位での頭部の持ち上げ，回旋を支援します**（図5-3）。
　1）背臥位にして，右側，および左側から，声かけや音や光のでるオモチャなどの聴覚・視覚刺激による活動を支援します。
　2）背臥位上半身を約45度引き起こし，自らの頭部の持ち上げを待ちます。訓練にならないように，声かけや歌いながら楽しく行います。

② **三角マットなどを背にして引き起こし，頭の持ち上げを支援します。**
　1）対象児（者）の両手を持って引き起こしたり，後ろに倒したりして頭部の持ち上げ姿勢を促しながら遊びます。
　2）ユランコの上に背臥位にし，姿勢を前後にゆっくり揺すり，頭部の持ち上げ姿勢を促します。（引き起こし）
　　背臥位で両手を支えた時（引き起こし），頭部を持ち上げてきます。

発達のポイント

　背臥位から両手を持って引き起こされた時の頭部の変化は，頭が後ろに残る→頭を時々上げるようになる→頭の遅れは少しだけになる→頭が遅れないでついて来るという状態で発達します。

　全身の反り返りが強い場合は，背臥位でのプログラムに固執せず，腹臥位や前傾支持座位での頭部のコントロールの発達を促すことです。

図5-3　背臥位で頭部の持ち上げを，声かけをしながら支援します

第5章　運動・感覚分野の実施法と活用プログラム

第2ステップ：引き起こしと初歩の座位

Posture P-4　初歩の座位がとれる。

アセスメントのポイント

○ 初歩の座位ができるためには，垂直位での首の座りがみられ，腹臥位での手立ち位（肘を伸ばし，手のひらで体重を支える）ができ，運動発達が首から胸，背の方向に及んでくることが必要です。

○ 座位が取れるようになると，臥位で台の上に乗せて台を傾けると，落ちまいとする動き（臥位での傾斜反応）がみられるようになり，体幹の立ち直りがでるようになります。

a．体幹下部を支えられて座り，背中の丸みが少なく，どうにか伸ばす。
　　方法　体幹下部（腰部など）を支えて垂直に座らせ，上半身の様子を観察する。
　　評定　背中の丸みが少なく，伸びてきていれば（＋）
　　　　　その芽生えがみられれば（±）　　　　　　　　　　できなければ（－）

b．体幹上部を支えられて座り，前後左右に傾けられても，どうにか頭を垂直に保つ。
　　方法　体幹上部（脇の下など）を支えて垂直に座らせ，前後左右に傾けて頭部の様子を観察する。
　　評定　前後左右に傾けられても，頭を垂直に保っていられれば（＋）
　　　　　その芽生えがみられれば（±）　　　　　　　　　　できなければ（－）

c．体幹下部を支えられて座り，背中を腰までどうにか伸ばす。
　　方法　体幹下部（腰部など）を支えて垂直に座らせ，上半身の様子を観察する。
　　評定　背中が腰まで伸びていれば（＋）
　　　　　その芽生えがみられれば（±）　　　　　　　　　　できなければ（－）

d．体幹下部を支えられて座り，身体を揺すられても，頭がぐらつかない。
　　方法　体幹下部（腰部など）を支えて垂直に座らせ，身体を揺すって頭部の様子を観察する。
　　評定　身体を揺すられても，頭部がぐらつかなければ（＋）
　　　　　その芽生えがみられれば（±）　　　　　　　　　　できなければ（－）

e．支えなしで，両手を前についてどうにか座る（初歩の座位）。
　　方法　座位をとらせ，支えを取りのぞき，その様子を観察する。
　　評定　支えなしで，両手を前に突いて座れれば（＋）
　　　　　その芽生えがみられれば（±）　　　　　　　　　　できなければ（－）

48

1. 姿勢領域　実施法と活用プログラム（第1ステップ～第5ステップ）

支援のめあて　　P-4

　初歩の座位による姿勢維持について，座位は，まず垂直位での定頸がみられ，腰・大腿で自分の体重が支えられ，その姿勢を保つことで可能となります。

　座位がどうにかとれるためには，次のようなムーブメント活動プログラムを推奨します。

① 垂直位での首の座りをみるような活動。
② 腹臥位で手立ち位ができ，首から胸部・体幹方向に運動発達がおよぶような活動。
③ 座位姿勢を体験させ，座位でのさまざまな働きかけをする活動。

推奨する活用プログラム

① **傾斜ボードでの傾斜に，負けない姿勢を体験します**（図5-4）。
　1）体幹下部を支えられて座り，背中の丸みが少なくなるように，腰まで伸ばすことを支援します。
　2）対象児（者）をあぐら座位にさせ，上体を支えることができるよう，股関節を十分に開かせ支持面を作ります。この状態で対象児（者）の身体を音楽に合わせて，前後・左右にゆっくりと動かします。
② **トランポリンの上で，対象児（者）に座位姿勢を支援します。**
　1）前方または後方から介助して，トランポリンをゆっくり揺すります。
　2）前や後ろから対象児（者）の脇を支えます。
③ **ユランコの上に対象児（者）を座らせ，ソリのように動かします。**
　1）それを引っ張って動かします。
　2）対象児（者）は動きの中で，より姿勢を維持するために，また，スピードに合わせて体幹をコントロールしていきます。

発達のポイント
座位姿勢について
　一般に，座位は次の流れで発達します。
①腰を支えると座っていられる。
②両手を前について，座っていられる。
③手をつかずに座っていられる。
④座ったまま体を捻って，横の物が自由にとれる。

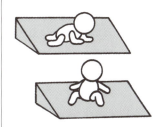

図5-4
傾斜ボードに腹臥位あるいは，支持座位で座らせてボードをゆっくりと動かします

第5章　運動・感覚分野の実施法と活用プログラム

第3ステップ：安定座位と四つ這い位

Posture P-5　安定した座位がとれる。

アセスメントのポイント

○　安定した座位は，四つ這い位や臥位から座位への姿勢変換の条件となります。

　　座位に必要な身体のバランスが崩れた時，元に戻れる体幹の立ち直り反応は，前方→側方→後方へと，発達します。

　　バランスが崩れた時，手をつく保護伸展反応（上肢のパラシュート反応）が生じる順序は，前方→側方→後方です。

a．支えなしで，両手を前につかないで，1分間程度座っている。

　　方法　支えなしで座位をとらせ，その様子を観察する。

　　評定　支えなしで，両手を前につかないで，1分間座っていられれば（＋）

　　　　　その芽生えがみられれば（±）　　　　　　　　　　できなければ（－）

b．前にバランスを崩しても，体幹を元に戻す。

　　方法　支えなしで座位をとらせ，後方から押す。

　　評定　前にバランスを崩さなかったり，崩しても体幹を元に戻せれば（＋）

　　　　　その芽生えがみられれば（±）　　　　　　　　　　できなければ（－）

c．横にバランスを崩しても，体幹を元に戻す。

　　方法　支えなしで座位をとらせ，側方から押す。

　　評定　横にバランスを崩さなかったり，崩しても体幹を元に戻せれば（＋）

　　　　　その芽生えがみられれば（±）　　　　　　　　　　できなければ（－）

d．後方にバランスを崩しても，体幹を元に戻す。

　　方法　支えなしで座位をとらせ，前方から押す。

　　評定　後方にバランスを崩さなかったり，崩しても体幹を元に戻せれば（＋）

　　　　　その芽生えがみられれば（±）　　　　　　　　　　できなければ（－）

e．安定した座位がとれる。

　　方法　支えなしで座位をとらせ，左右・後方から呼びかけたり，日常生活の中で観察する。

　　評定　支えなしの座位で，上半身を左右に捻ることができれば（＋）

　　　　　その芽生えがみられれば（±）　　　　　　　　　　できなければ（－）

1．姿勢領域　実施法と活用プログラム（第1ステップ～第5ステップ）

支援のめあて　　　　　　　　　　　　　　P-5

安定した座位とは，背部を伸展して座り，手放しで座位がとれ，身体を捻って振り向いたり，手を伸ばして物を取ろうとしても体幹が崩れず，座位姿勢が保っていられる状態を言います。

そのために，体幹の立ち直り反応を誘発するムーブメント活動の機会を作ります。

推奨する活用プログラム

① **座位姿勢の維持を促します。**

1）テーブルの前に肘を乗せて座らせ，オモチャなどで手遊びを行います。

手遊びに参加させることで，手を動かすことが誘発されます。

手の動きの開放で座位バランスが自然に育まれます。

2）座位姿勢をとらせ，あるいは，後方からの支え座位で，前方上方からオモチャを提示して，手を伸ばして遊ばせます。

3）長いロープに風船をぶら下げて，座位姿勢でそれをとらせます。

② **トランポリンの上に一緒に座ります。**

1）トランポリンを揺らしながら，立ち直りを促します。最初は上肢を持って介助します。慣れてきたら身体を前後左右に揺すります。

2）座位の機会を作るために，大きなロールマット，ぬいぐるみ人形，あるいは箱を子どもの前に置いてそれにつかまらせて，トランポリンでの揺れ運動をさせます。

③ **1m程度の長さの棒（ムーブメントロープ）を使って動きます**（図5-5）。

1）座位をとっている子どもの両手に持たせます。棒を持たせたまま少しずつ横の方を向かせます。

2）そして可能な限り，後ろの方に持って行きます。少しずつ捻りの角度を大きくし，安定座位姿勢を促します。

発達のポイント

座位の安定のためには，体幹の立ち直り反応がきちんと発揮できるような，運動発達が必要となります。

そのためには，ユランコやトランポリンなどによる揺れ遊具の活動をたくさん経験させます。バランスの崩れを上手に制御できる「立ち直り反応」は，これにより育まれます。

図5-5
棒（あるいはムーブメントロープ）につかまって、座位での楽しい活動をします

第5章　運動・感覚分野の実施法と活用プログラム

第3ステップ：安定座位と四つ這い位

Posture P-6　初歩の四つ這い位がとれる。

アセスメントのポイント

○ ここでは，四つ這い位の初歩の発達の様相を評定します。

　　腹臥位が上手にできない場合，それに続く四つ這い位の遅れが多いです。

　　四つ這い姿勢がみられるのは，座位から四つ這い移動などをする移動姿勢の時です。

　四つ這い位は，当然のことながら四つ這い移動の基礎になっているので，この姿勢(動作)の拡大は重要です。

a．腹臥位で，肘立ち位にて，上半身を支える。

　　方法　腹臥位での様子を観察する。

　　評定　肘をついて，上半身を支えることができれば（＋）

　　　　　その芽生えがみられれば（±）　　　　　　　　できなければ（－）

b．腹臥位で，手立ち位にて，上半身を支える。

　　方法　腹臥位での様子を観察する。

　　評定　両手をついて腕を伸ばして，上半身を支えることができれば（＋）

　　　　　その芽生えがみられれば（±）　　　　　　　　できなければ（－）

c．腹臥位で，一方の上肢にて，上半身を支える。

　　方法　腹臥位で，手立ち位の様子を観察する。

　　評定　オモチャなどに一方の手を出し,他方の上肢で上半身を支えることができれば（＋）

　　　　　その芽生えがみられれば（±）　　　　　　　　できなければ（－）

d．腹臥位で，両手と片膝をつく。

　　方法　腹臥位にて，手立ち位の様子を観察する。

　　評定　両手をついて腕を伸ばして，上半身を支えることができれば（＋）

　　　　　その芽生えがみられれば（±）　　　　　　　　できなければ（－）

e．初歩の四つ這い位がとれる。

　　方法　腹臥位での様子を観察する。

　　評定　上肢(手立ち位)および，両股，膝を直角に曲げて，

　　　　　どうにか四つ這い位がとれれば（＋）

　　　　　その芽生えがみられれば（±）　　　　　　　　できなければ（－）

1．姿勢領域　実施法と活用プログラム（第1ステップ〜第5ステップ）

支援のめあて　　　　　　　　　　　　　　　　P-0

　支援のめあては，まず，腹臥位の姿勢で，肘立ち位より上位に発達した手立ち位がとれていることが必要となります。

　頭尾律によると，より下方である下肢でも，体重を支えることができるようになれば，四つ這い位がとれるようになります。

　よって，ここでのムーブメント活動は，上肢の手立ち位と下肢の膝立ち位の姿勢（ポジショニング）にかかわる支援がねらいとなります。

推奨する活用プログラム

① トランポリンに対象児（者）を腹臥位で乗せます。

　1）支援者は，向かい合って座ります。対象児（者）の腹部（胸部）にロールマットを入れて，肘立ち（膝立ち）姿勢でゆっくり上下動を入れた揺れのムーブメント活動をします。

　2）意図的に体幹（腹部）下に，ロール様にしたロールマットより柔らかい，小さなタオルケットを入れ，四つ這い姿勢を支援します（図5-6）。

　3）四つ這いの姿勢の安定度に応じて，トランポリンの動きの強さをコントロールします（動と静の組み合わせを工夫して，筋の緊張弛緩を促します）。

　4）この時に必ず歌（歌唱）を入れて，肘立ち位や手立ち位の姿勢を取り入れて変化をつけます。

② バルーンを使ったムーブメント活動をします。

　1）バルーンに腹臥位で乗せて，前方への転がり運動で倒して，上肢のパラシュート反射（保護伸展反応）を誘発します。手のひらを床につけるようなムーブメント活動の状態も，ケースによって取り入れます。

　2）支援者が他にいる場合，バルーン上に乗せた子どもに好きな遊具を手渡したり，受け取ったりします。

発達のポイント

　四つ這い位がみられるのは，座位保持から四つ這い移動などで姿勢を変換する場合が多いです。

　生後7ヶ月頃になると，頻繁にこのような動きの場面がみられます。

　この四つ這い位は，両手・両膝で自分の体重を支える力，肩関節・股関節など関節の動きや固定を支える力が必要になります。

図5-6
腹部にロールマットを入れて四つ這い位の姿勢を支援します

53

第5章　運動・感覚分野の実施法と活用プログラム

第3ステップ：安定座位と四つ這い位

Posture P-7　安定した四つ這い位がとれる。

アセスメントのポイント

○ この項目は，四つ這い位で，体幹を前後・左右へと移動させる重心の制御が，どのように発達しているのか，姿勢(四つ這い)の変換の自由度にかかわるものです。

○ そのためには，座位保持，上肢の支持力，左右の分離した下肢の随意性などの，基礎的運動能力が備わっていることが必要となります。

a．4点支持で，5秒間体重を支える。

　　方法　座位をとらせ，前後左右から軽く押して刺激を加え，座位の様子を観察する。

　　評定　前後左右から刺激が加えられても，座位が保持できていれば（＋）

　　　　　　時々，保持できれば（±）　　　　　　　　　　　　できなければ（ー）

b．3点支持で，体重を支える。

　　方法　四つ這い位をとらせ，四肢のうちいずれか一肢を床から離せる。

　　評定　3点支持で，3秒以上体重が支えられれば（＋）

　　　　　　3秒以下であれば（±）　　　　　　　　　　　　　できなければ（ー）

c．四つ這い位で，前後に揺すられても，安定姿勢がとれる。

　　方法　床の上で四つ這い位をとらせ，前後に揺する。

　　評定　前後に揺すられても，四つ這い位が保持できていれば（＋）

　　　　　　保持できそうな芽生えがみられれば（±）　　　　できなければ（ー）

d．四つ這い位で，左右に揺すられても，安定姿勢がとれる。

　　方法　床の上で四つ這い位をとらせ，左右に揺する。

　　評定　左右に揺すられても四つ這い位が保持できていれば（＋）

　　　　　　保持できそうな芽生えがみられれば（±）　　　　できなければ（ー）

e．安定した四つ這い位がとれる。

　　方法　床の上で四つ這い位をとらせ，軽く押して，その様子を観察する。

　　評定　バランスが崩れた時，とっさに手が出て，安定した四つ這い位が保持できていれば（＋）

　　　　　　どうにか手が出て保持できそうであれば（±）　　できなければ（ー）

1．姿勢領域　実施法と活用プログラム（第1ステップ～第5ステップ）

支援のめあて　　　　　　　　　　　　　　　　P-7

座位保持，上肢の支持力，下肢の支持力などの基礎的な運動発達の助長と，四つ這い移動や，つかまり立ち姿勢につながる準備段階の，ムーブメント活動の支援を考えます。

このような多様な姿勢作りで，平衡反応，傾斜反応の能力を育みます。

推奨する活用プログラム

① **姿勢変換をするムーブメント活動をします。**
　1）床の上に長座位姿勢をとらせて，斜め後ろに子どもの興味を示す遊具などを置きます。
　2）声かけや，音出しなどの遊具の環境からの問いかけで，四つ這いなど，対象児（者）が好きな型の座位姿勢で遊ばせます。
　3）四つ這いから座位へ，クローラーやロールマットを使って，四つ這い位での手足の4点（3点）支持のムーブメントプログラムを多くとり入れます。

② **ボードに乗せて，ゆっくり落ちないように揺らします。**
　1）四つ這い位がとれる位の広さの板とパイプを用意し，その上に乗せます。バランスボードとしての遊具を使った四つ這い位や座位の姿勢で維持できるように揺れを楽しみます。
　2）バランスにかかわる揺れが，訓練的な支援にならないように，歌や言葉かけをしながら支援します。

③ **ユランコに座位姿勢で乗せます。**
　この時支援者も一緒に乗り，ユランコを揺らしてもらい，座位バランスを保持します（図5-7）。

④ **トランポリンでのムーブメント活動をします。**
　1）トランポリンムーブメントを経験する四つ這い位をとらせ（支持したり），ゆっくり揺れのムーブメント活動をします。
　2）3点支持の姿勢を経験できるように，短いロープ（棒）につかまらせて楽しくすすめます。

発達のポイント

エアートランポリンの活用も，四つ這い位の姿勢コントロールに役立ちます。

四つ這い位で4点支持，3点支持の手足の関与を変えての姿勢対応による，身体（体重）の微妙な動きの変化を考えます。

身体の感覚を楽しい揺れによるムーブメント活動により，ゆっくりあるいは瞬時に使うことで，四肢の協応性も育まれます。

図5-7
抱っこしてユランコに乗せ，前後動での揺れを楽しみます。
子どもの脇を抱えて，倒れないようにゆっくりバランスを支えます

第5章　運動・感覚分野の実施法と活用プログラム

第4ステップ：膝立ち位と立位

Posture P-8　つかまり膝立ち位がとれる。

アセスメントのポイント

○ この項目は，一人での膝立ち位を前提として，「つかまり」による膝立ち姿勢の発達をみるものです。

膝の支持機能を使うことで，抗重力を保ったポジションが発揮できます。

○ 脳性まひ(CP)児では，膝の支持機能がみられないことが多いことも配慮します。

a．骨盤部を支えられ，股間節を伸展し，両膝を直角に曲げて，体重を支える。

方法　膝立ち位にさせ，骨盤を支えて介助し，その様子を観察する。

評定　股関節を伸展させ，膝で体重を支えていれば（＋）

体重が支えられそうであれば（±）　　　　　　できなければ（－）

b．骨盤部を支えられ，股関節を伸展し，両膝を直角に曲げて，前後左右に揺すられても，立ち直る。

方法　膝立ち位にさせ，骨盤を支えて介助し，前後左右に揺らす。

評定　前後左右に揺すられても，股関節を伸展させて体幹が立ち直ってくれば（＋）

立ち直る様子がみられれば（±）　　　　　　できなければ（－）

c．大腿部を支えられ，股関節を伸展し，両膝を直角に曲げて，体重を支える。

方法　膝立ち位にさせ，大腿を支えて介助し，その様子を観察する。

評定　股関節を伸展させ，膝で体重を支えていれば（＋）

膝で体重を支えられそうであれば（±）　　　　できなければ（－）

d．大腿部を支えられ，股関節を伸展し，両膝を直角に曲げて，前後左右に揺すられても，立ち直る。

方法　膝立ち位にさせ，大腿を支えて介助し，前後左右に揺らし，その様子を観察する。

評定　前後左右に揺すられても，股関節を伸展し，体幹が立ち直ってくれば（＋）

体幹が立ち直りそうであれば（±）　　　　　　できなければ（－）

e．つかまり膝立ち位がとれる。

方法　机などにつかまっての膝立ち位の様子を，日常生活の中で観察する。

評定　物につかまって，膝立ち位をとることができれば（＋）

膝立ち位ができそうであれば（±）　　　　　　できなければ（－）

支援のめあて　　　　　　　　　　　　　　　　　P-8

　膝立ち位姿勢支援は，四つ這い位（4点支持）をしながら，次第に肩より高い所にある物をつかむことができるように，「問いかけとしてのムーブメント環境」を使って促します。

　最初は人につかまって膝立ちをすることから，立ち上がりの感覚を支援していきます。

推奨する活用プログラム

① 大型のソフトブロックを活用します（図5-8）。
　1）ソフトブロックに身体をもたれかからせて，向かい合っている支援者の両手の支えで，膝立ち位の促進をします。
　2）対象児（者）の好きなオモチャなどで興味を引き出し，ソフトブロックなどの上の活動を工夫します。
　3）慣れてきたら，ブロックの高さを低く変えていき，自力でつかまり，膝立ちを支援します。

② トランポリンを使って膝立ち位を支援します（図5-9）。
　1）トランポリンの上下動の揺れの中で，膝立ち位をとらせます。最初は，後方から支援者がガードします。
　2）バー付きトランポリンに乗せ，対象児（者）にバーにつかまらせて，上下動の揺れを楽しませます。
　3）トランポリンの動きに音楽の力を加えます。ゆっくり，歌いかけながら，膝立ち位を支援します。

発達のポイント

　人は，寝ている従重力姿勢状態では，視覚からの刺激が限定されます。

　膝立ちが（例え補助でも）とれることで，視野が広がり，多くの物が目に入ることがわかります。

　この姿勢状況を大切にすることで，膝立ちの機会が増えます。

図5-8
ソフトブロックを活用した膝立ち位

図5-9
バー付きトランポリンでのつかまり膝立ち位のムーブメント

第 5 章　運動・感覚分野の実施法と活用プログラム

第4ステップ：膝立ち位と立位

Posture P-9　一人で立位がとれる。

アセスメントのポイント

○ この項目は，転倒しないで立位に必要な発達を評定するものです。

○ 立位は，二足歩行への準備段階として，重要な運動のステップです。

○ 立位を保持するためには，身体運動的機能としての筋力・バランス能力や，心理知的機能としての立位への意欲などが必要となります。

○ 立位によって，視野が広がり，知的な発達を促すことになります。

a．両手をつかんで介助すれば，一人で立位がとれる。

　　方法　前方より両手をつかんでの立位の状態を観察する。

　　評定　両手をつかんで，バランスをとって立位がとれれば（＋）

　　　　　その芽生えがみられれば（±）　　　　　　　　　できなければ（－）

b．物につかまって，どうにか立っている。

　　方法　物につかまった状態での立位を観察する。

　　評定　物につかまって立っていることができれば（＋）

　　　　　その芽生えがみられれば（±）　　　　　　　　　できなければ（－）

c．腰を支えると，どうにか立位がとれる。

　　方法　後方より腰を支えた状態での立位を観察する。

　　評定　立位をとることができれば（＋）

　　　　　その芽生えがみられれば（±）　　　　　　　　　できなければ（－）

d．大腿を支えると，どうにか立位がとれる。

　　方法　後方より大腿を支えた状態での立位を観察する。

　　評定　立位をとることができれば（＋）

　　　　　その芽生えがみられれば（±）　　　　　　　　　できなければ（－）

e．一人で立位がとれる。

　　方法　一人で立っている状態を観察する。

　　評定　一人で5秒以上立っていることができれば（＋）

　　　　　その芽生えがみられれば（±）　　　　　　　　　できなければ（－）

1．姿勢領域　実施法と活用プログラム（第1ステップ～第5ステップ）

支援のめあて　　P-9

立位を保つために，重心移動ができる多様なバランス運動，姿勢維持，そして，立ち直り能力などの姿勢を育む経験を，自然なかかわりによるムーブメント活動で展開することがポイントです。

推奨する活用プログラム

① **両手介助での立位姿勢の支援をします**(図5-10)。
　1）対象児(者)と向き合って，最初はハイガード(両手を高く上げた状態)姿勢で，「1，2，3，4，5」と数えながら，つかまり立ちで姿勢を持続します。
　2）同じ動作を，声かけなど変化を入れて，楽しく繰り返します。
　3）慣れてきたら，物(机・台)につかまって立たせます。両足を少し開かせて立たせると，安定姿勢がとれます。
　4）前方に好きなオモチャを置いたり，ぶら下げた楽器を鳴らさせたりして興味を誘います。

② **立位での立ち直り反応を支援します。**
　1）トランポリンに乗せてバーにつかまらせて，不安定な揺れに対して安心して姿勢が保てるようにします。
　2）いろいろな揺れを入れて，つかまり立ちでのバランスの力を支えます。
　3）対象児(者)に不安定な揺れへの恐怖感を感じさせないように，好きな音楽や歌を唄いながら，前後左右の動きの揺れを取り入れます。
　4）慣れてきたら両脇での支持をしてあげての立位でのバランス能力を育みます。

発達のポイント

「転倒しないで立位姿勢をとること」，ここには身体運動的要素のバランス能力，頭部・体幹・股関節周囲筋の発達が関与します。

立位は「立ちたい」あるいは「～したい」と言う意思(意欲)が，かなり大きなファクターとなっていることを忘れてはいけません。

この気持ちを育むために，ムーブメント活動による「立ちたくなる」あるいは「立ちつづけたくなる」環境作りが必要となるのです。

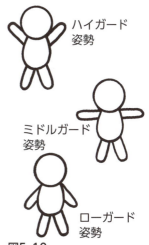

ハイガード姿勢

ミドルガード姿勢

ローガード姿勢

図5-10
一人で立位をとれるには自分の姿勢を両手の位置を変えて安定に持っていきます

第5章　運動・感覚分野の実施法と活用プログラム

第5ステップ：立位から座位

Posture P-10　立位から一人で座れる。

アセスメントのポイント

○ この項目は，立位から座位への姿勢変換で，体重の移動に伴っての動作における不安定なバランスに，挑戦する姿勢変換の維持機能を評定することにあります。

○ 姿勢変換は初歩的な協応動作であり，筋力，バランス能力などが十分発揮されて始めて可能になります。

○ 姿勢変換が可能になることによって，スムーズな移動能力が獲得されていきます。

a．支援者の膝の上に座れる。

　　方法　立位から介助者の膝の上に座わる様子を観察する。

　　評定　膝の上に座ることができれば（＋）

　　　　　その芽生えがみられれば（±）　　　　　　　　　　できなければ（－）

b．膝の高さの台に座れる。

　　方法　立位から台の上に座る様子を観察する。

　　評定　台の上に座ることができれば（＋）

　　　　　その芽生えがみられれば（±）　　　　　　　　　　できなければ（－）

c．片手支持で座れる。

　　方法　片手介助で座る時の様子を観察する。

　　評定　片手介助で座ることができれば（＋）

　　　　　その芽生えがみられれば（±）　　　　　　　　　　できなければ（－）

d．ぎこちない動きではあるが，一人で座れる。

　　方法　一人で立位から座る時の様子を観察する。

　　評定　一人で座ることができれば（＋）

　　　　　その芽生えがみられれば（±）　　　　　　　　　　できなければ（－）

e．立位から一人で座れる。

　　方法　一人で座る時の様子を観察する。

　　評定　一人で座ることができれば（＋）

　　　　　その芽生えがみられれば（±）　　　　　　　　　　できなければ（－）

1．姿勢領域　実施法と活用プログラム（第1ステップ～第5ステップ）

支援のめあて　　　　　　　　　　　　　　　P-10

立位状態からの座位時には，下肢に加わる力を受けながら，その力を緩めると言う，相反する働きの動きを同時にすることにあります。

この姿勢変換について，例えば，遊具や動きたくなるような部屋の現境作りや，スモールステップ（段階を踏んで）によるムーブメントプログラムを考えます。

推奨する活用プログラム

① **ムーブメントロープにつかまっての姿勢変換をします**（図5-11）。
　1）ムーブメントロープを繋げて，最初は座位姿勢でみんながそれにつかまり，音楽のリズムにより「1，2，1，2…」とロープを上下に動かします。
　2）慣れてきたら，全員が立位姿勢で同じようにロープにつかまって，手を動かします。
　　対象児（者）の発達に応じて，立位姿勢の補助に変化を加えます。

② **身体を使った優しい環境で座位を支援します。**
　1）対象児（者）を支えて，支援者の膝の上に座らせます。そして，対象児（者）の脇を抱えて，上下動での身体の揺れを楽しむムーブメント活動を入れます。
　2）膝の上から立位へと立ち上がりを繰り返していきます。
　3）さらに，慣れてきたら，対象児（者）の膝の高さの台に座る環境を作ります。両手を持って立ち上がらせたり，腰を下ろしたりする活動を入れます。
　　歌を入れながら姿勢の変化を経験します。

③ **支援者と対象児（者）と両手をつないで向かい合って立ちます。**
　音楽に合わせて，体を横に揺らしたり（左右動），体を前後に動かす揺れを入れたり，重心移動に伴ったバランス能力を支援します。

発達のポイント

立位状態から座位がスムーズにできるためには，下肢の筋力等の身体的な能力だけでなく，「身体意識」の能力が関与します。

つまり，自分の身体への気づきが機能発揮に影響します。

この身体意識のスキルは，身体を動かす機会を数多く経験することで育まれます。

図5-11
ムーブメントロープに皆でつかまります。音楽ムーブメントで色々な変化の活動を展開します

2．移動領域　実施法と活用プログラム（第1ステップ～第5ステップ）

(1) 寝返りについて

　頭部のコントロールが不十分であると，移動運動(寝返りも含む)は，困難な動きになります。頭部のコントロールがある程度獲得されていなければ，上肢，体幹，下肢における動きの発達は十分にできず，移動に必要な屈曲，伸展運動は行えません。

　一般に，新生児から生後2ヶ月頃迄での子どもの姿勢は，上肢，下肢とも屈筋優位の状態を保っています。2ヶ月過ぎ頃より頸部の発達も促され，視覚，聴覚も発達して，外の刺激に対して活動が引き出され，上下肢共に活発に動き，体幹も合わせて動かせるようになっていきます。

　見る，聴く，触れるなど身体に備わっている諸感覚が，豊かな遊具や場での多様なムーブメント活動で刺激されることで，頭部の回旋など移動運動(寝返りなど)に重要な引き金となっていくのです。

① **寝返り運動は，体幹の回旋動作です**

　人間の運動は，上下股関節の全体運動の段階から，個々別々な運動の段階になるにつれ，そのパターンは次第に複雑化していきます。

　寝返り運動は，首の立ち直り・引き起こしに加え，四肢の活動による体幹の回旋動作であり，反射運動を乗り越えた随意的な運動の姿です。つまり，上下肢の関節や筋活動が分化し，屈曲・伸展運動パターンの発揮により生ずる統合運動と言えます。

② **寝返りを支援します**

- 左右へ顔を向かせる(図5-12)

　仰向きの姿勢にさせ，左右から興味ある美しい音のでるオモチャをみせて，顔を左右に向けるように促します。

- 身体の向きを変える

　仰向きの姿勢に寝かせ，横から左手，または右手を持って，ゆっくり引っ張り，左や右に肩の向きが変わって横向きになるように促します。

図5-12 仰向き姿勢で音の出るオモチャをみせて顔の左右動を促す

2．移動領域　実施法と活用プログラム（第1ステップ～第5ステップ）

● 腰の捻りを促す

　仰向きの姿勢に寝かせ，左右いずれか一方にゆっくり捻り，腰の捻りを加えます。

● 傾斜台で寝返りを促す(図5-13)

　傾斜台上に仰向きの姿勢にさせ，斜面に対して上側の脚を捻り，寝返りを促します。

● オモチャを利用して寝返りを促す

　仰向き姿勢に寝かせ，横の方向に音のでるオモチャを置きます。横向きになろうとしている姿がみられたら，ちょっと援助してあげます。

図5-13　傾斜台の仰向き→脚捻りによる寝返り

第5章　運動・感覚分野の実施法と活用プログラム

第1ステップ：自発的な身体と手足の動き

Locomotion
Lo-1 | 背臥位でムズムズと身体を動かす。

アセスメントのポイント

○　この発達時期(新生児期)に，背臥位でムズムズと身体を動かすことは，反射的な機能の成熟が順調であることを示しています。

○　上肢・下肢に加え，体幹を少しずつ動かせることは，移動運動の最も基本となる感覚運動能力の発達が順調であることを示しています。

a．首を動かす。

　　方法　背臥位の姿勢にさせる。

　　評定　自分で首を少しでも動かすことができれば（＋）

　　　　　　その芽生えがみられれば（±）　　　　　　　　　　できなければ（－）

b．腕を動かす。

　　方法　背臥位の姿勢をさせる。

　　評定　自分で腕を少しでも動かすことができれば（＋）

　　　　　　その芽生えがみられれば（±）　　　　　　　　　　できなければ（－）

c．足を動かす。

　　方法　背臥位の姿勢にさせる。

　　評定　自分で足を少しでも動かすことができれば（＋）

　　　　　　その芽生えがみられれば（±）　　　　　　　　　　できなければ（－）

d．体幹(上体)を動かす。

　　方法　背臥位の姿勢にさせる。

　　評定　自分で体幹(上体)を少しでも動かすことができれば（＋）

　　　　　　その芽生えがみられれば（±）　　　　　　　　　　できなければ（－）

e．背臥位で，ムズムズと身体を動かす。

　　方法　背臥位の姿勢にさせる。

　　評定　自分で身体を少しでもムズムズ動かせれば（＋）

　　　　　　その芽生えがみられれば（±）　　　　　　　　　　できなければ（－）

2．移動領域　実施法と活用プログラム（第1ステップ〜第5ステップ）

支援のめあて　　　　　　　　　　　　　　　Lo-1

人は，生後2ヶ月頃より触覚，視覚，聴覚の感覚刺激が徐々に受容できるようになり，それに応じた動きの発達を始めるようになります。

これらの感覚刺激にかかわるムーブメント活動を有効に取り入れて行くことで，身体の動きも促進されます。このことが，対象児（者）にとって快刺激の強化される活動のポイントとなります。

推奨する活用プログラム

① **頭部（首）を動かすムーブメント環境を作ります**（図5-14）。
　1）ベッドなどに背臥位で寝ている対象児（者）の顔の真上で，ムーブメントスカーフをゆっくりと表情をみながら上下に動かします。
　2）その動きで生じる空気の流れ（風）や，時々顔面に触れる感触で首を動かす機会や，視覚集中の場面を作ります。
　3）対象児（者）の顔などに心地よい触覚の刺激として，手のひらのタッチ，やわらかな刷毛やスポンジなどを使ってかかわりをします。

② **歌・音楽などの楽しいリズム楽器を使って身体にタッチします。**
　1）手足を持って，歌や音楽を取り入れて，いろいろな動きをやさしく支援します。
　2）腕や足を持って，歌などのリズムに合わせて，上下肢の屈曲や伸展のムーブメント活動をします。
　3）腹部や胸部に触れて，ゆっくりさすったりして，快刺激を与えてリラックスのプログラムを展開します。

発達のポイント

頭部がコントロールされる前の対象児（者）は，上下肢においては，頸反射などの反射が優位に現れます。

頭部の回旋を繰り返すうちに，頸筋が発達して頭部を正面で静止し，手を口へ運べるようにもなります。

図5-14
ムーブメントスカーフをゆっくり上下に動かす。対象児（者）はその環境の問いかけで，心地よい空気（風）を感じます

65

第 5 章　運動・感覚分野の実施法と活用プログラム

第 1 ステップ：自発的な身体と手足の動き

Locomotion
Lo-2　背臥位で手足をバタバタと動かす。

アセスメントのポイント

○ この項目は，頸を伸ばして正面を向いていることが，できるようになった時期における，両手両足を身体の正面で動かし，その手を合わせることができるような，運動発達の芽生えをみるものです。

○ 発達 3 ヶ月頃になると，両手を合わせながら指しゃぶりなどをするようになります。さらに，下肢を床面から持ち上げたまま，両足の内側を触れ合わすことができるようになり，バタバタと動かすことが多くなります。

a．背臥位で，一側の腕を，床から持ち上げて動かす。

　方法　背臥位の姿勢にさせ，腕の動きをみる。

　評定　右でも左でも，どちらか一方の腕を，自分で床から持ち上げることができれば（＋）
　　　　その芽生えがみられれば（±）　　　　　　　　できなければ（－）

b．背臥位で，両側の腕を，床から持ち上げて動かす。

　方法　背臥位の姿勢にさせ，腕の動きをみる。

　評定　左右両側の腕を，自分で床から持ち上げることができれば（＋）
　　　　（同時に持ち上げられなくても，それぞれを持ち上げられればよい）
　　　　その芽生えがみられれば（±）　　　　　　　　できなければ（－）

c．背臥位で，一側の足を，床から持ち上げて動かす。

　方法　背臥位の姿勢にさせ，手に棒などを握らせて，足の動きをみる。

　評定　手に棒などを握らせて，その棒を動かした時に，棒の動きに合わせて足を上下させるようであれば（＋）
　　　　その芽生えがみられれば（±）　　　　　　　　できなければ（－）

d．背臥位で，両側の足を，床から持ち上げて動かす。

　方法　背臥位の姿勢にさせ，足の動きをみる。

　評定　右でも左でもどちらか一方の足を，自分で床から持ち上げることができれば（＋）
　　　　その芽生えがみられれば（±）　　　　　　　　できなければ（－）

e．背臥位で，手足をバタバタと動かす。

　方法　背臥位の姿勢にさせ，手足の動きをみる。

　評定　手足をバタバタと動かせれば（＋）
　　　　その芽生えがみられれば（±）　　　　　　　　できなければ（－）

66

2．移動領域　実施法と活用プログラム（第1ステップ〜第5ステップ）

支援のめあて　　　　　　　　　　　　Lo-2

　背臥位で頭部を動かせるように支援するには，腕を床から持ち上げて動かす状況をつくります。腕を少しでも身体の正中線方向に動かせるようにするために，対象児(者)が興味を示す物を使って誘導することです。

　バタバタと手足の動きができるようになり，頭部を左右に動かすなどの動きも，少し分離することがみられ，身体の運動発達が徐々に随意的な動きの流れに拡大していきます。

推奨する活用プログラム

① **背臥位にて対象児(者)の手・足(上・下肢)を一側ずつ動かしてあげます。**
　1) 歌いかけながら「こちょこちょ」と触覚刺激や，「トントン」とタッチしての筋感覚刺激を与えます。
　2) 時々，両腕をプラプラと揺すってあげます。この時も音楽に合わせてリズム的な動きを入れます。

② **音の出る楽器(鈴など)を他動的に手に握らせ，補助しながら一緒に手を動かしてあげます(図5-15)。**
　1) 何回か試みながら，慣れてきたら，腕の動きも添えて音出しを楽しみます。
　2) 両上肢のみならず，両下肢の他動的屈伸運動を誘発するために「鈴」などで，いろいろな部位にタッチして，触・筋感覚刺激を与えます。

③ **ムーブメントのプレーバンド(伸び縮みするゴム製バンド)を使って，動きを支援します。**
　1) 対象児(者)の手掌部や手指にプレーバンドを触れさせ，握りを支援します。
　2) プレーバンドを握り始めたら，一緒にそれを持って手や腕を揺すったり，上下に動かしてあげます。

発達のポイント

　人は，生後3ヶ月頃になると，上下肢は，身体の正中線に合わせて動かすようになります。

　顔面は上肢・下肢の動きを眺めたり，自分の指をしゃぶったり，ガラガラなどの玩貝に触れたりする行為も目立つようになります。

　手や腕を床から持ち上げて動かす機会を大切にします。

図5-15
一緒に鈴を持ってそれを振って音を出します

第5章　運動・感覚分野の実施法と活用プログラム

(2) 寝返りから這いずり移動について

　頭部を回旋させたり手を伸ばしたりすることは，寝返りの運動機能の発達の重要な引き金となります。

　移動パターンは，寝返り移動に続いて這いずり移動があります。一般に，上肢を使っての移動は，下肢使用の制御に比べ先行して発達しているので，這いずり移動では，先に腕の動きが目立ちます。そこで，寝返りや這いずり移動の支援では，環境的場の整備が大切であり，動きたくなるムーブメント活動の環境を作ることがポイントとなります。

① 身体運動の両側性対称から非対称へ

　対象児(者)は月齢が7ヶ月以後になると，移動運動期に入り，まず，這いずり移動が活発に始まります。

　この時期は身体運動の両側性対称(両側の腕が一緒に動く)から，非対称(腕が交互に動く)への移行期であり，移動様式は両方の特徴を持っています。

② 這いずり移動とは，這いずりによる移動です。その移動ではまず脚というより主に腕の動きが目立ちます。這いずり移動ができるためには，寝返りでの転がりや，上肢を支えられるだけの肩関節筋などの筋力コントロールが発達していることが必要となります。

③ 這いずりのためのムーブメント活動の環境

　対象児(者)の動きを期待する時，支援者がまず配慮することは，這いずりをしたくなる環境(遊具などを取り入れた設定)を整えることです。

　そして，それと同じように大切なことは，動くことの楽しさを可能な限り，身体全体の感覚器を参加させて経験させることです。それに伴って湧き出てくる気持ちが，発達を引き出すことになります。

●滑りやすい床で(写真5-5)

　這いずりが簡単にできるような滑りやすい床(木製など)で対象児(者)を遊ばせます。この時，周りに転がるボールなど，手を出して触りたくなるようなオモチャなどを置きます。

●肘立ち位，手立ち位の状態にする

　対象児(者)の前方，側方から聴覚・視覚刺激(大きな風船や音のでるオモチャなどを使う)などを与え，身体を前方，側方に乗り出させ，腹部から前腕へと体重の移動を誘います。

●這いずり移動の補助

　対象児(者)が，肘を交互に出して前進する感覚がうまくつかめないようなら，肘を片

68

2．移動領域　実施法と活用プログラム（第1ステップ～第5ステップ）

方ずつ引っ張りながら手前に出してあげ，体重を前に移動する経験をさせるとよいでしょう。

　子どもの状態により，補助の力を少しずつ変えていきます。

写真5-5　前方，側方に興味を誘うオモチャなどを置いて移動を誘います

④ 床の上でのパラシュートのムーブメント活動(写真5-6)

　対象児(者)が大好きなパラシュートのムーブメント活動を大勢でします。寝かせたままで楽しい揺れを取り入れます。時々，パラシュートを一部持ち上げて，「ゴロッ」と寝返りの機会をつくります。そしてパラシュートの上での這いずりを支援します。

写真5-6　パラシュートにのせて，ゆっくり，床の上で転がりや這いずりを支援します

第5章　運動・感覚分野の実施法と活用プログラム

第2ステップ：初歩的な寝返りと完全な寝返り

Locomotion Lo-3　背臥位から横向きになる。

アセスメントのポイント

○ 通常，背臥位から側臥位への寝返りを行う時，全身の屈曲動作を使って寝返りを行いますが，脳性まひ児の場合は，後弓反張の影響で全身の伸展パターンを使って背臥位から側臥位になることが多く，この時，障がいの重い側へ倒れる傾向がみられます。

○ 体幹の巻き戻しは，首の力に依存することが多いのです。それ故，寝返りを繰り返すことで首のコントロールの力が育ちます。

a．背臥位で，頭を右，または左へ向ける。

　　方法　背臥位の姿勢にさせて，横の方でオモチャをみせる（オモチャでなくても，対象児（者）が注意を向ける物なら何でもよい）。その時の頭部の動きをみる。

　　評定　どちらか一方でも，顔をオモチャの方へ向けることができれば（＋）

　　　　　その芽生えがみられれば（±）　　　　　　　　　　できなければ（－）

b．背臥位で，顔を左右どちらへも向ける。

　　方法　背臥位の姿勢にさせて，横の方でオモチャをみせ，その時の頭部の動きをみる。

　　評定　左右どちらへでも，顔をオモチャの方へ向けることができれば（＋）

　　　　　その芽生えがみられれば（±）　　　　　　　　　　できなければ（－）

c．背臥位で肩を持ち上げて横になる。

　　方法　背臥位の姿勢にさせて，横の方でオモチャをみせ，その時の上体の動きをみる。

　　評定　上体をオモチャの方へ向けようとして，オモチャと反対側の肩を床面から持ちあげることができれば（＋）

　　　　　その芽生えがみられれば（±）　　　　　　　　　　できなければ（－）

d．腰を捻って，横向きになる。

　　方法　背臥位の姿勢にさせて，横の方でオモチャをみせ，その時の身体の動きをみる。

　　評定　身体をオモチャの方へ向けようとして，腰を捻ってオモチャの方へ身体を向けることができれば（＋）

　　　　　その芽生えがみられれば（±）　　　　　　　　　　できなければ（－）

e．背臥位から横向きになる。

　　方法　背臥位の姿勢にさせて，側臥位への姿勢変換の様子を観察する。

　　評定　腕・足を床面から持ち上げ，身体を丸めるようにして，背臥位から側臥位になることができれば（＋）

　　　　　その芽生えがみられれば（±）　　　　　　　　　　できなければ（－）

70

2．移動領域　実施法と活用プログラム（第1ステップ〜第5ステップ）

支援のめあて　　　　　　　　　　　　　　　　Lo-3

　側臥位への寝返りの目当ては，背臥位からの姿勢変換にあります。そのための支援を頭部(首)の回旋を軸に，上肢あるいは下肢の動きを引き金として行うことになります。

　これにより体幹の上部と下部の間で捻れが生じ，身体の立ち直り反応が起こります。

　合目的な上肢・下肢からの捻りで寝返りが起こるように，支援プログラムを展開します。

推奨する活用プログラム

① **背臥位で顔を右(左)へ向けます。**

　1）体側(身体の側面)をさすったり，楽しく歌を入れてタッピングします。これにより触刺激，聴覚・視覚刺激で頭部の回旋を誘発します。

　2）片側上肢の正中線を越えての反対側への移行，頭部の回旋を誘うために徐々に，正中線方向に上肢を挙上するように誘導します。

　3）対象児(者)の側面に風船を置いたり，ブロックなどを積んで反対側の上肢で動かしたり，崩す活動を支援します。最初は肩や腕を支持し，一緒にそれらが崩れることを楽しみながら体験をさせます(図5-16)。

② **腰を捻って，横を向く支援をします。**

　1）他動的屈曲・伸展運動として対象児(者)の体にタッチしたり，体を揺すったりします。

　2）楽しくするため「洗濯機ごっこ(布を洗うような動き)」などのイメージで，上肢・下肢の動きを誘発します。

③ **ユランコによる寝返り支援をします。**

　1）ユランコに背臥位で乗せ，左または右に傾けたりします。

　2）この時，上肢・下肢を屈曲し，若干，内転させた状態で．傾斜は下肢のから頭部方向に行います。

発達のポイント

　背臥位から横向きに寝ることや，顔を右(左)に向けたり，肩の角度を変えて横向きになることが，初歩的な寝返りです。

　生後4ヶ月〜5ヶ月頃の発達になると，背臥位での下肢の屈曲・挙上がみられます。

　また，上肢は対象物を追って正中線を越え，より側方向に移っていき，これにより，姿勢は側臥位へと移行します。

図5-16
側面に風船やブロックを置いて，背臥位から横向きになるように上肢でそれに触れるように誘います

第5章　運動・感覚分野の実施法と活用プログラム

第2ステップ：初歩的な寝返りと完全な寝返り

| Locomotion Lo-4 | 背臥位から腹臥位への寝返りをして，元の姿勢まで戻る。 |

アセスメントのポイント

○ この項目は，腹臥位への完全な寝返りの発達の様相をみるものです。寝返りができるようになるには，腹臥位で頭部を完全に挙上できること，腕立て位ができるようになっていることが必要です。

○ 定型発達児では，背臥位から側臥位になる時は，全身の屈曲パターンを用い，側臥位から腹臥位になる時は，頭部を回転させながら全身を強く伸展させたり，屈曲と伸展を組み合わせた寝返りを行います。

○ 重度の運動障がいを伴う脳性まひ児では，障がいの軽い側を使って，片側のみに寝返りを行うことが多い傾向があります。側臥位から腹臥位になる場合でも，脊柱の回旋や股関節の伸展を使わず，全身の屈曲パターンのみを使って寝返りを行うことがみられます。

a．右，または左側臥位から，腹臥位になる。

　　方法　側臥位から腹臥位への姿勢変換の様子を観察する。

　　評定　どちらか一方からでも，自分で腹臥位になることができれば（＋）

　　　　　その芽生えがみられれば（±）　　　　　　　　　　　　できなければ（－）

b．右でも左でも側臥位から，腹臥位になる。

　　方法　側臥位から腹臥位への姿勢変換の様子を観察する。

　　評定　右でも左でも，自分で腹臥位になることができれば（＋）

　　　　　その芽生えがみられれば（±）　　　　　　　　　　　　できなければ（－）

c．背臥位から，右または左に首・肩・腰を回転させて，腹臥位になる。

　　方法　背臥位から腹臥位への姿勢変換の様子を観察する。

　　評定　右，または左に首・肩・腰を回転させて，腹臥位になることができれば（＋）

　　　　　その芽生えがみられれば（±）　　　　　　　　　　　　できなければ（－）

d．背臥位から，右でも左でも首・肩・腰を回転させて，腹臥位になる。

　　方法　背臥位から腹臥位への姿勢変換の様子を観察する。

　　評定　右でも左でも首・肩・腰を回転させて，腹臥位になることができれば（＋）

　　　　　その芽生えがみられれば（±）　　　　　　　　　　　　できなければ（－）

e．背臥位から腹臥位への寝返りをして，元の姿勢まで戻る。

　　方法　背臥位の姿勢にさせ，寝返りの様子を観察する。

　　評定　背臥位または腹臥位の状態から，右でも左でも寝返りができ，1回転して再び元の姿勢に戻ることができれば（＋）

　　　　　その芽生えがみられれば（±）　　　　　　　　　　　　できなければ（－）

2．移動領域　実施法と活用プログラム（第1ステップ〜第5ステップ）

支援のめあて　　　　　　　　　　　　　　　　　Lo-4

　寝返りの支援においては，身体の立ち直り反応が効率よく作用する状態を作ることです。

　困難な場合は，徐々に効率のよいパターンを経験できるように，まず，腹臥位姿勢から側臥位への体位変換になれる機会を作ることです。

推奨する活用プログラム

① **右または左側臥位から，腹臥位になることを支援します**（図5-17）。

　1）ユランコに乗せ，徐々に傾斜し，ゆっくりゴロッと転がりを促します。

　2）エアートランポリンの上で，軽く揺らしながら行うと，寝返る反動もついて姿勢変換がスムーズに支援できます。

② **ロールマットを利用して寝返りを支援します。**

　1）側臥位で脇にロールマットを入れて，上肢の動きを容易にし，腹臥位に寝返るよう促します。

　2）ロールマットの代わりに，風船を入れた袋を使って（側臥位状態），腹臥位への転がりを支援します。

③ **背臥位から，右または左に首・肩・腰を回旋させ，腹臥位になることを支援します。**

　1）柔らかなマットに背臥位にして，身体（躯幹）を押しながらの補助で，腹臥位への転がりを支援します。

④ **他動的な寝返りによる転がりを支援します。**

　1）背臥位で，左右どちらかの方向から，反対側の上肢を持って引っ張ったり，腹臥位への転がりを促します。

　2）傾斜台で寝返りのきっかけを作ります。

　　横転がりを入れて寝返りのきっかけを作ります。

発達のポイント

　背臥位から腹臥位への寝返りができるためには，まず側臥位までの寝返りができることです。
そのために，
①視覚に始まり頭部に作用する立ち直り反応。
②頭部・体幹・四肢に作用する立ち直り反応。
③頭部に作用する迷路性立ち直り反応。

　これらの立ち直り反応の陽性，つまり出現が重要になります。

図5-17
ユランコに乗せて，徐々に斜傾を作り，転がり姿勢を支援します

(3) 四つ這いから歩行について

　移動運動は，這いずり運動──→肘這い移動──→四つ這い移動へと順次発達してきます。「交互パターンによる這いずり」は，移動の始まりである初歩的な協調的な動きの発達があって可能となります。しかし，未だ抗重力姿勢が十分にとれない段階での，移動の範囲は限られています。

　「四つ這い移動」は，上・下肢とも支持機構を持ち始めると，体幹を持ち上げられ，体幹筋群が中枢神経組織と十分に機能的関係を得たことで，より発達して，上・下肢の協調的な交互運動で歩行への準備につながります。

　四つ這い移動ができるということは，以後の運動発達の獲得「歩く」ことにもつながる土台を意味しています。

　障がいの重い対象児(者)に対して，移動へのムーブメントプログラムの方法は，そこにいかに動機づけをするかが，重要なポイントとなります。

① 交互パターンによる這いずり (図5-18)

　重度障がい児にみられる腹ばい移動パターンとしては，痙直型脳性まひ児にみられる両下肢を伸展交叉して引きずりながら，両肘で前進しているパターンなどがあります。

　この場合，膝をしっかり交互に屈曲させて前進させることを，支援のポイントとすることが必要となります。

　ムーブメント教育・療法の面からは，対象児(者)の移動の型や手足の上手な使い方についてはあまり問題にしません。それは，対象児(者)の動きの意欲を駆り立てることが大切だからです。

図5-18　上・下肢交互パターンによる四つ這い移動

② 支持筋(上・下肢)を育む

　障がいの重い対象児(者)は，トランポリンなどによる手立ち位での，バランス運動を経験させるとよいでしょう。

　対象児(者)をまず手立ち位の状態で，トランポリンに乗せます。音楽など音や声のリズムでゆっくり揺すりながら，支援者は次第に子どものお尻を持ち上げていきます。

　これにより，上下動の揺れが筋肉に緊張を与え，四点で身体を支えることができます。

2．移動領域　実施法と活用プログラム（第1ステップ～第5ステップ）

③ 自然な状況の場で立ち直り姿勢を育む

1）身体を左右に動かす運動

　腹部を支点にして，身体を左右に回す運動のきっかけを作ってあげます。

　支援者は対象児（者）の周りのあちこちから手を出したり，触ってあげたり，声かけをしてその機会を作ります。

2）傾斜マットでのよじ登り

　傾斜マット（マットの下に布団などを入れ，傾斜を作ります）を乗り越えたり，ずり降りたりするムーブメントをします。

　対象児（者）はマットの端にいる支援者の励ましの声で，身体の前進と持ち上げの活動を経験することになります。

3）スクーターボードでのムーブメント

　スクーターボードでの上・下肢の交互運動を経験させます。このためのステップとして，まず，腹臥位でそれに乗せ，対象児（者）の両手を持って（引っ張って），床に楽しく動かしてあげます。時々，手や足を介助して交互に動かしてやり，腹這い移動のきっかけを作ってあげます。

④ 四つ這いをしたくなる遊具によるムーブメント活動（写真5-7）

「くぐりたくなる」環境としてのムーブメントロープのトンネルを作ります。対象児（者）たちは，四つ這いで，喜んでくぐり抜けます。ロープの高さを対象児（者）の発達レベルに合わせます。

写真5-7　ロープの下をくぐり抜けることで四つ這い移動が自然に促されます

第5章　運動・感覚分野の実施法と活用プログラム

第3ステップ：這いずり，交互腹這いと四つ這い移動

Locomotion
Lo-5　這いずり移動をする。

アセスメントのポイント

○ この項目は，寝返りを発展させて，それに続く，本格的な移動の始まりである「這いずり」
移動の活動を確認するものです。

○ 腕の統御は，脚の統御に比べ早く発達しているため，這いずりパターンにおける上肢の
参加(活用)を観察・チェックします。

a．腹臥位の状態で，上体から股関節まで伸ばしたり縮めたりする。
　　方法　腹臥位の状態で，両肘を床について上体を持ち上げた姿勢をとらせる。
　　評定　上体から股関節まで伸展できれば（＋）
　　　　　その芽生えがみられれば（±）　　　　　　　　　　　できなければ（－）

b．腹臥位の状態で，腹部から前腕へと体重の移動をする。
　　方法　肘立ち位の状態で前から呼びかけたり，あるいは日常生活で観察する。
　　評定　身体を前に乗り出して，腹部から前腕へと体重を移動できれば（＋）
　　　　　その芽生えがみられれば（±）　　　　　　　　　　　できなければ（－）

c．腹臥位で，両腕を支えにして，後方ずり這いをどうにかする。
　　方法　腹臥位の姿勢をとらせ，前にオモチャを置く。
　　評定　両手を伸ばして，オモチャを取ることができれば（＋）
　　　　　その芽生えがみられれば（±）　　　　　　　　　　　できなければ（－）

d．腹臥位で，両腕を支えにして，前方ずり這いをどうにかする。
　　方法　腹臥位から手をついて，肘を伸ばした姿勢をとらせる。
　　評定　5秒以上この姿勢を維持できれば（＋）
　　　　　その芽生えがみられれば（±）　　　　　　　　　　　できなければ（－）

e．這いずり移動をする。
　　方法　這いずり移動ができるかどうかを観察する。
　　評定　這いずり移動ができれば（＋）
　　　　　その芽生えがみられれば（±）　　　　　　　　　　　できなければ（－）

76

2．移動領域　実施法と活用プログラム（第1ステップ～第5ステップ）

支援のめあて	Lo-5

　這いずり移動には，上下肢での屈筋運動から伸筋運動の姿勢がとれるように支援すること，また，体幹を伸ばすこと，つまり，肩関節周囲筋が上腕を支持すること，肘や手で体重が支えられることなど，運動発達の支援が必要となります。

推奨する活用プログラム

① 腹臥位の両肘をついた状態で，上体から股関節まで伸ばすことを支援します。

　1）頭部の挙上を促すために，腹臥位にしてロールマット・三角マットを胸などの下に入れて，肘立ち位の姿勢をとらせ，頭部の挙上と手遊びを促す遊具などで環境を作ります。

　2）この経験を多くすることにより，身体の伸展を促します。

② 腹臥位で，手を伸ばして，オモチャなどを取るなどの活動の場を作ります。

　1）滑りやすい床に，腹臥位の姿勢で自由な活動を促します。時々，手を引いて少し介助移動をします。それを繰り返します。

　2）手を伸ばしてオモチャをつかむことを促します。
　　対象児（者）とオモチャとの距離を，徐々に長くして移動を誘います。

③ 這いずり移動の活動を支援します。

　1）手立ち位での移動の促進を支援します。対象児（者）を手立ち位にさせ，お腹の下に小さめのスクーターボードを入れます。

　2）床の上で這いずり移動をさせます。肘を交互に出して前進する感覚がうまくつかめないようなら，肘を片方ずつ介助して前に出し，体重を前に移動させます。
　　この時，足関節を持って前方へ押し出してやると，移動しやすくなります。

発達のポイント

○ 這いずり移動は，発達年齢が7ヶ月以降に始まります。
　この時期は，身体の両側性対称から非対称への移行の時期であり，移動様式は両方の特徴を備えています。

○ 腕の使い方（動き）は，脚の使い方（動き）に比べずっと進んでおり，這いずり移動でも主に腕の動きが目立ち，腕の力での移動です。
　この発達期の児（者）は，環境への探索活動も活発となるので，ムーブメント遊具での場作りがポイントになります。

第5章　運動・感覚分野の実施法と活用プログラム

第3ステップ：這いずり，交互腹這いと四つ這い移動

Locomotion Lo-6　交互パターンによる腹這い移動をする。

アセスメントのポイント

○ この項目は，より発達した上・下肢参加による腹這い移動の様子をみるものです。

○ 交互パターンによる腹這い移動は，非対称姿勢での移動の始まりです。

○ 腹這い移動は，頭部と上肢・下肢の協調的な動きの発達があって，始めて可能となる移動運動です。

○ 腹這いでの全身移動には，「交互パターンの上下肢運動」－左上肢→右膝・足部→右上肢→左膝・足部の順で，交互に床を蹴って前進するパターンがあります。

a．腹臥位で，上・下肢の交互バタツキ運動をする。

　　方法　腹臥位の姿勢をとらせ，上・下肢の動きを観察する。

　　評定　上・下肢の動きに交互バタツキ運動がみられれば（＋）

　　　　　その芽生えがみられれば（±）　　　　　　　　　　　　できなければ（－）

b．肘立ち位で，片手を床から離す。

　　方法　肘立ち位の姿勢をとらせ，前にオモチャを置く。

　　評定　片手を伸ばしてオモチャを取ることができれば（＋）

　　　　　その芽生えがみられれば（±）　　　　　　　　　　　　できなければ（－）

c．腹部を支点にして，身体を上下に揺する。

　　方法　腹臥位の姿勢での動きを，日常生活で観察する。

　　評定　身体を上下に揺する動きがみられれば（＋）

　　　　　その芽生えがみられれば（±）　　　　　　　　　　　　できなければ（－）

d．腹部を支点にして，身体を左右に回す。

　　方法　腹臥位の姿勢での動きを，日常生活で観察する。

　　評定　腹部を支点にして，身体の方向を変えることができれば（＋）

　　　　　その芽生えがみられれば（±）　　　　　　　　　　　　できなければ（－）

e．交互パターンによる腹這い移動をする。

　　方法　腹臥位の姿勢での動きを，日常生活で観察する。

　　評定　上肢と下肢の交互パターンによる腹這い移動ができれば（＋）

　　　　　その芽生えがみられれば（±）　　　　　　　　　　　　できなければ（－）

78

2．移動領域　実施法と活用プログラム（第1ステップ～第5ステップ）

支援のめあて　　　　　　　　　　　　　　　　　　　Lo-6

支援のめあては上・下肢による，交互性の腹這い移動が容易にできる「滑りやすい」床環境などでのフロアームーブメント活動のプログラムの支援です。

移動は，頭部と上肢・下肢の協同的な動きの発達のもとに可能となる運動です。

この段階での移動は，まだ抗重力姿勢が不完全なため，移動範囲は狭く，さまざまな運動パターンを示します。

推奨する活用プログラム

① **肘立ち位で，片手を床から離す機会を作ります。**
　1）「腹臥位」で手を伸ばして，オモチャ・遊具などを取らせる環境を作ります。
　2）対象児(者)を三角マットなどの上で肘立ち位にさせ，前方にオモチャなどを置き，片手で取るようなムーブメント活動を支援します。

② **腹部を支点にして，身体を上下・左右に揺することができるように支援します。**
　1）対象児(者)をスクーターボードに乗せ，斜め前方にオモチャなどを置き，「取ってごらん」などの声かけを行って取らせます（図5-19）。
　　この時，手で床を押すようにして移動させ，オモチャなどに手を伸ばすことを促します。
　2）腹臥位になった対象児(者)の斜め前方にオモチャなどを置き，声かけなどにより身体を左右に回して取るように促します。
　3）右斜め前方に置くと，対象児(者)は右手を伸ばしてオモチャなどを取ります。これをくり返すことにより，身体を左右に回わすこと（方向転換）が促進されます。

発達のポイント

腹這いでの方向転換について

この方向転換というパターンは，這う動作に必要な下肢を，交互に屈曲させる動作が含まれます。

つまり，右方向に転換する場合は右下肢を屈曲させ，左上肢を伸展させて腹部を中心とした方向転換です。

この方向転換ができるようになると，まもなく前進もできるようになります。

図5-19
スクーターボードに乗せて，オモチャに触らせます。移動の面白さを体験させます

第5章　運動・感覚分野の実施法と活用プログラム

第3ステップ：這いずり，交互腹這いと四つ這い移動

Locomotion
Lo-7　四肢を交互に出して，
　　　まっすぐに四つ這い移動をする。

アセスメントのポイント

○ 運動を支える神経発達は頭部から尾部へとさらに進み，上肢・下肢とも身体の持ち上げ
　などの支持機構としての機能を発揮し始めます。

○ 上・下肢の支持による体幹はさらに丈夫になり，このことは体幹筋群が中枢神経組織と，
　さらに完全な機能的関係を得たことを意味します。

○ より発達した上・下肢の協調的な交互運動は，歩行の準備として，大きなつながりを持っ
　ています。

a．四つ這い位で，なんとか膝で移動する。

　　方法 四つ這い位の姿勢をとらせ，腰を軽く押さえて下肢に荷重する。

　　評定 四つ這い位を保つことができれば（＋）

　　　　　その芽生えがみられれば（±）　　　　　　　　　　できなければ（－）

b．四つ這い位で，なんとか上肢を使って移動する。

　　方法 四つ這い位の姿勢をとらせ，後方から腰を前方へ押し，そのようすを観察する。

　　評定 四つ遣い位を保つことができれば（＋）

　　　　　その芽生えがみられれば（±）　　　　　　　　　　できなければ（－）

c．四つ這い位で，なんとか上下肢を使って移動する。

　　方法 四つ這い位の姿勢をとらせ，前方から好きなものを差し出す。

　　評定 四つ這い位を保持したまま，手を出して取ることができれば（＋）

　　　　　その芽生えがみられれば（±）　　　　　　　　　　できなければ（－）

d．四つ這い位で，なんとか曲がっても移動する。

　　方法 四つ這いでの移動を観察する。

　　評定 どうにか四つ這い移動ができれば（＋）

　　　　　その芽生えがみられれば（±）　　　　　　　　　　できなければ（－）

e．四肢を交互に出して，まっすぐに四つ這い移動をする。

　　方法 四つ這いでの移動を観察する。

　　評定 まっすぐに四つ這い移動ができれば（＋）

　　　　　その芽生えがみられれば（±）　　　　　　　　　　できなければ（－）

2．移動領域　実施法と活用プログラム（第1ステップ～第5ステップ）

支援のめあて　　　Lo-1

　支援のめあては，両腕両膝に等分に体重をかけてバランスをとり，これにより，四つ這いで四肢を交互に前に出して，前進したくなるムーブメント活動にあります。

　四つ這いができるためには，座位保持，上肢の支持力，左右分離した下肢の随意性など基礎的能力が必要となります。

推奨する活用プログラム

① **四つ這い位での膝や上肢への荷重によるムーブメント活動をします。**

　1）四つ這い位で（大きなロールマットを胸に当て）トランポリンに乗せ，上下の動きを与えます。

　2）バランスを崩さない程度の刺激です。対象児（者）はトランポリンに乗りながら，四つ這い位で手や膝・頸・体幹筋などによる抗重力の動きを経験します。

② **四つ這いでの潜り抜けのムーブメント活動をします（図5-20）。**

　1）スカーフを使って，四つ這いで潜りたくなるトンネルを作ります。

　2）四つ這いで前方のオモチャをつかんだり，支援者と握手をさせて，前方に移動することを促します。

③ **四つ這い移動を誘うムーブメント活動の場づくりをします。**

　1）ロールマット・座ぶとんなどで障がい物（山）を作ります。それを乗り越えたり降りたりします。

　2）障がい物（山）の前方に風船やオモチャなどを置き，それに向かって前進したり乗り越えたりできるように，支援します。

発達のポイント

　体幹を支え四肢を交互に動かす移動は，引き続き現れる二足による歩行に必要な運動機能発達の準備期と言われています。

　自分の身体を動かしたいという「身体意識」の発達に目を向けた，ムーブメン活動がポイントです。

図5-20
スカーフを使ってトンネルを作り，ユラユラと波を作ってくぐりたくなる気持ちを誘い四つ這いでの移動を促します

第5章　運動・感覚分野の実施法と活用プログラム

第4ステップ：物につかまって動き回る，支持歩行

Locomotion Lo-8　固定された物につかまって，動き回る。

アセスメントのポイント

○ この項目は，垂直姿勢での移動の始まりの様相をみるものです。

「どうにかつかまって動く」ことは，座位から立位，四つ這いから立位歩行への垂直運動の姿勢の変化に加え，抗重力姿勢での最初の移動現象と言えます。それを引き出す「意欲」を大切にします。

○ この時期の足の運びは，スライド型です。また，下肢筋のみならず，ほぼ全身の筋肉が緊張しているので，少しでも安定が崩れると転倒することが多くなります。

a．固定された物につかまって，膝立ち状態で移動しようとする。

　　方法　固定されたものにつかまって，その動きを観察する。

　　評定　膝立ちで移動しようとすれば（＋）

　　　　　その芽生えがみられれば（±）　　　　　　　　　　　　できなければ（－）

b．固定された物につかまって，どうにか下肢を動かす。

　　方法　固定された物につかまって，その動きを観察する。

　　評定　立位状態で移動しようとすれば（＋）

　　　　　その芽生えがみられれば（±）　　　　　　　　　　　　できなければ（－）

c．固定された物につかまって，立位状態で交互に足を動かす。

　　方法　固定された物につかまって，その動きを観察する。

　　評定　下肢の動きがみられれば（＋）

　　　　　その芽生えがみられれば（±）　　　　　　　　　　　　できなければ（－）

d．両手を支えて片方ずつ引っ張ると，どうにか下肢を運ぶ。

　　方法　両手を支えて立位をとらせ，その動きを観察する。

　　評定　倒れまいとして足がでれば（＋）

　　　　　その芽生えがみられれば（±）　　　　　　　　　　　　できなければ（－）

e．固定された物につかまって，動き回る。

　　方法　固定されたものにつかまらせて，その動きを観察する。

　　評定　動き回ることができれば（＋）

　　　　　その芽生えがみられれば（±）　　　　　　　　　　　　できなければ（－）

2．移動領域　実施法と活用プログラム（第1ステップ〜第5ステップ）

支援のめあて　　Lo-8

　重い運動障がいがある対象児(者)への支援のめあては，下肢に過度の負担がかからないように配慮します。大切なことは，つかまり立って動きたくなるような課題に，意欲的に取り組もうとするモチベーションを高めることです。

推奨する活用プログラム

① **マットの山，箱につかまっての移動。**
　1）四つ這いで越えるようなマットの山（傾斜面の利用など）を作ります。
　　　四つ這い位→膝立ち位→立位への姿勢変換が自然にできるような活動を工夫します。
　2）部屋の中にサーキット状にいろいろな大きさの箱を置きます。這い這いで移動させながら，箱につかまらせて立たせます。
　3）この時，可能な限り箱の上にビーンズバッグ，ボールや玩具を置いて，対象児(者)がそれを下に落として楽しめるようにします。これをくり返し行います。

② **テーブルや柵につかまっての移動**（図5-21）。
　1）立位がしっかりしてくると，腹部をテーブルにすりつけながら移動するようになります。
　　　支援者は対象児(者)が好きなものをテーブルに置き，それを取るように働きかけ，動きを引き出します。
　2）柵につかまり立ちしている対象児(者)に，音の出るオモチャなどをみせ，それを取るように促します。

発達のポイント

　移動の始まりは「どうにか固定された物につかまって動く」という現象です。

　これを発達的視点から考察すると，立位という垂直方向への姿勢変化に加え，抗重力姿勢と平衡反応がかかわる最初の移動現象ということになります。

　この移動方法の繰り返しで，平衡反応が発達し，自力歩行の準備をします。

図5-21　つかまって立ち上がり，移動したくなる環境を設定します

第 5 章　運動・感覚分野の実施法と活用プログラム

第4ステップ：物につかまって動き回る，支持歩行

Locomotion Lo-9　片手の支持で歩く。

アセスメントのポイント

○ この項目は一人歩きの前段階としての，支持による歩行の様相をみるものです。

　　片手支持での移動は，平衡機能も十分に発揮できず，足の運びも不安定な状態からの歩行様式です。

　　しかし，支持があることによって歩くことができるので，可能な限りこのような状況でのムーブメント活動を展開します。

○ 支持での歩行の仕方は，ハイガード(対象児(者)の頭部の高さ)ですが，ミドルガード，ローガード(低い箇所)へのアセスメントをしていきます。

a．両脇を後ろから支持されて歩く。

　　方法　両脇を支持して立位をとらせる。

　　評定　歩くことができれば（＋）

　　　　　その芽生えがみられれば（±）　　　　　　　　　できなければ（－）

b．腰を後ろから支持されて歩く。

　　方法　両腰を後ろからの支持で，立位をとらせる。

　　評定　歩くことができれば（＋）

　　　　　その芽生えがみられれば（±）　　　　　　　　　できなければ（－）

c．両手の支持で歩く。

　　方法　両手を支持して立位をとらせる。

　　評定　歩くことができれば（＋）

　　　　　その芽生えがみられれば（±）　　　　　　　　　できなければ（－）

d．支持された棒に両手でつかまって歩く。

　　方法　介助者が持っている棒に両手でつかまって，立位をとらせる。

　　評定　棒につかまりながら歩くことができれば（＋）

　　　　　その芽生えがみられれば（±）　　　　　　　　　できなければ（－）

e．片手の支持で歩く。

　　方法　片手だけを支えて立位をとらせる。

　　評定　片手を支持されて歩くことができれば（＋）

　　　　　その芽生えがみられれば（±）　　　　　　　　　できなければ（－）

84

2．移動領域　実施法と活用プログラム（第1ステップ～第5ステップ）

支援のめあて　　　　　　　　　　　　　　Lo-9

　足の運びに必要な身体の反応が十分でない時には，まず，これらの踏み直り反応を引き出すような支援を行う必要があります。

　これを定着させるために，対象児(者)の移動に対する動機づけを高めるような工夫をする必要があります。

　対象児(者)の興味を引くもの(環境)を設定したり，楽しいムーブメント活動などを組み込んだりすることです。

推奨する活用プログラム

① **両手を支持されて歩きます。**

　1）両手の支持の位置が高いほど，対象児(者)はバランスをとり，歩きやすいです。それ故に，手の支持の位置をまず高いところに置いて，慣れてきたら徐々に下げていきます。

　2）両手支持でのトランポリン運動をします。

　　トランポリンの上に対象児(者)と一緒に立ち，ゆっくり揺らしながら，対象児(者)の身体を前後に傾けます。重心が前に移った時にはかかとを，重心が後ろに移った時には爪先を上げることで，バランスをとる機能が育っていきます。

② **両脇を後ろから支持され歩きます。**

　1）両脇を後ろから支持されての歩行は，これにより自立歩行により近い歩行様式を身につけることができます。

　2）水を使ったムーブメント活動をします。

　　水中では浮力が働くために，容易に立位バランスをとることができます。

　　プールなどで歩行練習をすると効果的です。ビート板やフロートなどを使ってバランスを保持させ，対象児(者)に歩く感じをつかませます。

③ **支持された棒に両手でつかまって歩きます。**

　1）手押し車や車椅子などを使って，それを押しながら歩く練習をします。

　2）棒やフープにつかまって歩きます。

　　子どもに棒を握らせ，それを媒介にしてバランスや歩行を促します。慣れてきたら，ロープやタオルなどでもできるようにします。

発達のポイント

　支持による歩行は，一人歩きの前段階です。

　支持があることで，足の運びが安心して発揮できます。

　対象児(者)の自立歩行に向けて，この状況を作ることが大切です。

　支持で足を交互に出して歩けるためには，対象児(者)の「歩きたい」という意欲の発達支援がポイントです。

　平衡反応・立ち直り反応などの姿勢反応のかかわりが条件となります。

第 5 章　運動・感覚分野の実施法と活用プログラム

第5ステップ：一人歩行

Locomotion Lo-10 　一人で歩く。

アセスメントのポイント

○ この項目は，介助や支援なしの時の歩行の様相をみるものです。

　一人での立位歩行は，行動の拡大に大きな意義を持っています。

　歩き始めの段階は，運動様式や各筋群は形式的であり，ぎこちない動きですが，新しい運動機能発達への芽生えを確保した段階をアセスメントします。

○ 移動の安定を確保するためには，最初は支えによるハイガードで，足の運びが慣れてくるにつれて，ミドルガード，ローガードへと発展します。

　どの姿勢が安定か，アセスメントします。

a．手すりにつかまって横移動する。

　　方法　手すりにつかまった状態で，立位をとらせる。

　　評定　手すりにつかまって移動できれば（＋）

　　　　　その芽生えがみられれば（±）　　　　　　　　　　　できなければ（−）

b．両脇の手すりにつかまって歩く。

　　方法　平行棒の両側の手すりにつかまらせて，立位をとらせる。

　　評定　手すりにつかまりながら歩くことができれば（＋）

　　　　　その芽生えがみられれば（±）　　　　　　　　　　　できなければ（−）

c．片側の手すりにつかまって歩く。

　　方法　左右どちらかの手すりにつかまらせて，立位をとらせる。

　　評定　手すりにつかまりながら歩くことができれば（＋）

　　　　　その芽生えがみられれば（±）　　　　　　　　　　　できなければ（−）

d．両手を頭の位置まで上げて（ハイガード）歩く。

　　方法　歩行の様子を観察する。

　　評定　4歩以上，歩くことができれば（＋）

　　　　　2〜3歩，歩くことができれば（±）　　　　　　　　できなければ（−）

e．一人で歩く。

　　方法　歩行の様子を観察する。

　　評定　4歩以上，歩くことができれば（＋）

　　　　　2〜3歩，歩くことができれば（±）　　　　　　　　できなければ（−）

2．移動領域　実施法と活用プログラム（第1ステップ〜第5ステップ）

支援のめあて　　　　　　　　　　　Lo-10

　安定した一人歩きができるには，平衡反応（踏み直り反応や立位での保護伸展反応）が出現してくる必要があります。

　また，体重を支えられるだけの筋力，足の移動にかかわるコントロール，立位での姿勢維持能力が必要となります。

推奨する活用プログラム

① **手すりにつかまって，横移動をします。**

　1）トランポリンの支持棒につかまっての活動：トランポリンの支持棒に，つかまり立ちの状態をとらせて振動させ，平衡反応を促します。

　　例えば，10まで数えたら「止まれ」と言って膝を深く曲げさせ，身体意識を促します。

　2）手すり，窓枠などにつかまっての横移動。歩きたいという意欲を引き出すために，つかまり歩きの環境の設定に配慮します。

　　興味あるオモチャを目的地に置き，その場所へ横移動で行けるようにするとよいでしょう。

② **両側の手すりにつかまって，歩きます。**

　1）平行棒の両側の手すりにつかまらせ，前進移動するように促します。

　　慣れてきたら片手を開放させるための働きかけをします。

　2）動く物につかまって重心の移動をしながら歩きます。歩くことの楽しさを十分に経験させます。

③ **いろいろな所を一緒に歩きます。**

　1）平らな所を対象児（者）の歩くリズムで，歌を唄いながら歩いたり，励ましながら楽しく歩いたりします

　2）棒の端と端を支援者と体前で持ち，棒を上にあげたり，下にさげたりしながら歩きます。

発達のポイント

　支持による歩行は一人歩きの前段階です。

　支持があることで，足の運びでの歩行が可能となるので，自立歩行に向けて，移動のための，この状況を作ることが大切です。

　一人歩きの最初はぎこちなくても，何度も活動することで「人は徐々に発達する」ことを大切にします。

　ムーブメント活動では以下のことに重点をおき，子どもの自発的な動きを生み出すために，遊具を含めた環境を上手に使うことです。

- 立位での平衡反応の促進
- 立位での抗重力運動の促進
- 水平・垂直刺激の経験（移動）

87

第5章　運動・感覚分野の実施法と活用プログラム

3．操作領域　実施法と活用プログラム（第1ステップ〜第5ステップ）

操作性を育てるについて

　手は，主に操作性の働きのための重要な身体の器官となっています。その基軸となっている部位が上肢の肩関節です。つまり，肩関節は動きの自由度を増し，手・前腕・上腕部を目的のところへ運ぶという重要な役割をつかさどります。

　また，肩関節・肘関節が随意的に屈伸運動ができることで，手が物へ到達（リーチ）します。そして，手関節の伸展（背屈）運動が可能になると，手指の巧緻運動が増します。

　指関節の運動は，把握・操作・リリース（放し）などの随意性の動きと深くかかわり，親指が他の4本の指と向かい合う対立位ができるようになります。これにより，ピンチ（つまみ），握りなど，物の形や大きさに対応した動作ができるようになります。

（1）手指の感覚と働き

① 手の働き

　幼児初期の手の握りは，随意性の把握はみられず，反射性の把握が特徴です。握った物を放すのも不随意性の動きです。物を握ったり放したりする活動を何度も繰り返すことで，手の機能の発達が育まれていきます。

② 手の感覚器官

　手には，触覚，固有感覚，圧覚，振動感覚，冷覚，温覚など豊富な感覚器が備わっています。また，手のひらには，3種類の感覚受容器が知られています。表面から，マイスナー小体，マーケル触盤，パチニ小体です。手の手甲部にも3種類の受容器があります。触覚板，リフィニ小体，パチニ小体です。

　障がいの重い対象児（者）が，少しずつでも随意的な手の開閉ができるようになるには，まず，触りたくなるような物を用意します。対象児（者）が物に手を伸ばして触ったり，つかんだりしたくなるムーブメント活動プログラムを提供します。

③ 手指運動の発達について

　手指の動作にかかわる筋肉は，約25の筋群が関与していることが知られており，これが微妙に働くことで，複雑で，協調のとれた活動が実現できることになります。

　人間の手指の動きは，基本的には，屈曲（伸展），内転（外転），回内（回外），そして対立（対向）という4種類に分けられていますが，その主な動きは，指対向（あるいは指対立。親指または小指を他の指へ近づける運動である）の働きです（**写真5-8**）。

　この対立運動を支配する要素の1つは，中枢神経系（前頭前野や小脳）の発達であり，他の1つは，学習による経験です。

　なお，人間の手指は，指先まで幾つかの関節（手指骨）があって，それが手の感覚器や筋

肉の働きに支配され，それぞれ別々に，あるいは同時に動かすことが可能となるのです。生後5年ほどの成熟と学習期間で，微細な筋肉による巧みな手の操作活動が発揮できるわけです。

(2) 手指の運動の種類

手指の基本動作は，「握ること」と「つまむこと」であると言われています。

まず，握ることに関係した動作のうちで，幼い子どもにとって最も難しい動作が「有意的に放す（リリース）」ことです。持ったもの（握ったもの）を，放す能力の発達の姿は，幾つかの積木を積み上げたり，ボールを投げたり，ペグを穴にさしたりする動作をみればわかります。

子どもは，4歳を過ぎても，小さな積木を使って高い塔を積み上げようとして，持った積木を一緒に放し，決められた場所に置くことがまだ上手にできず，失敗してしまうことが見られます。しかし，これが5歳になれば，放す時のタイミングも合い，指先に気持ちも集中して失敗することはほとんど無い段階まで発達するのです。

大変興味のあることは，しっかりと積木を積み上げ，崩さないために他方の手で積木の塔をまっすぐにして形を整えること（両側運動）もできるようになることです。

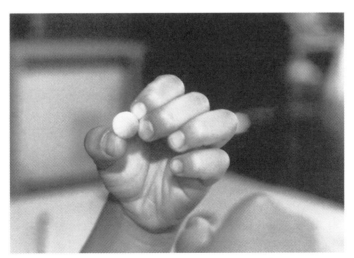

写真5-8 親指と他の指の指対向（1, 2, 3指のピンチ機能）で，物の操作が可能になる

第5章　運動・感覚分野の実施法と活用プログラム

第1ステップ：手指の握りと探索

Manipulation M-1　手を握ったり，開いたりする。

アセスメントのポイント

○ この項目は，手の感覚における反射性の発達の育ちをみるものです。

○ 出生時に軽く握っていた手も，機嫌のよい時などには開いているようになります。
その時，物が手のひらに触れると握ります。しかし，随意性の把握ではなく，反射のみ
で引っ掻いたり，わしづかみしたりする把握です。

○ 反射性の把握でも，いくらか触覚の意識があるので，オモチャなどを視野に入るように
みせて，言葉をかけながら，握らせる経験をさせる機会を多く取り入れます。

○ 握った物を放すのも，不随意性の動きのことが多いですが，周りの人とのやりとりの中で，
握ったり放したりの経験をさせることは，手の機能の発達のために大切です。

a．手のひらにオモチャなどを持たせると握る。

　　方法 背臥位で寝ている子どもの手のひらに，小さなオモチャを乗せる。

　　評定 オモチャを握ることができれば（＋）

　　　　その芽生えがみられれば（±）　　　　　　　　　　　できなければ（－）

b．手の甲や腕を，なでさすったりすると，指を広げる。

　　方法 背臥位で寝ている子どもの手を持ってさすりながら，その様子を観察する。

　　評定 指を広げることができれば（＋）

　　　　その芽生えがみられれば（±）　　　　　　　　　　　できなければ（－）

c．手のひらに物が触れると，握ろうとする。

　　方法 オモチャなど，物を手のひらに持たせ，その様子を観察する。

　　評定 握ることができれば（＋）

　　　　その芽生えがみられれば（±）　　　　　　　　　　　できなければ（－）

d．手に握らせたオモチャを，開いて放す。

　　方法 手にオモチャなどを持たせ，手の動きを観察する。

　　評定 手にオモチャなどを持たせ，手を広げて放すことができれば（＋）

　　　　その芽生えがみられれば（±）　　　　　　　　　　　できなければ（－）

e．手を握ったり，開いたりする。

　　方法 日常場面での手の動きを観察する。

　　評定 背臥位で寝て遊んでいる時に，手を握ったり開いたりできれば（＋）

　　　　その芽生えがみられれば（±）　　　　　　　　　　　できなければ（－）

3．操作領域　実施法と活用プログラム（第1ステップ～第5ステップ）

支援のめあて

M-1

手には，豊富な感覚器が備わっています。その感覚器を使うこと(刺激すること)で感覚能力が高められます。特に，物に触れたり，つかんだりすることで育まれる触覚・筋感覚の働きは，指を動かすきっかけになったり，腕を動かす動作を誘うことにつながります。

さまざまな遊具や物に触れる手指の働き，手の感覚にかかわるムーブメント活動プログラムを取り入れます。

推奨する活用プログラム

① **腕と手を上下に揺すって，リラックスさせます。**

　1）腕と手の動きを促すために，対象児(者)の腕を持ち，上下に揺すってあげます。

　2）皮膚への感覚を楽しませるために，対象児(者)の肩・腕・手指・足などをマッサージやタッピングなどのいろいろな感触で楽しませます。

② **皮膚への刺激をします。**

　1）筆・柔らかな布(スカーフ)などで，手の甲や手のひら，足の裏などに触れ，刺激を与えます。

　2）歌や声かけをしながら，身体・手・腕をくすぐります。

③ **スポンジボールの握りを支援します。**

　1）対象児(者)の手のひらに合った，小さなスポンジボールを持たせて遊ばせます。

　　柔らかく弾力性があるスポンジボールは，手指の動きを促すのに効果的です。

　2）スポンジボールを水に入れて，それを対象児(者)に持たせます。支援者もそれを一緒に持ち，握って水が出ることを楽しみます。

発達のポイント

手指の働きでの「握る」時には，主に手と指を曲げるための内転筋，回内筋が協力します。

「つまむ」時には，指の動きに「曲げ・伸ばし」と内転，外転，そして，「対向運動」があります。

注1： 内転とは5本の指を反らせて伸ばし，中指を中心に外へ広げることです。

注2： 対向運動とは，親指に他の指を近づける運動です。「ピンチ」とも言います。

親指と小指のピンチは，人間になって始めてできる運動で，チンパンジーには無い運動として知られています。

91

第5章　運動・感覚分野の実施法と活用プログラム

第1ステップ：手指の握りと探索

Manipulation M-2	物に手を出したり，探ったりする。

アセスメントのポイント

○　この項目は，初歩的な目と手の協応の芽生え（発達）をみるものです。

○　目と手の協応の芽生えは，オモチャなどの刺激に反応して上肢の動きとしての物に手を伸ばしたり，探ったりする程度で判断します。

a．オモチャなどをみると，手を活発に動かす。

　　方法　背臥位でオモチャなどをみせて，手の動きを観察する。

　　評定　手の動きが活発になれば（＋）

　　　　　その芽生えがみられれば（±）　　　　　　　　　　　　　できなければ（－）

b．物をつかもうとして，その方向に手を伸ばす。

　　方法　背臥位で，手の届く所にオモチャなどみせて，手の動きを観察する。

　　評定　物をつかもうとして，物の方向に手を伸ばすことができれば（＋）

　　　　　その芽生えがみられれば（±）　　　　　　　　　　　　　できなければ（－）

c．物をつかもうとして，その方向に十分に手を伸ばす。

　　方法　オモチャなどに手を伸ばす時の，腕の様子を観察する。

　　評定　腕が伸びていれば（＋）

　　　　　その芽生えがみられれば（±）　　　　　　　　　　　　　できなければ（－）

d．オモチャなどに両手を出して，手のひらでさわる。

　　方法　オモチャなどをみせて，手の動きを観察する。

　　評定　オモチャに両手を近づけてさわることができれば（＋）

　　　　　その芽生えがみられれば（±）　　　　　　　　　　　　　できなければ（－）

e．物に手を出したり，探ったりする。

　　方法　背臥位でオモチャなどをみせて，手の動きを観察する。

　　評定　出された物に，手を伸ばしたり触ったり，探ったりできれば（＋）

　　　　　その芽生えがみられれば（±）　　　　　　　　　　　　　できなければ（－）

3．操作領域　実施法と活用プログラム（第1ステップ～第5ステップ）

支援のめあて　　M-2

対象児(者)の手に感触の違った物(例えば，ロープ，プレイバンド，ビーンズバッグ，風船，ペットボトルなど)を握らせたり，さわらせたり，探らせたりして感触を楽しませます。

対象児(者)の興味や表情に合わせた支援で，手の動きを促します。

推奨する活用プログラム

① **ムーブメントリボンで手の動きを促す。**

　短い棒の先にリボンをつけたものを，対象児(者)の身体の前で花火のようにクルクル回したり，また身体に優しく巻きつけて皮膚への触刺激を与えたりして，手の動きを促します。

② **対象児(者)にプレーバンドを持たせ(介助)，伸ばしたり，縮めたり手の感覚を促す(図5-22)。**

　プレーバンドの弾力で，手の動きの面白さを促すようにします。

③ **吊り遊具に手を伸ばすようにします。**

　風船やボールなどの吊り遊具をつくり，対象児(者)の正中線あたりにそれを吊るし，それに手を伸ばすように促します。

④ **ビーチボールに手を出すようにします。**

　ビーチボールを対象児(者)の胸に持っていき，両手で持つように促します。

⑤ **ボールマットに手を出すようにします。**

　大きな布の袋に大小さまざまなボールを入れ，マットを作ります。指導者は子どもの手を介助し，その上をなぞらせて，手が出るよう促します。

発達のポイント

「引っ掻き握り」について

　この時期(3ヶ月頃)には，対象児(者)は意識的な手の開閉が少しずつできるようになり，自分の顔・身体・衣服などを，手を伸ばして引っ掻いたり，つかんだりして感覚を高めています。

　しかし，まだ親指は参加していません。「引っ掻き握り」は，手を操作具として使用する最初の行為といえましょう。

図5-22
プレーバンドを持たせて，バンドの伸び縮みする動きの面白さを体験させます

第5章　運動・感覚分野の実施法と活用プログラム

第2ステップ：両側手と片手の握り

Manipulation M-3　　両手で物をつかみ，口まで運ぶ。

アセスメントのポイント

○ この項目は，随意的な手指の初歩的な動きの発達をみるものです。

○ 手を伸ばして物を取ろうとする時に，どの程度，随意性の手の動きができるか，つまり，手にさわった物をつかみ，口に運び，わずかに目で確認するという，初期の対物認知が始まる時期の動きです。

a．手指を，口まで持っていく。

　　方法　手指を口まで持っていく状態を観察する。

　　評定　手指を口まで持っていくことができれば（＋）

　　　　　その芽生えがみられれば（±）　　　　　　　　　　　できなければ（－）

b．両手を前に持ってきて，手と手を合わせる。

　　方法　背臥位での両手の動きを観察する。

　　評定　両手を胸の前で合わせることができれば（＋）

　　　　　その芽生えがみられれば（±）　　　　　　　　　　　できなければ（－）

c．手に物を持たせると，数秒間手のひらで握る。

　　方法　手に物を持たせた状態を観察する。

　　評定　手に物を2～3秒持っていることができれば（＋）

　　　　　その芽生えがみられれば（±）　　　　　　　　　　　できなければ（－）

d．手に物を持たせると，握り続ける。

　　方法　日常場面での手の動きを観察する。

　　評定　手のひらでどうにか握ることができれば（＋）

　　　　　その芽生えがみられれば（±）　　　　　　　　　　　できなければ（－）

e．両手で物をつかみ，口まで運ぶ。

　　方法　オモチャなどを持たせて，手の動きを観察する。

　　評定　手を顔の正面や口まで持っていくことができれば（＋）

　　　　　その芽生えがみられれば（±）　　　　　　　　　　　できなければ（－）

94

3．操作領域　実施法と活用プログラム（第1ステップ〜第5ステップ）

支援のめあて　　　　　　　　　　　　M-3

対象児（者）は，寝返りを機会に，物へのかかわりの範囲を広げます。そして，目で物を捉え，そこに手を伸ばし，それをつかむ動きが生まれます。

腹臥位では，片方の前腕で体重を支え，フリーになったもう片方の上肢を伸ばして物をつかむこともできるようになります。

推奨する活用プログラム

① **歌に合わせて両手を動かします**（図5-23）。

　歌に合わせて対象児（者）の両手を持ち（鈴など音の出るものを持たせるとよい），両手の動きを促します。

② **吊り遊具で手を伸ばす動きを誘います。**

　吊るした遊具を対象児（者）に引っぱらせます。

③ **パラシュートのふちを持って動かします。**

　1）腕を伸ばし，手のひらを開いていることができるように，パラシュートのふちにつかまらせて，静かな揺れで持ち続けるように支援します。

　2）支援者は背臥位から，対象児（者）が手を伸ばしてつかめるようにパラシュートを近づけ，そのふちを握るようにします。

④ **長いロープに両手でつかまります**（**介助座位姿勢**）。

　1）みんなで輪になった状態で長いロープにつかまります。

　2）それを引き寄せたり，揺らしたりして手の動きを促します（音楽ムーブメントとして）。

発達のポイント

物の把握の仕方は，最初，手のひら全体で握るパターンです。

五指は把握に直接参加せず，親指がかかわらないいつかみ，握りとしての「尺側性把握」です。

手指は，口まで動くが，手の中に入れた食べ物が，口に入る前に外に漏れてしまうのもこのためです。

尺側性把握

橈側性把握

図5-23
物の把握にかかわる主なパターン

第5章　運動・感覚分野の実施法と活用プログラム

第2ステップ：両側手と片手の握り

Manipulation M-4　片手で物をつかんだり，放したりする。

アセスメントのポイント

○ この項目は，随意的な手指の把握機能発達をみるものです。

○ いくらか寝返りができるようになると，物へのかかわりの範囲も広くなり，物を目で確認して，物のある側の手を伸ばして，片手でつかむことができるようになります。

○ 腹臥位では，片方の前腕で体重を支え，もう片方の上肢を伸ばして物をつかむこともできるようになります。

a. 物をみて，5本の指を開いて，手を伸ばす。

　　方法 好きな物をみさせ，それをつかもうとする様子を観察する。

　　評定 物をつかもうとして5本の指を開き，手を伸ばすことができれば（＋）

　　　　つかもうとする様子がみられれば（±）　　　　　　できなければ（－）

b. 大きいボールや縫いぐるみなどを，手でかかえる。

　　方法 直径20cm大のボールや大きめの縫いぐるみを持たせ，その様子を観察する。

　　評定 両手で数秒間持つことができれば（＋）

　　　　持とうとする様子がみられれば（±）　　　　　　できなければ（－）

c. 出された物を，指でつかむ。

　　方法 対象児(者)の目の前に(支援者の)指を出して，つかませる。

　　評定 出された指を，どうにかつかむことができれば（＋）

　　　　指で触ってつかもうとする様子がみられれば（±）　　できなければ（－）

d. 天井などから吊るされた物を，つかむ。

　　方法 オモチャやボールなどを紐で吊るし，対象児(者)の目の前に示す。

　　評定 誤りなくつかむことができれば（＋）

　　　　つかもうとするが目標物に的中しない時は（±）　　できなければ（－）

e. 片手で物をつかんだり，放したりする。

　　方法 棒やガラガラ・鉛筆などを対象児(者)の目の前に示し，つかむ様子を観察する。

　　評定 棒やガラガラ・鉛筆などを親指と他の指でつかみ，それを持ったり放したりできれば（＋）

　　　　その芽生えがみられれば（±）　　　　　　　　　　できなければ（－）

96

支援のめあて　　M-4

めあては，この発達時期に表れる，手を伸ばして「物を取ろう，さわろうとする」動作（意欲）を支援することです。

寝返りもできるような発達の力も合わせて，手を伸ばそうとする魅力あるムーブメント活動の「環境からの問いかけ」をします。

音の出る遊具，ちょっと触れるだけで転がる遊具，風船などを対象児（者）の周りに置くことも，そのポイントとなります。

推奨する活用プログラム

① **小麦粉粘土を使って手形を作ります**（写真5-9）。

　柔らかい小麦粉粘土を使って，それを平らに延ばし，対象児（者）の指を開かせ，手形などをとって遊ばせます。

② **両手を使っての風船遊びをします。**

　介助座位で，少し大きめの風船を使い，それを対象児（者）の両手で叩いたり，また擦ったりして遊ばせます。

③ **いろいろな方向からの吊り遊具に触ります。**

　1）ゴム紐にビーチボールをつけ，対象児（者）が手を伸ばしてつかめる位置にそれを吊るします。

　2）いろいろな方向から対象児（者）に近づけてつかまらせて，片手を参加させる機会を作ります。

④ **「伸縮ロープ」での手の動きをします。**

　「伸縮ロープ」を対象児（者）の片手につかませ，それをゆっくり引っぱったり，持たせたまま動かしたりし，片手の動きを促します。

発達のポイント

人は中枢神経の発達に伴い，手の運動が左右両側同時に動いていた乳児初期の段階から，生後6ヶ月以後になると，機能が次第に分化し，片側だけの運動ができるようになります。

物を片手でつかむことが，かなりできるようになるのがこの時期です。

ちょうど座位がとれ，手（上肢）の開放の特期と一致しています。

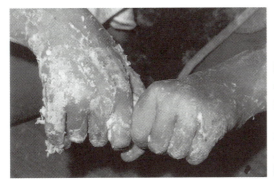

写真5-9
小麦粉粘土をつかんだり，ちぎったりして手指を楽しく動かすムーブメント活動をします

第5章　運動・感覚分野の実施法と活用プログラム

第3ステップ：持ち替え，振る，両手に持つ

Manipulation M-5　オモチャなどを持ち替える。

アセスメントのポイント

○ この項目は，物を両手で持つ，片手に持ち替えるなどの，ごく初歩的な手の働きをアセスメントします。

○ 両手の間でオモチャなどを，交互に持ち替えることができるか，簡単な両側の手の協調的な動作がみられるかをチェックします。

○ 物をあまりみないで手を出すようなら，物に注視させるために，音の出るもの・動きのあるもの・光の出るものなどを，積極的に取り入れます。

a．両手を使って物に触れたりする。
　　方法　オモチャなどを持たせてその様子を観察したり，日常生活のなかで観察する。
　　評定　手に持った物をよく眺めたり，両手を使って回したり，向きを変えたりできれば（＋）
　　　　　わずかでも関心を示せば（±）　　　　　　　　　　できなければ（－）

b．ねらいを付けて，どちらかの手で物をつかみ，それを持ち続ける。
　　方法　好きな食べ物などを対象児（者）の前に置き，つかむようにさせる。
　　評定　よくみて間違いなくつかみ，持ち続けることができれば（＋）
　　　　　わずかな時間でも持つことができれば（±）　　　できなければ（－）

c．ロープなど，両手を使って一人で持ち続ける。
　　方法　ロープなどを対象児（者）の前に置き，様子を観察する。
　　評定　手を伸ばしてロープなどを両手でつかむことができれば（＋）
　　　　　わずかな時間でも両手でつかめば（±）　　　　　できなければ（－）

d．自動車のオモチャなどを，片手で持って左右に動かす。
　　方法　自動車のオモチャなどを，動かすようにすすめたり，実際に動かしてみせる。
　　評定　自動車のオモチャなどを，片手で持って左右に動かすことができれば（＋）
　　　　　片手で動かそうとする様子がみられれば（±）　　できなければ（－）

e．オモチャなどを持ち替える。
　　方法　オモチャ（ガラガラなど）を対象児（者）の前に置き，持つ様子を観察する。
　　評定　オモチャ（ガラガラなど）を持ち替えることができれば（＋）
　　　　　持ち替える様子がみられれば（±）　　　　　　　できなければ（－）

98

3．操作領域　実施法と活用プログラム（第1ステップ～第5ステップ）

支援のめあて　　　　　　　　　　　　　　　　M-1

支援のめあては，両手の間でオモチャなどを交互に持ち替えることで，これは，簡単な両側の協調的な動作と言えます。

生後7ヶ月頃になると，手が物へ接近し(リーチ)，握る，持つ，放す(リリース)ことが少しずつできるようになります。

支援においては，音の出るもの，動きのあるもの，光の出るものなどを積極的に取り入れ，対象児(者)の手の動きを促します。

発達のポイント

人は片手での動きが発揮できるようになると，身体意識の発達にかかわる中枢神経系の優位性のスキルが高められます。

これにより，手の動作は飛躍的に発達するのです。

推奨する活用プログラム

① **腹這いでの，両手による活動をします。**
　1）対象児(者)を腹這いにし，ロールマットの上に両腕を乗せ，腹臥位姿勢で手が自由に動かせるようにします。
　2）その前に音が出て転がるオモチャ(起き上がり小法師など)を置き，両手で触らせて遊ぶようにします。

② **ビーンズバッグでの活動をします(写真5-10)。**
　1）介助座位，あるいは車椅子姿勢でビーンズバッグを持たせて，床に落とさせたり，両手で感触を味わせたりします。
　2）ビーンズバッグを的の遊具につけさせます。可能な限り，両手を参加させ，ビーンズバッグを的から取り外すムーブメントを展開します。

③ **ガラガラを持って音を出します。**
　1）一方向から物(ガラガラなど)を渡して，自由に音を出して遊ばせます。
　2）対象児(者)がどちらか一方の手を伸ばして取れるように，左右方向から与えて取らせてみます。

写真5-10
ビーンズバッグを的につけたりはがしたりして，手指の働きを促します

第5章　運動・感覚分野の実施法と活用プログラム

第3ステップ：持ち替え，振る，両手に持つ

Manipulation M-6　オモチャなどを振る。

アセスメントのポイント

○ この項目は，手の働きにはいろいろな展開があることをアセスメントします。

○ 物を握れるようになると，それを持ち続けます。そして，握った物をいろいろと振ったり，動かしたりすることによって，手の操作的な活動の基本となる上腕の筋活動が，次第に引き出されていきます。

a．大きめのボールを，両手で持って振る。

　　方法　直径20cm大のボールを持たせ，振ることを模倣させるなどして，その様子を観察する。

　　評定　両手で持って振れば（＋）

　　　　　その芽生えがみられれば（±）　　　　　　　　　　　できなければ（－）

b．持っている物で，テーブルを叩く。

　　方法　小さなボール・オモチャ・拍子木のような持ちやすい物を，片手または両手に持たせ，テーブルを叩かせる。

　　評定　テーブルを叩くことができれば（＋）

　　　　　その芽生えがみられれば（±）　　　　　　　　　　　できなければ（－）

c．持っている物を，腕を使って振り回す。

　　方法　オモチャなどを持たせて，その様子を観察する。

　　評定　振り回すことができれば（＋）

　　　　　その芽生えがみられれば（±）　　　　　　　　　　　できなければ（－）

d．握った物を意図的に，落としたり拾ったりする。

　　方法　日常場面で，ボールなどを持たせて，その様子を観察する。

　　評定　意図的に落としたり，拾ったりすることができれば（＋）

　　　　　その芽生えがみられれば（±）　　　　　　　　　　　できなければ（－）

e．オモチャなどを振る。

　　方法　オモチャやガラガラなどを持たせて，振る手の動きを観察する。

　　評定　上下・左右どちらでも振ることができれば（＋）

　　　　　その芽生えがみられれば（±）　　　　　　　　　　　できなければ（－）

100

3．操作領域　実施法と活用プログラム（第1ステップ〜第5ステップ）

支援のめあて　　　　M-6

　支援のめあては，手の動きの拡大です。人は遊具など物が握れるようになると，それを持ち続け，そして，動かすようになります。物があってこそ手の動きが活発になるのです。

　鈴など音の出るオモチャの場合は，聴覚の刺激で動かす気持ちが，より加速されます。

　これにより，手の基本となる手指を参加させる操作的活動が促されます。

推奨する活用プログラム

① **風船を触ったり，動かしたりします**（写真5-11）。
　1）対象児（者）に介助座位で，水（少々）を入れた大きめの風船を用意します。
　2）風船を両手でつかんだり，振ったり，叩いたり，転がしたりします。

② **吊るしたボールにタッチします。**
　1）天井から紐で吊るした大きめのボールや，ポール台（テーブル）に結んだゴム紐つきボールに自由に触れて活動します。
　2）対象児（者）を介助しながら，できたら座位姿勢にさせ，大きめのボールをつかまえます。

③ **音の出るオモチャを使って振ってみます。**
　1）対象児（者）を椅子に座らせ，音の出るオモチャ（マラカス）で，テーブルを自由に叩いて，手を動かす機会をつくります。
　2）音楽に合わせて一緒にやってみたり，床などをそれで叩いたりして物を持って振ることの楽しさを経験させます。

④ **ムーブメントロープの活動をします。**
　ムーブメントロープを握って，手の動きを支援します。鈴のついた長いムーブメントロープを使うと，より，音を楽しむこともでき，ロープを持ち続けます。

発達のポイント

物（ガラガラなど）を持って，それを振る。

　オモチャを片手で持つと，続いてそれを振るようになります。

　これは最初の操作運動と言います。

　対象児（者）にその喜びを学習させるために，音の出るオモチャを持たせるとよいでしょう。

　これでテーブルを叩くこともみられます。その面白さの中で，手の動きが一層引き出されます。

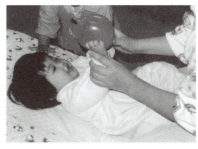

写真5-11
少し水の入った風船を触ったり，転がしたりします

第5章　運動・感覚分野の実施法と活用プログラム

第3ステップ：持ち替え，振る，両手に持つ

Manipulation M-7　出された物を，両手にそれぞれ持つ。

アセスメントのポイント

○ この項目は，手の両側機能の発達をアセスメントします。

○ 両方の手に別々の物が持てるようになるのは，いわゆる手の両側機能の分離発達そのものの姿です。これにより手を使った操作的活動のレパートリーが飛躍的に増えます。

○ この時期の手の両側機能は，乳児初期の反射的に支配されているそれと異なり，初歩的な感覚運動の統合の型として表れるものです。

a．手を叩くなどの両手動作をする。

　　方法　遊びの中で，両手の動きを観察する。

　　評定　手を叩くなどの動作ができれば（＋）

　　　　　その芽生えがみられれば（±）　　　　　　　　　　できなければ（－）

b．コップを両手でつかむ。

　　方法　コップを渡し，その持ち方を観察する。

　　評定　両手でつかむことができれば（＋）

　　　　　その芽生えがみられれば（±）　　　　　　　　　　できなければ（－）

c．両手に1つずつオモチャを持ち続ける。

　　方法　小さなオモチャを両手に1つずつ持たせ，その様子を観察する。

　　評定　打ち合わせて叩くことができれば（＋）

　　　　　その芽生えがみられれば（±）　　　　　　　　　　できなければ（－）

d．一方の手に物を持たせた後，他の手を出してそれを取る。

　　方法　片方の手にお菓子やオモチャなどを持たせた後，反対側の手にも持たせ，その様子を観察する。

　　評定　片方の手に物を持たせた後，反対側の手を出して物を取ることができれば（＋）

　　　　　その芽生えがみられれば（±）　　　　　　　　できなければ（－）

e．出された物を，両手にそれぞれ持つ。

　　方法　小さな積み木などを両手に一つずつ持たせて，その様子を観察する。

　　評定　両手にそれぞれ持っていることができれば（＋）

　　　　　その芽生えがみられれば（±）　　　　　　　　　　できなければ（－）

3．操作領域　実施法と活用プログラム（第1ステップ〜第5ステップ）

支援のめあて	M-7

みた物をつかむような「操作する手」としての発達は，「外界への働きかけ」の機能を持ちます。触覚などの感覚刺激を基盤として，諸機能との発達とかかわりを始めます。

操作性の獲得に困難を示す対象児(者)には，手を添えて援助しながら，「叩く」「つかむ」「取る」などの操作動作を，ムーブメント活動の楽しい雰囲気のなかで繰り返し積み重ねることです。

推奨する活用プログラム

① **両手での音出しをします。**

　1）支援者は音楽を使ったり，歌を唄いながら両手を「パチパチ」と合わせて音出しを楽しみます。

　2）慣れてきたら対象児(者)の両手を支えて，一緒に手のひらを合わせて音出しを楽しみます。

② **ペットボトルを落としたり倒したりします。**

　1）両手でプラスチックのコップやペットボトルをつかんだり，落としたりして動きを楽しみます。

　2）両手で持つと言う手合わせなどの，両手操作が可能になるように，働きかけをします。

③ **握りやすいスティックで音出しを楽しみます。**

　1）オモチャをぶつけて音を出して楽しみます。

　2）握りやすい太さと重さのスティックを両手に持たせ，手を叩く動作と同様に，打ち合わせて音を楽しみます。

　3）スティックにリボン(鈴)をつけたりするのもよいでしょう。

④ **リング，ガラガラでいろいろな握りをします。**

　オモチャを両手にそれぞれ持って「ニギニギ」させます。

　握りやすいリングやガラガラを両手に与え，援助しながら，両手での握りを導きます。

発達のポイント

両手が，それぞれの目的的な動きができると「〜したい」という認知機能も発達します。

つまり，遊具・玩貝・特に音の出る物など，環境での手操作の取り組みを通して，子どもは物に触りたい，持ちたいという「外界への環境認知」を芽生えさせていくのです。

103

第5章　運動・感覚分野の実施法と活用プログラム

第4ステップ：積木重ねと投げる

Manipulation M-8 　2個の積木を重ねる。

アセスメントのポイント

○ この項目は，指対向によるピンチ機能をアセスメントします。

○ 2つの積木を重ねるためには，まず積木を持った手を含めた上肢の運動が，目的的な働きをするための方向性や空間意識が，ある程度育っていることが必要です。

勿論，手指の簡単なピンチ機能が発揮できなければなりません。

○ これに加え，初歩的な手と目の協応，能力の育ちが必要です。

a．積木を親指と他指と対立させて持つ。

> 方法　積木（1辺が5cm程度の立法体）をつかませる。
>
> 評定　2秒以上持っていれば（＋）
>
> 　　　2秒未満であれば（±）　　　　　　　　　　　できなければ（－）

b．親指と他指で持った積木で，他の物を叩く。

> 方法　持った積木で，床やテーブルを叩かせる。
>
> 評定　2回以上ぶつけることができれば（＋）
>
> 　　　1回できれば（±）　　　　　　　　　　　　　できなければ（－）

c．積木を他の物の上にのせる。

> 方法　10cm位の高さの台の上に積木を置かせる。
>
> 評定　最後まで落とさないで置ければ（＋）
>
> 　　　その芽生えがみられれば（±）　　　　　　　　できなければ（－）

d．積木を大きめの穴の中に入れる。

> 方法　直径10cm位の穴の中に，積木を入れさせる。
>
> 評定　3回やらせて，2回以上できれば（＋）
>
> 　　　1回できれば（±）　　　　　　　　　　　　　できなければ（－）

e．2個の積木を重ねる。

> 方法　2個の積木（5cm立方程度）を積ませる。
>
> 評定　3回やらせて，2回以上できれば（＋）
>
> 　　　1回できれば（±）　　　　　　　　　　　　　できなければ（－）

3．操作領域　実施法と活用プログラム（第1ステップ～第5ステップ）

支援のめあて　　　　　　　　　　　M-8

目的的に物をつかみ，意図的に物を放すという一連の動作の繰り返しで，「手指動作」を進め，さらに高次のつまみとしての動作（ピンチ），投げる動作の流れが作れるような，ムーブメント活動を考えます。

推奨する活用プログラム

① **積木を親指と他指でつまんだり，握ったりする活動（対立ピンチ）をします。**

　1）その積木でペットボトルや缶を叩いたり，「大きなタイコ」などの歌に合わせて音出しに取り組むのも，有効な楽しいムーブメント活動となります。

② **積木を好きな物に見立てて，机の上に並べる活動をします。**

　1）この取り組みをしながら，積木を重ねて活動する機会を作ります。

　2）対象児（者）の興味を引くもの（自動車など）に積木を見立てて，ムーブメント活動の取り組みを促します。

③ **びんや箱の中に積木を入れます。**

　1）びんや箱などのように特定の物の中に，つかんだ積木を放して入れさせます。

　2）初期の取り組みは，大きい穴を使い，入れた物がびんの外から覗いて良くみえるように設定します。

④ **ビーンズバッグを高く積む活動をします。**

　1）積木での積み重ねが難しい場合は，ビーンズバッグを2・3個重ねたり，積み上げる面白さを経験させます。

　2）やや大きなスポンジ積み木で取り組ませながら，少しずつ活動を発展させます。

発達のポイント

物を重ねて置くという動作は「握る（把握）こと」と「放す」（リリース）ことの2つの要素がかかわります。

握る動作は，親指・人指し指・手のひらの一部を使って物を操作するという高い手指機能，つまり撓側性把握が必要となります。

また，物を放す（リリース）という動作は，意図的に指を開くことが可能になることを意味します。

105

第5章　運動・感覚分野の実施法と活用プログラム

第4ステップ：積木重ねと投げる

Manipulation M-9　物（ボールなど）を片手で投げる。

アセスメントのポイント

○ 物を投げるためには，手指による5指の把握機能に加え，簡単なリリースのための手指の協同動作が必要です。加えて，物を投げるための目的的な行為と，適切なタイミングで手を放すという行為が必要となります。

○ そのためには，初歩的な筋の協調性が要求されますが，最初の投動作は，下手投げによる場合が多くみられます。

a．目の前の物（ボールなど）を手を使って払う。

　方法　ボール遊びをしながら，直径20cm位の軽いボールを払う様子を観察する。

　評定　払うことができれば（＋）

　　　　その芽生えがみられれば（±）　　　　　　　　　　できなければ（－）

b．大きめの物（ボールなど）を両手で転がす。

　方法　ボール遊びをしながら，直径20cm位のボールを両手で転がさせる。

　評定　1mほど転がれば（＋）

　　　　80cm以下であれば（±）　　　　　　　　　　　　できなければ（－）

c．大きめの物（ボールなど）を両手で投げる。

　方法　ボール遊びをしながら，投げる様子を観察する。

　評定　投げ方はどうでもよいが，40〜50cm以上投げれば（＋）

　　　　40cm以下であれば（±）　　　　　　　　　　　　できなければ（－）

d．物（ボールなど）を片手で転がす。

　方法　ボール遊びをしながら，片手で転がす様子を観察する。

　評定　1mほど転がれば（＋）

　　　　80cm以下であれば（±）　　　　　　　　　　　　できなければ（－）

e．物（ボールなど）を片手で投げる。

　方法　直径7〜8cmのボールを，片手で投げる様子を観察する。

　評定　投げ方はどうでもよいが，40〜50cm以上投げれば（＋）

　　　　40cm以下であれば（±）　　　　　　　　　　　　できなければ（－）

3．操作領域　実施法と活用プログラム（第1ステップ〜第5ステップ）

支援のめあて　　　　　　　　　　　　　　　　M-9

　プログラムの段階で，本人に興味を持たせるために，ボールの手触り，大きさなどに，十分工夫する必要があります。

　ボールを使ったムーブメント活動では，大勢(大人を含めて)での活動をすすめます。そして自然に物を投げたり，転がしっこを通して，手の機能を促します。

推奨する活用プログラム

① **大きめのボールを，両手で転がします。**

　1）向かい合っての「お座りキャッチボール」をします。始めは大きめのボールを用意し，中に鈴を入れるなどして興味を引くように工夫します。

　2）ボールの材質も検討して，さまざまな手触りを経験させます。慣れるにつれ，ボールを小さくしたり硬い物に変えたりします。

② **大きめのボールを，両手で投げます。**

　1）ボールの投げっこは，大きめのビニールボールを使用し（やや空気を抜いたもの），両手で挟んで扱いやすくします。

　　慣れてくるにつれ，転がりやすいボールを使います。鈴入りのボールなどを使うのもよいでしょう。

　2）両手操作でのボールの活動が可能になったら，片手操作のやり取りをします。

　　使用するボールは，片手で握れる程度の物がよいでしょう。

③ **たくさんのピンポン玉をバケツに投げ入れます。**

　1）ピンポン玉を小さなバケツにいっぱい用意します。

　2）それを好きなだけ取り出して，床に放ちます。

　3）床でバウンドしたり音を出したりする面白さが生まれ，投げるモチベーションが高められます。

発達のポイント

　「投げる」という動作は，物を放す(リリース)動作に，スピードの力が加わった状態です。

　動作にスピードが加わるためには，運動の滑らかさや，すばやい動きなどが必要になります。

　対象児(者)の中には，ボールを手から放すもの，敏捷な動きや追視などできない例がよくみられます。

　このような場合は，「投げる」動作に関して，その対象児(者)の不足している要素を十分検討し，そこにターゲットを絞って援助する必要があります。

107

第5章　運動・感覚分野の実施法と活用プログラム

第5ステップ：つまみと取り出し

Manipulation M-10 　親指と人差し指を使って，おわんの中の豆を取り出す。

アセスメントのポイント

○ この項目は，指先き機能の発達をアセスメントします。

○ 豆などの小さな物をつまむためには，親指と人さし指（1指と2指）の先端を使った，比較的高い指先の対向運動（ピンチ機能）が要求されます。

　この手指の使い方によって，神経発達の統合のレベルがチェックできます。

○ 粗大運動の機能が少しずつ確立してくると，このような微細運動の発揮が可能となります。

a．箱の中に入った物（積木）を取り出す。

　方法　箱の中に入った小さなオモチャを，取り出す様子を観察する。

　評定　落とさずに取り出せれば（＋）

　　　　その芽生えがみられれば（±）　　　　　　　　　　　　できなければ（－）

b．パンのかけらなどをつまむ。

　方法　食事をしながら，パンなどをつまんで，ちぎる様子を観察する。

　評定　つまんでちぎることができれば（＋）

　　　　その芽生えがみられれば（±）　　　　　　　　　　　　できなければ（－）

c．親指と人差し指を使って，小さな物（積木）をつまむ。

　方法　小さく，そして好きな物を，つまむ様子を観察する。

　評定　つまむことができれば（＋）

　　　　その芽生えがみられれば（±）　　　　　　　　　　　　できなければ（－）

d．親指と人差し指を使って，豆などをつまむ。

　方法　豆などをつまむ様子を観察する。

　評定　つまむことができれば（＋）

　　　　その芽生えがみられれば（±）　　　　　　　　　　　　できなければ（－）

e．親指と人差し指を使って，おわんの中の豆を取り出す。

　方法　おわんのような口の大きく底の浅い容器に入っている5個の豆を，1個ずつ取り出す様子を観察する。

　評定　1個ずつ全部取り出せれば（＋）

　　　　1〜2個取り出せれば（±）　　　　　　　　　　　　　できなければ（－）

3．操作領域　実施法と活用プログラム（第1ステップ〜第5ステップ）

支援のめあて　　　　　　　　　　　M-10

発達初期の段階では，対象児(者)がつかみやすい，スポンジ，布人形，可能ならばパンの端をつまむ，また，小さな食べ物(干しぶどうなど)を使って，手指の指腹や指先のピンチができるような手指を使うムーブメント活動の機会を作ります。

推奨する活用プログラム

① **小さいオモチャを取り出します。**

　1）対象児(者)の正面に小さいオモチャの入った箱を示し，オモチャを箱から取り出すように促します。

　2）始めは対象児(者)が扱いやすいように木製の積木・硬質プラスチック教具など，楽しい雰囲気の中で進めます。

② **ビー玉をつまんで皿に入れます。**

　1）始めは大玉のビー玉を用意し，2指の対立でしっかりつまみ上げるよう促します。

　　次第に直径を小さくしたビー玉に取り組ませます。

　2）受け皿を工夫してビー玉をつまんで入れると，転がり落ちる箱を用意したりすると，興味を持続させることができます。

③ **豆をつまんで皿に入れます。**

　1）ビー玉が上手につまめるようになったら，豆を用意してより小さい物をつまむムーブメント活動で励まします。

　2）豆を入れた箱(ペットボトルでもよい)で補助をして，一緒に音を出して楽しみます。

④ **マジックテープがついた的にビーンズバックをつけたり，はいだりすることを楽しみます。**

発達のポイント

手の巧緻性は，身体全体の発達をベースとして，高まっていきます。

成長につれて尺側性把握から撓側性把握へと発達した手は，三指対応(親指・人指し指・中指)によるつまみを経て，二指(親指・人指し指)による指腹把握，指先を用いたピンチへと進み，操作性を向上させていきます。

109

第6章
コミュニケーション分野の
実施法と活用プログラム

1．第1ステップ「自己内部要求」（0ヶ月～3ヶ月発達レベル）
コミュニケーション1（C1：a～j）

「自己内部要求」とは，主に空腹や排泄，抱っこの心地よさなど，生理的要求を言います。

コミュニケーション分野の第1ステップは，「自己内部要求」の支援にかかわるアセスメントの評定と，そのムーブメント活動プログラムのガイドです。

人のコミュニケーション発達における自己内部要求の時期とは，ピアジェ（J. Piaget.）の言う感覚運動期の第1段階と第2段階に相当します。

第1段階は，生きるために必要な生理的反射が，優位に発達する段階です。

第2段階は，第1次循環反応の段階です。第1次循環反応とは，手を自動的に動かすことを繰り返したり，手を口に持っていき，それをしゃぶるなど，行為そのものを刺激として受け止め，感覚と動きを無目的に繰り返す反応です。

この発達ステップに位置する対象児(者)は，「自己内部要求」を主に生理的な行為として表出します。それは「泣き声」を出したり，「抱っこ」で心地よさを受け止め，表情をゆったりと安定させたり，人とのつながりの基盤となる「近寄ると顔をじっとみる」，「話しかけに反応を示す」などの，「こころの反応」ともなります。

また，「動きを目で追ったり」，「人の声に反応したり」，「話しかけるとほほえんだり」，喜びを「声を出して笑う」しぐさで表現したりもします。

このような対象児(者)の発達や特性に目を向けて，育ちのアセスメントをしたり，ムーブメント活動の支援のプログラムを活用します。

ムーブメント活動の支援に結びつく，コミュニケーション発達の基本的考え方
① 生理的要求でのかかわり支援をします。

コミュニケーションは，まず自分の生理的要求（空腹・満腹・排泄など）の段階を基盤とします。しかし対象児(者)の場合は一般に，要求の行動は大人の接触に応えることを繰り返して，要求表出の循環ができるようになると考えます。

つまり，人と人との間に生起するつながり・結びつきの行為がコミュニケーションの発達を助長することになるのです。

1. 第1ステップ「自己内部要求」（0ヶ月〜3ヶ月発達レベル）

② 視線合わせによる支援をします。

対象児（者）は，顔の両眼での注視に敏感です。視線を合わせる行為は，「ほほえみかけたり」「あやしたりする」コミュニケーションを育む動機付けとしても意義があります。反応の乏しい重症児（者）は勿論，どの対象児（者）に対しても，その眼をみつめて話しかけ，身体のアクションなどを入れたムーブメント活動をしながら話しかけることが，コミュニケーション支援の基本になるのです。

③ ほほえみでのやりとり支援をします（写真6-1）。

ほほえみかけの繰り返しのなかで，コミュニケーションの基盤が育まれます。ほほえみは，緊張を和らげる効果があり，また，それは，周りの人からの世話を引き出す機能を持っています。対象児（者）の笑顔を大切にするために，「笑顔での支援」が必要となります。

④ 音声でのやりとり支援をします。

人のおだやかで平静な音声は，コミュニケーションの主要な一つの軸となります。言語発達の基礎ともなります。活動の始まりは反復喃語へと発展していき，言語音声の形成へとつながっていきます。

重症児（者）・重度重複障がい児に対しての「訓練ではない，遊びの要素を大切にする楽しい雰囲気による優しい」ムーブメント活動で，平静な音声の発生の出現が促されるのです。

⑤ 模倣手段によるかかわり支援をします。

コミュニケーションに影響する模倣には，動作模倣と音声模倣があります。ムーブメント活動は「大勢の人の参加による活動プログラム」を大切にしています。そこには「ミラー効果」としての模倣による発達の力があるからです。

写真6-1
コミュニケーションはほほえみでのやりとりでふくらみます

第6章　コミュニケーション分野の実施法と活用プログラム

a．泣くことがある。

方法　日常生活のなかで観察する。
評定　泣き声を出して泣いたり，乳児の頃に泣き声を出していれば（＋）
　　　　乳児の頃より明確でなく，現在も明確でないが，声を出して泣くそぶりがあれば（±）
　　　　乳児の頃も泣くことがほとんどなく，現在も泣くことがなければ（－）

支援のめあて

　対象児（者）が泣く現象は，一般に生理的な欲求の表出や要求の表現であり，コミュニケーションの一つの手段と言えます。
　支援のめあてとしては，声を出して泣くことができたり，泣く素振りがあれば，常同反応を認めて，楽しいムーブメント活動でのかかわり合いを積極的に試みます。

推奨する活用プログラム

① **音の出る玩具などでのかかわりをします**（図6-1）。
　1）泣くことに対して，ムーブメント活動でそのような状態になったら，無理をせずに，音の出る玩具（鈴など）で身体をやさしくタッチします。
　2）歌を入れるなど声かけもしながら，身体をやさしく動かしたり，タッチでのかかわりを工夫します。
② **身体を楽しく揺らします。**
　1）「泣く原因」や，欲求・要求内容がつかめない時でも，抱っこなどで身体を楽しく揺らすムーブメント活動を取り入れます。
　2）その表情に応えるように，楽しんでくれる好きな遊具などでムーブメント活動の環境作りや，笑いかけながら，こころを柔らげるかかわりをします。

図6-1　音の出る玩具などで身体をやさしくタッチします

1. 第1ステップ「自己内部要求」（0ヶ月〜3ヶ月発達レベル）

b．抱かれると表情に変化がみられる。

方法 抱っこして，表情を観察する。
評定 機嫌がよくなったり，反対に悪くなったりと，表情に変化がみられれば（＋）
明確な変化はないが，その芽生えがみられれば（±）
みられなければ（－）

支援のめあて

抱かれたりタッチされることで，対象児(者)に大人の皮膚のぬくもりが伝わります。これにより快い感覚が刺激され，表情が安定します。いろいろなかかわりにより，コミュニケーションのポジティブな芽生えを支援します。

推奨する活用プログラム

① ユランコ遊具に背臥位で乗せ，揺れ活動をします。
　1）床に置いたユランコ遊具に静かに乗せてあげます。
　2）それを持ち上げないで，床でのスライドでの左右動，前後動などで，楽しく揺らしてあげます。ゆっくり話しかけたりします。
② ユランコ遊具に抱っこして乗り，座位での揺れ活動をします（図6-2）。
　1）対象児(者)の表情の柔らかい変化に応えるよう，ユランコ遊具の揺れのテンポなどを工夫します。
　2）ユランコ遊具に対象児(者)を抱っこして支援者も乗ります。周りの支援者は，ユランコの持ち手（フック）を使って，床を滑らすような揺れのムーブメントで，楽しい表情を支援します。

図6-2　抱っこしてユランコ遊具にのり，座位での揺れを楽しみます

c．状況によって，快の表情を示す。

方法 日常生活のなかで観察する。
評定 日常生活で快の表情を示すことがあれば（＋）
明確ではないが，それらしい表情を示すことがあれば（±）
快の表情を示さなければ（－）

支援のめあて

対象児(者)が快の表情を出せる場面は，人との接触や楽しい遊具などによる身体の揺れ，そして，話しかけによる場合などが多いです。どのような状況(環境を含む)で，快の表情を示すかを見極めて，ムーブメント活動のバリエーションを支えます。

推奨する活用プログラム

① **対象児(者)を抱っこして身体を揺らします**(図6-3)。
  1) 「タカイ タカイ」や「飛行機ブーン」などのムーブメント活動を行います。
  2) 対象児(者)の快の表情を誘発するために，楽しい声かけの「イチ，ニ，サン」などで，聴覚刺激も入れます。
② **好きなユランコ遊具などに乗せ，いろいろな姿勢を取り入れます。**
  1) 対象児(者)が好む姿勢や，好きなテンポで揺すってあげ，快の表情に導くようにします。
  2) この時，対象児(者)の好きな歌を唄いながら，身体の揺れのムーブメントに変化をつけて行います。

図6-3 「タカイ タカイ」など抱っこして揺らし，笑顔を支援します

1. 第1ステップ「自己内部要求」（0ヶ月～3ヶ月発達レベル）

d．近寄ると顔をじっとみる。

方法 検査者の顔を30cm以内に近づけてみる。
評定 顔をじっとみれば（＋）
　　　 明確ではないがその芽生えを示せば（±）
　　　 みようとしなければ（−）

支援のめあて

　重い障がいのある対象児（者）においては，顔を近づけて目を合わせて，笑顔の語りかけで，楽しいムーブメント活動をしながら，「ジィーッ」とみてあげます。人とのつながりの基礎作りができます。

　特に，遊具や歌（音楽）などを使って，簡単な活動を取り入れながら対象児（者）の，他者への関心を高めることを大切にします。

推奨する活用プログラム

① **対象児（者）と向かい合って視線合わせの活動をします**（図6-4）。
　1）笑顔で視線を合わせるように対象児（者）と向かい合います。
　2）両手（腕），あるいは両足を支えて，「こんにちは」「元気ですか」など語りかけて楽しく手を動かしたり，足を動かしたりします。
　3）音楽のリズムに合わせて，楽しく声かけをしたり，歌いながら動かしてあげます。
② **抱っこでタッチしたり，座位で左右に揺らします。**
　1）抱っこの状態で，身体のいろいろな部位に「こちょ こちょ」などの声かけをしながら，タッチやマッサージを入れます。
　2）「ギッチラコー，ギッチラコー」など，身体全体を揺するように揺らすなどの，心地よい前庭感覚刺激のムーブメント活動を体験させます。

図6-4
三角マットに寝かせて，手足などを持って「こんにちは」など，語りかけたりタッチしたり，動かしたりします

e．話しかけに反応する。

方法　話しかけて反応を観察する。
評定　話しかけに対し，何らかの反応があれば（＋）
　　　その芽生えがみられれば（±）
　　　反応がなければ（－）

支援のめあて

あやしたり，話しかけたりすると，こころが安定して，情動がプラスに動きます。こまめな話しかけで，対象児(者)はそれにほほえんで，反応するようになります。この反応が「こころの輝き」を伝達する重要な手段となります。

推奨する活用プログラム

① **風船を使ってのムーブメント活動をします**(図6-5)。
　1) 風船をふくらまします。支援者はそれを使って，対象児(者)の身体のいろいろな部位を「ギュ，ギュ」と声をかけながらタッチします。
　2) タイミングよく「風船タッチ」で笑顔を添えて視線を合わせます。「○○ちゃん，もう一度しよう」などとこまめに話しかけ，やりとりの楽しさを支援します。
② **風船に少量の水，あるいは，ぬるま湯を入れます。**
　1) 風船に水を少量入れて，それを支援者と対象児(者)が一緒に持って動かして，「いい音がするね」「ジャブ，ジャブ」など音出しを楽しみます。
　2) 声をかけながらコミュニケーションを行うために，それで身体の手，足などいろいろな部分をタッチします。
　3) 少し間を置き，変化をとり入れて，歌を入れたり，「イチ，ニ，サン…」と数を数えたりして，それを繰り返します。

図6-5
風船で身体の部分をタッチし
ながら話しかけたりします

1. 第1ステップ「自己内部要求」(0ヶ月〜3ヶ月発達レベル)

f．泣き声ではない，平静な音声を出す。

|方法| 日常生活で，泣いていない時の様子を観察する。
|評定| 平静な音声(ア，ウ，オ など)が出せれば（＋）
　　　明確ではないが，その芽生えがみられれば（±）
　　　そのような音声を出さなければ（－）

支援のめあて

　楽しいムーブメント活動の時に出す音声は，機嫌のよい時に出す「アー，ウー，オー」などでの発声です。このような音声は，対象児(者)の情緒を開放させ，言語発声につながる姿として大切にしたいものです。

　対象児(者)が喜ぶムーブメント活動(例えば，スカーフなどで気持ちよく身体にタッチするなど)を使いながら，話しかけることが，平静な発声を引き出すポイントです。

推奨する活用プログラム

① カラーロープにつかまってムーブメント活動をします(図6-6)。
　1) 円形につなげた長いロープに皆がつかまって，抱っこの座位保持姿勢をします。
　2) ロープに両手を添えて，対象児(者)と支援者が一緒に持って動かします。
　3) ロープを一緒に揺すったりして「イチ，ニ，イチ，ニ」など楽しく，笑いながら声を出して動かし，動きと共に発声を刺激します。

②「ガラガラ」などを使ったムーブメント活動をします。
　1)「ガラガラ」(音の出る玩具)を対象児(者)に与えます。対象児(者)の喜ぶ活動をみつけます。それを一緒に行います。
　2) それを取り入れながら，楽しい雰囲気の中で，動かして音を出しながら「オー，アー」「ガラ，ガラー」など言葉でのやり取りを入れて，発声を支援します。

図6-6
座位姿勢になり，カラーロープの円を作り，それをみんなで持って声を出しながら動かします

第6章　コミュニケーション分野の実施法と活用プログラム

g．人の動きを目で追う。

|方法| 日常生活のなかで観察する。
|評定| 人の動きを目で追うことがあれば（＋）
　　　その芽生えがみられれば（±）
　　　みられなければ（－）

支援のめあて

　人の動きを目で追うなどの追視行為の支援は，楽しい活動時（あやしてくれるなど）の生理的欲求を満たすことと，結びつけて進めます。

　対象児（者）に追視を促すために，視覚が参加する興味のある遊具などの対象物を使ってムーブメント活動をします。これに加えて，聴覚を刺激する活動（音など）の環境作りもポイントとなります。

推奨する活用プログラム

① **カラフルな色や，音の出るオモチャや遊具での，ムーブメント活動をします。**
　1）おもちゃなどを対象児（者）の顔の正面に置き，それを使った（一緒に持ったりして）音だしなどで，楽しいムーブメント活動をします。
　2）目の動きをみて，追視を誘うように，オモチャの動かし方（ゆっくりなど）や，活動（音の出し方など）を工夫します。
② **ムーブメントスカーフを使って，追視活動をします**（図6-7）。
　1）スカーフを対象児（者）の前でブラブラ動かしたり，丸めてボールを作り，それを高く投げ上げたりします。
　2）時々，スカーフを対象児（者）に触らせたり，動かしたりします。
　3）対象児（者）の目の前で左右・上下にゆっくり，あるいは早くなど，興味を誘うように動かします。
　4）対象児（者）が追視可能な範囲を，徐々に広げていきます。

図6-7
ムーブメントスカーフを対象児（者）の前で，ブラブラ動かして，追視を支援します

1. 第1ステップ「自己内部要求」(0ヶ月～3ヶ月発達レベル)

h．人の声のする方に注意を向ける。

|方法| 日常生活の中で観察する。
|評定| 人の声のする方を向くことがあれば（＋）
　　　その芽生えがみられれば（±）
　　　みられなければ（－）

支援のめあて

　声（音）の方に向く反応は，聴覚反応です。どのような音刺激を使うか，あるいは作るのか，対象児（者）の快反応を大切にして，ムーブメント活動を取り入れます。

　特に人の声（音を含む）などの音刺激を大切にしたいので，ムーブメント活動の声かけ（沈黙の活動は極力避けます）をうまく工夫しましょう。

推奨する活用プログラム

① 音源を利用した音楽ムーブメント活動をします。
　1）好んでいる音楽や人の声などを，レコーダーなどから聞かせます。
　2）そして，その音源をいろいろな位置に移動し，音源の方向に気づかせながら，楽しくその所まで，いろんな方法で移動するムーブメント活動を進めます。
② 身体への触刺激と聴覚刺激のムーブメント活動をします（図6-8）。
　1）「コチョ　コチョ」タッチの身体運動や音（音楽）刺激に合わせて，両手を叩いて音を出すなど，楽しい音楽ムーブメント活動をします。
　2）時々，対象児（者）に気づきを促すように音声の強さ（大きくしたり，小声にしたり）を変えて，呼びかけをします。

図6-8
触刺激と聴覚刺激のムーブメントとしての両脚の曲げ伸ばし，バタバタなどの活動をします

i. 笑顔で話しかけると、ほほえむ。

|方法| 30cmほどの近さで、笑顔で話しかける。
|評定| 単なる話しかけでなく、声を立てて笑顔で話しかけた時に、ほほえみ返せば（＋）
　　　その芽生えがみられれば（±）
　　　みられなければ（－）

支援のめあて

　笑顔で話しかけ、ほほえみ返すことを支援するために、対象児(者)とのムーブメント活動でのやり取りを工夫します。

　対象児(者)とのやり取りのためには、遊具を使った楽しい活動が必要です。例えばトランポリンに一緒に乗って、揺れを楽しむような場面での活動です。この時に、声かけ・話しかけが、対象児(者)の情緒を動かすことを大切にして、笑顔で接するようにします。

推奨する活用プログラム

① **好みのテンポの歌や音楽に合わせて身体をタッチします。**
　1）視線を合わせるようにして、笑顔で「○○さん、こんにちは」と呼びかけます。
　2）歌を唄いながら、両手を持って、一緒に動かすなどで、笑顔を誘います。
　3）その際、視線を合わせて話しかけ、テンポのよい歌で「トントン、トントン」とタッチしながら「面白かったね」などの言葉かけをします。

② **トランポリンでの揺れを支援します**(図6-9)。
　1）身体のここち良い感覚刺激となる「揺らし」を入れます。対象児(者)は、この揺らしを期待して、ほほえみを支援します。
　2）少し間を置いて、それを繰り返します。対象児(者)が喜ぶ身体の揺れ運動を見つけて、話しかけたり、唄ったりして面白く続けます。

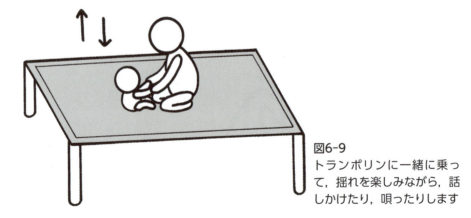

図6-9
トランポリンに一緒に乗って、揺れを楽しみながら、話しかけたり、唄ったりします

1. 第1ステップ「自己内部要求」（0ヶ月～3ヶ月発達レベル）

j. 声を出して笑う。

|方法| 日常生活の中で観察する。
|評定| 人の声のする方を向くことがあれば（＋）
　　　その芽生えがみられれば（±）
　　　みられなければ（－）

支援のめあて

　楽しいムーブメント活動を通して，ほほえんで語りかけることは，対象児(者)の情緒（こころ）の開放にとって大切です。

　これにより，語りかけた支援者も対象児(者)のほほえみや声を聞き，再び語りかけます。このサイクルの成立で声を出す状況を作ることができます。

　支援においては，対象児(者)は，「どんなことに好きな反応を示すのか」を押えておき，それを取り入れてムーブメント活動をします。

推奨する活用プログラム

① **楽しい身体の「タカイ タカイ」をします。**
　1）抱っこして，「タカイ タカイ」などのムーブメント活動を行い，笑い声を誘発します。
② **ユランコ遊具に乗せて，いろいろな動きの揺れを支援します。**
　1）唄いながら楽しい身体の揺れを取り入れます。
　2）喜びの笑顔が高まるように，対象児(者)の様子に合わせて，変化をつけます(図6-10)。
③ **身体のいろいろな部分に触り，「こちょ，こちょ」とタッチします。**
　1）笑いを誘うために，滑稽な動作を入れて，楽しい活動を共有します。
　2）「いっぽんばし こちょこちょ」の声かけや，歌を入れながら，「こちょ こちょ」タッチで大げさに動作を行います。

図6-10
ユランコに乗せて，唄いながら楽しい身体の揺れのムーブメント活動をします

第6章 コミュニケーション分野の実施法と活用プログラム

2．第2ステップ「自己外界要求」（4ヶ月〜6ヶ月発達レベル）
コミュニケーション2（C2：a〜j）

　コミュニケーション分野の第2ステップは，「自己外界要求」の支援にかかわるアセスメントの評定と，そのムーブメント活動プログラムのガイドです。

　「自己外界要求」とは，外界への興味，関心の広がりの要求を言います。

　この発達ステップに位置する対象児(者)は，これまでの自己内部の，主に生理的欲求に支配されたコミュニケーション能力を一歩脱皮した，「自己意識の広がりの要求」の行為を示すようになります。

　それは，状況により「いつもと違った反応」を示したり，ほほえみの「愛着行為」を人に向かって，状況に合わせて声を出したりするようになるなどの，発達の様相でわかります。

　この時期の対象児(者)の発達的要求は，欲しい物に手を伸ばしてつかもうとしたり，人に対しても愛着を示し，手を出すというような広がりになります。そして，物を口に持っていきます(写真6-2)。

　ピアジェはこれらを，第1次循環反応から第2次循環反応に発達してきた現れとしています。第1次循環反応から第2次循環反応への援助

写真6-2　好きなものを，手や口に持っていき，要求対象が「外界」へと広がります

は，重症児(者)などの発達において，ひとつの重要な位置を占めています。

　動きの乏しい障がい児(者)に対して，温かい情動的かかわりに支えられた活動を通じて，コミュニケーションの広がりが育まれるように工夫しましょう。

ムーブメント活動の支援に結びつくコミュニケーション発達の基本的考え方
① 欲しいものを介しての支援をします。

　本ステップでの要求対象は，「個人内」から「外界」へと広がっていきます。

　それは主に，ほほえみに対して人がほほえみ返すという，コミュニケーションの流れの広がりです。

　障がいの重い児(者)は，この節目を越えることが困難な場合が少なくありません。そのためには，欲しいもの，関心のあるものをみつけてあげ，それを使ったかかわりのムーブ

2．第2ステップ「自己外界要求」（4ヶ月〜6ヶ月発達レベル）

メント活動による支援を工夫したいものです。

② **動くことで外界のものを取りこむ循環での支援をします(写真6-3)。**

ピアジェによると，第1次循環反応は，手を口に持っていき，しゃぶったり，手や頭を動かすことを繰り返したりする行為であり，「自己の身体における循環」です。

第2次循環反応では，「外界のものを取りこんだ循環」になります。

例えば，寝返りで動くなどの動作を，繰り返し行うようになる取り組みです。これにより，物に触れたり，他者とのかかわりを広げていきます。

写真6-3　動く喜びで，他者とのコミュニケーションを広げていきます

③ **認知発達の芽生え支援をします。**

対象児(者)が，物に手を出すなどして，興味を示すようになると，その物を意味する記号として捉えられるようになってきた現れです。このことは，言語の記号的性質からして，認知発達の一つの芽生えと考えられます。

④ **すでに身についている動作や，音声の模倣を取り入れる支援をします。**

この発達のレベルでは，対象児(者)がすでに獲得している動作や，気持ちを誘う視覚が加わった動作に限り，模倣することが可能となります。

障がいの重い児(者)では，音声を模倣するプログラムは一般には困難と思われていますが，工夫した動作模倣を促す楽しいムーブメント活動で，その流れを設定することができます。

⑤ **喃語の発声を誘う支援をします。**

音声面での発達にかんしては，第2ステップにおいては，「バババ…」「ママママ…」など喃語がくり返されます。いわゆる「反復喃語の時期」に入りつつあります。

喃語は機嫌のよい時に出現することが多いので，心ゆさぶるムーブメント活動の働きかけにより楽しい状態を作りだし，喃語が出てくるよう配慮します。

a．みなれない場所にいくと，いつもと違った反応を示す。

方法 普段の生活の場と違った所に行った時の反応を観察する。
評定 静かになるとか，辺りを見回したり，騒ぎ出したりすれば（＋）
はっきりしないがそれらしい反応がみられれば（±）
みられなければ（－）

支援のめあて

　支援のめあては，対象児(者)の外部環境に対する意識の広がりです。
　そのために，対象児(者)にとって魅力に満ちた，目を向けたくなる，耳を傾けたくなる，つまり心を引きつける環境が必要となります。
　遊具の活用による楽しい活動が，次々に作り出されるムーブメント活動では，対象児(者)が「あれ！」と思う「こころを揺さぶる」反応(変化)を，引き出せる環境作りが，幅広くできます。これを活用することが，ポイントとなります。

推奨する活用プログラム

① ムーブメント活動の場所を変えてみます。
　1）いつも対象児(者)がムーブメント活動をする場所と異なった場所で，活動をします。時々その場所を変えてみて，その場所の違いを気づかせます。
　2）本人にとって，何処か居心地のよい，安心できる場所を作っておきます。その場所を交代に使うムーブメントのプログラムを作っていきます。
② 大型パラシュートでいろいろなムーブメント活動を展開します(図6-11)。
　1）いつもと違ったプログラムを入れて，その変化や面白さに気づかせます。
　2）パラシュートで作った波の上に対象児(者)を乗せて，静かな波や激しい波を作って対象児(者)の反応の変化を誘います。
　3）大型パラシュートの上にボール，人形，鈴などをのせてゆっくり揺らし変化に気づかせます。

図6-11
パラシュートで作った波の上に乗せて，ゆっくり動かしたり，止めたりします

2. 第2ステップ「自己外界要求」（4ヶ月〜6ヶ月発達レベル）

b．親や特定の人がわかる。

方法　日常生活のなかで観察する。
評定　親や世話をしてくれる身近な人や，親しみを抱いている人を，他の人とはっきり
　　区別していれば（＋）
　　はっきりしないが，その芽生えがみられれば（±）
　　みられなければ（−）

支援のめあて

　誰でも，知らない人や始めての遊具をみて，表情が変わることがあります。これは，身近な人・物に対する意識の広がり(外部環境)としての目覚めの育ちと考えます。
　この体験を大切にしたいものです。ムーブメント活動は，支援者が時に交代でリーダーをします。いつもの見慣れたリーダーでなくても，楽しい活動ができると，そのリーダーに対しても，対象児(者)は親しみを抱くことができるようになります。
　このような状況を繰り返して行くことで，コミュニケーションの力が育まれていきます。

推奨する活用プログラム

① ボールを転がし合って，人との関心を広げます(図6-12)。
　1）支援者と対象児(者)が，丸く輪になって座り，ボール(風船)での転がしや，座位でボール(風船)渡しなどのムーブメント活動をします。
　2）その際，特定の支援者が対象児(者)の前に行って，声かけをしながらボールを渡すようにします。
　3）対象児(者)に，特定の人の存在に気づかせるために，座る場所を変えたり，グループや家族も含めたいろいろなムーブメント活動を展開します。
　4）ムーブメント遊具をいろいろ用意して対象児(者)に直接触らせたり，遊ばせたりして表情や関心の変化を誘います。

図6-12
丸く輪になって座り，ボール(風船)を転がし(打ち合い)，人(相手)への関心を誘います

c．身体を動かす遊びを好む。

方法　「タカイ　タカイ」や，揺らすなど，身体を動かす遊びをして，様子を観察する。
評定　笑顔や喜んでいる様子がみられれば（＋）
　　　明確ではないがそれらしい様子がみられれば（±）
　　　みられなければ（－）

支援のめあて

　支援者は，対象児(者)の好みの活動が何か，いかにしたら喜ぶかを，いろいろなムーブメント活動を通して，興味やコミュニケーションを広げるきっかけをつかみます。
　例えば「タカイ　タカイ」などで身体を持ち上げたり，揺すったりなど，かかわり方の少しの違いでも対象児(者)の反応が微妙に異なるので，一人ひとりに応じた柔軟なプログラムを作ること，その実践で対象児(者)の心を動かせるセンスが必要となります。

推奨する活用プログラム

① 転がりのムーブメント活動をします(図6-13)。
　1）「ゴロゴロ」転がりの活動をするために，傾斜ボードやユランコ遊具を用意します。
　2）ボードの代わりにユランコ遊具に，寝かせた状態で乗せて，一方の端を持ち上げてゆっくり転がしてあげます(図6-14)。
② トランポリンでのゆっくりとした，動きを体験させます。
　1）トランポリンのキャンバス上に，対象児(者)を背臥位姿勢で寝かせます。
　2）そして支援者は，ゆっくりトランポリンのキャンバスを動かし，笑顔を誘います。
　3）このような身体を動かすムーブメント活動の多様なプログラムの中から，もう一度やって欲しいと言う対象児(者)のしぐさを拾って，それを発展させていきます。

図6-13
三角マット(傾斜ボード)の上で，ゴロゴロの転がりを支援します

図6-14
ユランコ遊具に乗せて，一方を持ち上げて転がしを支援します

2．第2ステップ「自己外界要求」（4ヶ月～6ヶ月発達レベル）

d．ほほえむなどの愛着を示す。

|方法| 日常生活の中で観察する。
|評定| 愛着を示すことがあれば（＋）
　　　その芽生えがみられれば（±）
　　　みられなければ（－）

支援のめあて

　支援者が楽しいムーブメント活動を展開し，対象児(者)に寄り添った活動として，手を差し伸べることができれば，対象児(者)は喜んで自分から身体を乗り出します。

　この反応は，こころを動かすコミュニケーション行動の手段の芽生えであり，「愛着」としての情緒の発達にとって大切な手段となります。

　ムーブメント活動は，人と人とのかかわりを自然な方法で「関係性」が設定できるので，楽しい愛着循環のループを作れます。

　楽しさが十分感じられるような遊びの要素を持った，楽しいムーブメント活動を集団の力も取り入れながら工夫して，人のかかわりを持ちたいという，愛着の気持ちを支援します。

推奨する活用プログラム

① キャスターボード(あるいはユランコ遊具)に乗せての移動を楽しみます(図6-15)。

　1) 対象児(者)をボードに乗せて，床の上を動かしてあげます。

　2) ゆっくり動かしてみます。徐々に早く動かしてみます。
　　楽しい反応を示した活動を発展させます。

　3) 箱つきキャスターボード(姿勢保持が困難な対象児(者))を使用すれば，安心して移動を楽しめます。

② キャスターボードを動かしてタッチします。

　1) 対象児(者)をキャスターボードに乗せて移動します。周囲の大人は，移動している対象児(者)の身体にタッチします。

　2) 「もう一度」という気持ちを起こさせて，手を出してくるように何回も，移動とタッチを繰り返します。

図6-15
キャスターボードに乗せて
ゆっくり移動します

127

e．オモチャなど，欲しい物を取ろうとする。

|方法| 日常生活のなかで観察する。
|評定| オモチャなどを取ろうとすることがあれば（＋）
　　　その芽生えがみられれば（±）
　　　みられなければ（－）

支援のめあて

発達年齢6ヶ月頃より子どもは，どうにか転がり移動ができるようになり，また，手の動きが多少拡大するので，いろいろな物に興味を持ち，「触れる，さわる」という物へのかかわりが生まれてきます。

欲しい物を取ろうとするのは，「興味ある環境の変化を求める要求志向の目覚め」に基づいているので，「〜したくなる」環境作りを大切にしましょう。

推奨する活用プログラム

① 遊具など興味の持てるものを使った，ムーブメント活動をします(図6-16)。
　1）例えば，音や光の出る遊具，スカーフ，ロープなどを手の届くところ（フロアー）に置き，対象児(者)がそれらを自由に楽しく使う活動を支援します。
　2）そして，対象児(者)がそれに触れるように転がり移動を促します。
　3）支援者は，そのことでいろいろな活動ができることを，デモンストレーションしてみせます。
② スカーフを使っての手の活動を誘います。
　1）対象児(者)に向かってあざやかなスカーフを丸めて投げたり，身体に乗せたり，手を出してくるように「ヒラ ヒラ」と動かして働きかけます。
　2）そして，床の上にもたくさんのカラフルなスカーフを置いたり興味を示す物（遊具など）を置いて，手を出すように誘います。
　　対象児(者)がそれに手を出すように，興味を示すいろいろな遊び方や展開を入れたムーブメント活動で誘います。

図6-16
床の上に遊具などの物をおきます。それを自由に触らせて興味を誘います

2. 第2ステップ「自己外界要求」（4ヶ月〜6ヶ月発達レベル）

f．人に向かって声を出す。

方法　日常生活のなかで観察する。
評定　人に向かって呼ぶように声を出せれば（＋）
　　　その芽生えがみられれば（±）
　　　みられなければ（−）

支援のめあて

「人に向かって声を出す」ということは，欲求を発声という手段で，実現しようとする行為のひとつと言えます。

発達的には，目的と手段の分化の芽生えの姿とも解釈されます。この発達現象でみられるように，集団(グループ)でのムーブメント活動は，かなり有効です。

対象児(者)は，"人の様子"をみて「自分もやりたい」と思います。楽しいムーブメント活動による笑い声などの"声出し"も同じです。

推奨する活用プログラム

① グループで楽しい風船でのムーブメント活動をします(図6-17)。
　1) 大勢で風船を使ったムーブメント活動を実施します。楽しく笑いあったり，呼びかけあったりして，人に向かって声を出すような場面を設けます。
　2) 人への興味を周りの人にも広げていくように声をかけあって，風船を動かすように，手で打ち合います。
　3) 小型パラシュートの上にたくさんの風船を乗せて，皆でパラシュートを動かして，風船がさまざまに飛び跳ねて動くのをみせます。声を出しあって楽しみます。
② プレーバンドに皆でつかまって，手を動かすムーブメント活動をします。
　1) 人(大勢)の輪を作って座ります。何本かつなげたカラフルなプレーバンドを全員で持ちます。
　2) 支援者の「イチ，ニ，サン」の合図で，全員で引っ張り一斉に声を出します。
　3) プレーバンドを動かす時に，ピアノの音に合わせて揺すったり止めたりします。

図6-17
小型パラシュートの上に風船を沢山乗せて，元気に手を動かします。声を出して笑い合います

g．自分の名前を呼ばれた時，反応する。

|方法| 日常生活のなかで観察する。
|評定| 自分の名前が呼ばれた時に，振り向いたり静止したり，何らかの反応があれば（＋）
その芽生えがみられれば（±）
みられなければ（－）

支援のめあて

　ムーブメント教育・療法の達成課題の一つにフロスティッグ（M. Frostig）は，「自己意識（身体意識）の形成」をあげています。

　対象児(者)は楽しい活動の中で，自分の名前が呼ばれることで喜びを感じ，他者が自分に目を向けてくれるので，自分の名前が自分自身に結びつくという認識が育まれます。

　対象児(者)はこのことで，人に目を向けて貰える喜びを感じ，「幸せ」になります。

推奨する活用プログラム

① 名前呼びを取り入れたムーブメント活動をします。
　1) ムーブメント活動の開始場面では，皆がみえるような円形になってグループで集まります。
　2) 一人ひとりを大切にする立場からも，リーダーは「〇〇ちゃん…」と声かけをして拍手で歓迎します。
　3) 可能な限り名前を呼び，支援者は対象児(者)の手(身体)に触れて握手などをします。
② スカーフを渡していくムーブメント活動をします(図6-18)。
　1) ムーブメントスカーフを「お隣りさんへ」と次々と渡しながら，一人ひとりを目立たせるムーブメント活動をします。
　2) 可能な限り個別でのムーブメント活動を入れ，この時，必ず「～～ちゃん」などの名前を呼び，自己意識の確立を支えます。
　3) ムーブメントスカーフの代わりに，ビーンズバッグを隣りへ，隣りへと渡しながら，声をかけて，名前呼びをします。

図6-18
ムーブメントスカーフを「～～さん」と名前を呼びかけながら，手渡していきます

2. 第2ステップ「自己外界要求」(4ヶ月～6ヶ月発達レベル)

h.「イナイ イナイ バー」を喜ぶ。

方法　「イナイ イナイ バー」をして，対象児(者)の様子を観察する。
評定　おかしがって笑えば（＋）
　　　それらしい芽生えがみられれば（±）
　　　みられなければ（−）

支援のめあて

知的関心は，環境変化のなかで発揮されるので，さまざまな遊具を楽しく使うムーブメント活動は，認知発達の助長に役立つと言えましょう。

「人も環境である」とするムーブメント教育・療法の考え方に基づいて，例えば，顔を隠したり顔を出したりなどの面白いプログラムをすることで，対象児(者)はその状況の変化に「こころが引かれる」ようになります。

従って，支援者は何時も愛しく，語りかけに変化を持たせ，対象児(者)とのかかわりに「どうすれば，対象児(者)が喜ぶか」，その問いかけを工夫します。

推奨する活用プログラム

① 小型パラシュートで顔を隠すムーブメント活動をします(図6-19)。
　1) 支援者と大勢が，パラシュートの周りに集まり，輪になります。
　2) そして小型パラシュートで顔を隠し「イナイ イナイ バー」のムーブメントをします。
　3) 対象児(者)がおかしがるように，いろいろな動作や興味を示す言葉かけを大げさにします。
② ぬいぐるみ(ムーブメントコクーンなども含む)を使って活動します。
　1) ぬいぐるみなどを，支援者の身体(後ろなど)に隠したり出したりして，対象児(者)がその変化の様子に気づくように，問いかけの工夫をします。
　2) いろいろな隠し方で，対象児(者)の興味を誘うための工夫(段ボール，箱，新聞紙)を考えて，対象児(者)がみつける喜びを誘います。

図6-19
小型パラシュートで顔を隠して「イナイ イナイ バー」をして喜び合います

第6章　コミュニケーション分野の実施法と活用プログラム

i．簡単な日常生活場面を理解し，予想している様子がみられる。

|方法| 日常生活のなかで観察する。
|評定| 配膳の時などに，食事を予測している様子がみられれば（＋）
　　　それらしい芽生えがみられれば（±）
　　　みられなければ（－）

支援のめあて

日常の生活場面で，対象児(者)が次に生じる遊びなどの事柄を，予測している様子がみられれば，日常生活での場面が認知されていることを意味します。

なお，ムーブメント活動には，たくさんの遊具や道具が使われます。その活動の範囲が広げられることで認知機能も高まります。

対象児(者)の興味など活動の流れを工夫して，「やりたがっている様子」を読み取って，楽しいプログラムになるよう支援しましょう。

推奨する活用プログラム

① フリームーブメントの場作りで，工夫をします。
　1）対象児(者)を取り巻く遊具・用具などムーブメント活動の環境に，時々変化を加えて(例えば，遊具の置く場所を変えるなど)，プログラムの流れを変えます。その環境の変化に対する意識の広がりを促します。
　2）また，何時も同じ遊具の使い方ではなく，違う使い方をして，対象児(者)に気づかせます。
② ムーブメント活動時に毎回決まった歌を唄ったり，所定の場所に移動して遊ぶようにします(図6-20)。
　1）活動プログラムの最初に，「握手でこんにちは！」と，対象児(者)と支援者が握手する動作をいつもします。
　2）「蛙の歌」では，「ゲロ　ゲロ　ゲロ　ゲロ」の時に声を出して歌います。
　3）スロープ遊具では，対象児(者)がいつものように「這い　這い」で登り始め，そして，滑ります。

図6-20
毎回，同じ歌を唄ったり，同じ遊具を使って動き，次のムーブメント活動を予想させます

2. 第2ステップ「自己外界要求」（4ヶ月〜6ヶ月発達レベル）

j．隠された物に気づく。

方法　取ろうとしている物を，ハンカチなどで隠し，様子を観察する。
評定　隠されたことに明確に気づけば（＋）
　　　　気づいているか明確ではないが，それをじっと見詰めるなどの動作がみられれば（±）
　　　　みられなければ（−）

支援のめあて

「探索」という認知機能が発達し始める頃には，「物をみつける」「隠された物を当てる」などのムーブメント活動プログラムを取り入れます。

対象児(者)にとって探索に取り組むための，優しいきっかけを作るために，「音源を捜し出すムーブメント活動」や，袋の中から一部の色だけみえるスカーフなどが「みつけ出せるようなプログラム」も参考になると思います。

何が隠されたか，それはどこにあるかという探索活動は，認知力を高め，心を集中させることになります。

推奨する活用プログラム

① 隠したビーンズバッグを探します(図6-21)。
　1) 支援者は，対象児(者)の周りに置いた箱やムーブメント形板，スカーフの下に，小さなビーンズバッグを隠します。
　2) そして，対象児(者)自身にそのビーンズバッグが，どこにあるのか探させます。
　3) 慣れてきたら，支援者の身体の一部，膝の下などにビーンズバッグを隠して探させます。

② 小型パラシュートなどの下に支援者が隠れます。

　1) 支援者が床に広げたパラシュートの下に潜ります。対象児(者)に支援者がどこに隠れているか探させます。

図6-21
「さあ，どこにビーンズバッグがありますか。遊具の下に隠してあります。探してごらん！」とみつけることを支援します

　2) 慣れてきたら，支援者の身体の一部(膝の下など)にビーンズバッグを隠して探せます。
　3) 楽しさを倍加するために，支援者は小型パラシュートの下から対象児(者)の名前を呼んだり，身体を動かしたりします。

③ 床に新聞紙を広げます。
　その下に小さなゴムボールを隠します。
　対象児(者)に新聞紙の上をタッチさせ，隠したボールを拾って貰います。

第6章　コミュニケーション分野の実施法と活用プログラム

3．第3ステップ「自他循環要求」（7ヶ月〜9ヶ月発達レベル）
コミュニケーション3（C3：a〜o）

　コミュニケーション分野の第3ステップは，「自他循環要求」の支援にかかわるアセスメントの評定と，そのムーブメント活動プログラムのガイドです。

　「自他循環要求」とは，人のかかわりが他者を中心とした環境に対する要求行動として活発化し，「自己−他者」による循環が少しずつ生まれてくる行動の要求を言います。

　つまり，この段階は，自己と他者とのつながりが「より深化」する段階です。本人は外界に対する要求行動が活発化し，より要求対象が明確化してきます。このことにより，やりとりでの「関係性」ができるようになると考えられます。

　これは，ピアジェの言う，第4段階の「手段−目的関係の理解の始まり」です。

　「理解」という発達にはイメージの形成が必要であると言われています。このイメージは，ピアジェの言う「物の永続性」の発達にかかわっています。

　ムーブメント活動プログラムで，大人がパラシュートの中に隠れて，対象児（者）がそれを探しだす活動はこの例であり，「物の永続性」に伴うイメージや，人や自己に対するイメージが行動に結びつくものと言えます。

ムーブメント活動の支援に結びつくコミュニケーション発達の基本的考え方
① 手段−目的関係の支援をします。

　一般に自己の身体（手）を使って物に触れるという行為は，「手段−目的関係」としてのコミュニケーションの発達そのものを意味します。

　ムーブメント活動でなぜ集団で遊具を使うかと言えば，それはコミュニケーション支援の手段として活用するためであり，WHOのICF（国際生活機能分類：2001）にみる環境を人間発達の循環力（環境・人間相互作用）として取り入れるためでもあります。

② イメージ形成を育てる支援をします。

　ムーブメント活動は，認知の発達にも大きく影響を及ぼします。例えば，その中でイメージの形成は，認知発達に欠かすことができない活動です。

　「風船」や「鈴」という言葉を理解し，表出できるためには，風船や鈴に対して「フワフワするもの」，「音が出るもの」「優しい音」などのイメージが対象児（者）に育まれる必要があります。

　そのためには，対象児（者）に風船や鈴などでのムーブメント活動による直接的体験ができる物や用具が不可欠です。それによるイメージの形成が，物の永続性（物の保存）に関する能力を育むことになります。

134

ムーブメント活動の働きかけは，多様な遊具や環境を自己の持っている感覚器(触覚，筋感覚，視覚など)を通して使うことができるので，よりイメージ形成を促すことができるのです。

③ 身体意識，特に身体像の支援をします。

発達の第3ステップに入ると，対象児(者)は鏡に映った自分の像に笑いかけたり，触ったりするようになります。このことは，ムーブメント教育・療法でフロスティッグの言う，身体意識の構成概念である「身体像(ボディーイメージ)」の形成が進んできていることの現れとして理解でき，また，自己についての意識(自己意識)の芽生えとして受け止められます。

ムーブメント活動では，フロアーを自由にゴロゴロ転がったり四つ這いしたり，いろいろな姿勢や動作で動くことができます。場に応じた多くの動きの過程で，身体像が自然に育まれていくことが，限りなく設定できると考えます。

④ 身近な人(親しい人)へのかかわり支援をします。

ムーブメント活動では，身近な人とのかかわりに対する支援，つまり，人と人とをつなぐ遊具などを使っての，さまざまな支援がプログラム化できます。

楽しいムーブメント活動の中で，自分を世話してくれる身近な特定の人に対する安心感や，信頼感が確かなものとなります。身近な人のかかわりの軸がこのような活動を通して，次第に太くなっていきます。

こうして他者とのつながり(他者意識)と，自己に対するイメージが発達していくのです。

第6章　コミュニケーション分野の実施法と活用プログラム

> a．鏡に映った自分の顔に，ほほえむなどして反応する。

　方法　対象児(者)の顔の前に，鏡を置いて観察する。
　評定　鏡に映った自分の顔に，笑いかけたり触ったりすることがあれば（＋）
　　　　手を出すなどその芽生えがみられれば（±）
　　　　みられなければ（－）

支援のめあて

　対象児(者)は，生後7～9ヶ月に入ると，身体意識の発達として自分の身体，特に顔に興味を示し始めます。それは自己意識の目覚めの姿とも言えます。これが他者への気づき，つまり他者意識を高めることにもつながります。
　自己に対する身体像や身体の気づきを支援するために，支援者は，対象児(者)が喜ぶように皮膚をさすったり，タッチしたりするムーブメント活動を入れます。

推奨する活用プログラム

① 「人とのつながり」を育む活動をします。
　1) パラシュートを床に広げ，その上で支援者が「ゴロゴロ」転がったり，魚になって泳ぎます。
　2) 支援者がやった後に，対象児(者)にそれをまねさせます。
　3) パラシュートを持ち上げ，くぐり抜けができるように床より浮かして，その下を「ハイ　ハイ」したり，「ゴロゴロ」転がりを支援します。
　4) 対象児(者)にそれをまねさせます。
② イナイ，イナイ，バーをします。
　1) 支援者が対象児(者)の前で，顔に両手を当てて「イナイ，イナイ，バー」をして顔を隠したり，出したりして，顔に興味を持たせます。
　2) 大きめの鏡の前で顔を隠したり，笑ったり，面白い顔をして，顔に興味を誘います（図6-22）。

図6-22
鏡の前でいろいろな表情をして，身体意識を支援します

3. 第3ステップ「自他循環要求」（7ヶ月〜9ヶ月発達レベル）

b．喃語(意味のとれない音声の連鎖)を，盛んに発声する。

方法　日常生活のなかで観察する。
評定　喃語を盛んに発声することがあれば（＋）
　　　活発ではないが喃語の発声の芽生えがみられれば（±）
　　　みられなければ（－）

支援のめあて

自己と他者とを結びつけるコミュニケーションの最初の手段が，喃語の発声です。喃語は認知発達の印しとなります。

このためには発声の機会を大切にして，「エコー(声出しのキャッチボール)」をしてあげたり，機嫌のよい状態を作ってあげたりします。

楽しいムーブメント活動を取り入れて，そのきっかけを作ります。

推奨する活用プログラム

① 抱っこして，膝の上に座らせて楽しく揺すります。
　1）支援者は，向かい合う姿勢で対象児(者)を抱っこします。
　　　身体にタッチしながら，喃語の表出を促します。「トン トン，ブー。トントン，ブー」など語りかけを通して揺するなど，揺れの喜びを体験させます。
　2）対象児(者)がすでに獲得しているレパートリーの音声を出し，対象児(者)がその音声をまねるようにします。似たような近い音が出れば褒めてあげます。
② 対象児(者)が楽しむ，タンバリンや太鼓を叩くムーブメントをします。
　1）「ドン ドン パー」「ドン ドン パー」と太鼓を叩きながら，「パー」を大きな声で表出します。
　2）いろいろな活動のつながりを設定して，「アー」「マー」など喃語の発声を促し，その喃語の表出に応えます(図6-23)。

図6-23
太鼓を「ドン ドン」と言いながら，一緒に叩きます。作を大きくして，声も大きくします

第6章 コミュニケーション分野の実施法と活用プログラム

c．知らない人に不安を示す（人見知りをする）。

方法　日常生活のなかで観察する。
評定　知らない人に話しかけられて不安を示したり，以前に人見知りをした時期があれば（＋）
　　　それらしい様子がみられたり，以前にみられたことがあれば（±）
　　　みられなければ（－）

支援のめあて

身近な人と他の人との区別がつくことは，他者意識の認知発達を意味します。特に，声かけや抱っこなど，楽しく活動をしてくれる相手には，自分から近づいて楽しさを求めていきます。

それは，ムーブメント活動で大切にしているコミュニケーションとしての「こころの通う」支援が，対象児（者）の発達に大きくかかわることを示しています。

推奨する活用プログラム

① **身体をいろいろに使ったムーブメント活動をします**(図6-24)。
　1）「抱っこ」や「タカイ　タカイ」「くすぐりっこ」「飛行機ブーン」など，対象児（者）が喜ぶ行為をみつけます。
　2）ムーブメント活動を通して，その好みの行為を入れて，対象児（者）との信頼関係を作るように楽しみます。
　3）支援者が交代して，「抱っこ」や「タカイ　タカイ」などを行います。
② **小型パラシュートの場を使ったムーブメント活動をします。**
　1）対象児（者）を床に広げた小型パラシュートの上で抱っこして，他の人たちには歌を唄いながら揺すって貰い，これにより，支援者と本人との信頼関係を育みます。
　2）小型パラシュートの上での抱っこを交代で行います。

図6-24
歌いかけながら，抱っこを
交代でします。他者へのか
かわりを高めます

3．第3ステップ「自他循環要求」（7ヶ月～9ヶ月発達レベル）

d．介助に対して協力する様子がみられる。

方法 日常生活のなかで観察する。
評定 更衣やおむつ替えの際，協力することがあれば（＋）
その芽生えがみられれば（±）
みられなければ（－）

支援のめあて

更衣やおむつ替えの際の，対象児(者)の身体の動かし方の協力の様子で，身体意識の発達の状態がある程度みられます。更衣の時に，手や足をどのように動かすか，その協力の姿で身体意識の育ちをみます。様々な楽しいムーブメント活動を通して身体の気づきを支援します。

推奨する活用プログラム

① **心地よい手での触覚刺激のムーブメント活動をします。**
　1）ぬくもりのある手による触感覚のマッサージで，心地よい刺激を与えます。
　2）軟らかな手袋(グローブ)を使って，歌を入れながらいろいろな身体の部位をタッチしたり，マッサージします。
　3）身体像(ボディ・イメージ)を育てるためのムーブメント活動としては，洋服の着替えを通して，「足を出して」など，身体の部位への意識を広げる活動があります。

② **身体へのタッチなど，感覚刺激を用いた活動をします**(図6-25)。
　1）身体の部位の認知を促すために，「おなか」「足」などその部位の名前を声かけをしながら，身体をタッチします。
　2）身体へのタッチは，音楽に合わせたりして楽しさを大切にします。

図6-25
心地よい手の感覚刺激による身体へのタッチを繰り返して，笑顔を育みます

第6章　コミュニケーション分野の実施法と活用プログラム

e．遠くにいる人を呼ぶように声を出す．

|方法|　日常生活のなかで観察する．
|評定|　遠くにいる人を呼ぶように声を出すことがあれば（＋）
　　　その芽生えがみられれば（±）
　　　みられなければ（－）

支援のめあて

人を呼ぶために声を出すという行為を，たくさん作りましょう．

面白いムーブメント活動の場面があれば，対象児(者)はどんどん声を出してきます．

声を出すということは，はっきりとした「目標に適した手段の選択」の発達の現象として大切にしたいものです．

推奨する活用プログラム

① 皆でロープにつかまって，動かす活動をします(図6-26)．
　1）支援者と対象児(者)がグループで，ロープにつかまって輪になります．
　2）上・下動で「イチ，ニ，イチ，ニ」と声を出し合って一緒に動かします．
　3）全員で動かすことに慣れて来たら，ロープにつかまって「よいしょ，よいしょ」と引っ張りっこをします．「○○さん，引っ張って」と言って，一緒に大きな声を出します．
② 大きな声を出して，動物の鳴き声をまねる活動をします．
　1）手を口に当てて「アー，アー，ワッ，ワッ，ワ」など音声を変えたり，床に向かって大きな声を出し合います．
　2）楽しく動物の鳴き声のまね(ワン ワンと，犬の鳴き声など)をして，大きな声を出す面白さを支援します．

図6-26
ロープにつかまって，皆で「イチ，ニ」「イチ，ニ」と声を出しながら一緒に動かします

3．第3ステップ「自他循環要求」（7ヶ月〜9ヶ月発達レベル）

f．親しみと怒った感情がわかる。

方法 日常生活のなかで観察する。
評定 親しみと怒った感情がわかれば（＋）
　　　　その芽生えがみられれば（±）
　　　　みられなければ（－）

支援のめあて

　親しみとしての「愛」や，気に入らないことへの「怒り」は，情動の分化の発達の姿です。
　楽しく活動した後は，楽しい感情が残ります。その余韻を大切にします。
　ムーブメント活動はきつい訓練ではないので，怒りの感情はみられません。好きなムーブメント活動で生まれる，親しみ，笑顔の「愛」を大切に支援しましょう。

推奨する活用プログラム

① **対象児(者)の身体に触れて，笑顔を引き出す活動をします。**
　1）支援者は親しみを持って，対象児(者)の身体のいろいろな部分に触ってあげます。
　2）「気持ちいいね」「くすぐったいね」などと言いながら，触覚の反応をみて，喜びを引き出すようにします。
　3）時々，休憩を入れて，また，身体に触ったり，くすぐったりします。感情変化の様子をみます。

② **ユランコ遊具に乗せて揺らす活動をします**(図6-27)。
　1）ユランコなどの遊具に乗せて，いろいろに揺らしてあげます。歌いかけながらの揺さぶりで，楽しいムーブメント活動をします。
　2）揺れを大きくしたり，小さくしたりして，対象児(者)の喜びの反応をみます。
　3）対象児(者)が喜べば，更に続けます。喜びがみられない時は，少し間をとって続けます。笑顔（表情が緩む）がみられるように活動の問いかけを工夫します。

図6-27
ユランコ遊具に乗せて，楽しい揺れで，動きと喜びを支援します。時々，休みを入れて様子をみます

g．ママ・パパの2音節の発音ができる。

方法 日常生活のなかで観察する。
評定 ママ・パパの両唇音の発音ができていれば（＋）
　　　　はっきりしないがその芽生えがみられれば（±）
　　　　みられなければ（－）

支援のめあて

対象児(者)が「アー　アー」「パパ」などの音声を出すような，音楽ムーブメントの場を作ります。

2音節の発声ができるなら，それ以上の複音節が可能なことを示しています。

対象児(者)が声を出したくなるような「まねっこ遊び」を取り入れた楽しくなるムーブメント活動を考えましょう。

推奨する活用プログラム

① **動きの「まね」を促す活動をします**(図6-28)。
　1）支援者と対象児(者)が向かい合って，動きの「まねっこ」（手をあげてバンザイなど）をします。
　2）支援者は，両手を叩いて音を出したり手で床を叩くなど，簡単な動作をします。それを対象児(者)が「まね」します。
② **音声の「まね」を促します。**
　1）支援者と対象児(者)が，音声の「まねっこ」（気楽に声を出す）をします。
　2）支援者は，「ママ」「パパ」などの両唇音を発声します。
　3）それを対象児(者)がまねします。タイミングよく，少しでもそのしぐさがみられたら，褒めてあげます。

図6-28
動きのまねを向かい合ってします。「おひざトン　トン」と，"ひざ"を叩きながら，声出をします

(注)音声言語：口を使って発する言語で，聞き手の耳を通して言語を理解することが可能な音を言います。

3．第3ステップ「自他循環要求」（7ヶ月～9ヶ月発達レベル）

h．ダダ・タタの2音節の発音ができる。

方法　日常生活のなかで観察する。
評定　ダダ・タタの発音ができていれば（＋）
　　　はっきりしないがその芽生えがみられれば（±）
　　　みられなければ（－）

支援のめあて

「ダダ」「タタ」の発音ができることは，呼気・舌・口唇筋の調整などの複合的な感覚器の育ちの発達を意味します。この音節発声の機会を繰り返す，音楽ムーブメントの活動を考えます。

時に，机や床を両手で叩いたりして，音出しをしたり，音楽(打楽器)による音の応援で「トン，トン，トン」など発声したくなる環境を設定します。

推奨する活用プログラム

① 両手で「グー，パッ」をします(握る，開くの動作)。
　1）両手の「グー，パッ」の動作に合わせて「グー，パッ」の発声を一緒にします。
　2）これを支援者の動作に合わせて，大勢で行います。
② 一緒に声を出しながら机を叩きます。
　1）支援者と対象児(者)が一緒に手を動かして机をドンドンと叩きます。
　　この動作に合わせて「ダダ」の音(発声)を出します。
　2）変化をつけて，大げさな動作を入れて，楽しさをふくらませます。
　3）新聞紙を両手で持って，「バリ バリ」と声を出しながら，破ります。
　4）対象児(者)が一緒に机を叩いたり新聞などを破いたります。動作に合わせて「ダダ」の音を出します。大げさな動作と楽しさをふくらませます。
③ 支援者と対象児(者)が一緒の動物の「まねっこ遊び」をします(図6-29)。
　1）動作に合わせて「ダダ」の声を出し，対象児(者)が
　　少しでもできたら褒めてあげます。
　2）「お手て，ブラ ブラ」の動作を一緒
　　にします。

図6-29
対象児(者)と向かい合って「お手て，ブラ ブラ」のまねっこをします

ⅰ. 持っているオモチャなどを取ろうとするといやがる。

方法 日常生活のなかで観察する。
評定 持っているオモチャなどが取られそうになると，いやがることがあれば（＋）
その芽生えがみられれば（±）
みられなければ（－）

支援のめあて

　この現象は「不安の心理」の行為ですが，物に対する関心（対物行動）や外界の物への用心が確実に育っていることを示します。
　対象児（者）の好きなことをみつけます。それを生かしたムーブメント活動をします。その活動の代わりに，他の活動を行います。様子をみて，ムーブメントの活動を考えます。
　この心理的な発達（育ち）により，対象児（者）が好きな遊具（物）などを取ろうとするといやがるようになります。いやがる様子があれば，何度も行う必要はありません。

推奨する活用プログラム

① オモチャなど，好きな物で十分に活動します（図6-30）。
　1）どれが対象児（者）の好きな物かを見極めるために，好きなものをどんどん増やしていきます。
　2）特に好きな物を使って，「やりとり」を意識したムーブメント活動を楽しく展開します。
② ビーンズバッグで「やりとり」をします。
　1）ビーンズバッグでのムーブメント活動をするなかで，対象児（者）と支援者でそれをたくさん，取りっこをします。
　2）対象児（者）が楽しんでいる物を「ちょうだい」と言って，やりとりをします。
　3）例えば，的に付いているビーンズバッグを取るムーブメント活動をします。
　　対象児（者）が取りたいと思っているものを，支援者が取ってみます。その時の対象児（者）の反応をみます。

図6-30
ビーンズバッグを触ったり，落としたり，床を滑らせたりして，十分に活動します。それを使って「やり取り」をします

3．第3ステップ「自他循環要求」（7ヶ月～9ヶ月発達レベル）

j．いやな時，手や足で押しのける。

|方法| 日常生活のなかで観察する。
|評定| いやな物などがそばにあったり，近づいて来たら，手や足で押しのけようとする
　　　ことがあれば（＋）
　　　その芽生えがみられれば（±）
　　　みられなければ（－）

支援のめあて

　対象児(者)は，発達月齢7～9ヶ月のレベルで，きらいな物などが，そばにあったり，近づいて来たら，それを手や足で押しのけることをします。

　この現象は，「手段－目的関係」の理解の始まりと考えます。簡単な動作や表情が出せるようムーブメント活動で支援します。

推奨する活用プログラム

① **積み木などを積んで，それを崩します**(図6-31)。
　1）対象児(者)の手や足の届く範囲に，オモチャの「だるま落とし」や積木などを積んでみます。
　2）支援者は，それを対象児(者)に手や足で崩させて遊ばせます。
　　　対象児(者)の活動意欲を誘うように，積み方を崩れやすいように工夫して，それを繰り返します。

② **風船やムーブメントスカーフを環境に用いて活動します。**
　1）水(ぬるま湯)の入った風船を，対象児(者)の手や足など身体に触れるように幾つか床の上に置きます。
　2）対象児(者)は，手や足でその風船に触れたり，押しのけたりするような場面を作ります。
　3）ムーブメントスカーフを対象児(者)の頭の上に載せます。支援者のガイドで，それを頭から外します。これを繰り返します。

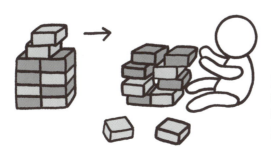

図6-31
積み上げた大きな積み木を，手を使って崩します。次は，足を使って崩します

k．そばに寄ってきたり，膝に乗ったりする。

方法　日常生活のなかで観察する。
評定　親しい人などのそばに寄って来たり，膝に乗ることがあれば（＋）
　　　その芽生えがみられれば（±）
　　　みられなければ（－）

支援のめあて

　対象児(者)は人に対する関心が高まるにつれ，「人とのかかわる密度」が高まり，大人のそばに寄って来ます。
　対象児(者)に身体の感覚を気持ちよく刺激するムーブメント活動を支援することで，支援者の存在が生まれ，対象児(者)とのこころの距離感がせばまります。そのための興味を引きつけるムーブメント活動を工夫します。

推奨する活用プログラム

① 揺れる遊具を使った活動をします
　1）対象児(者)をユランコ遊具の上に乗せて，楽しく上下や左右に揺すってあげます。
　2）対象児(者)の楽しむ様子がみられたら，支援者の膝の上に抱っこしてユランコでの揺れのムーブメント活動をします。
②「人間ハンモック」での身体のここち良い揺れをします(図6-32)。
　1）安心して楽しめる揺れ活動である「人間ハンモック」をします。
　2）二人の指導者が，対象児(者)の両肩と両足の持ち方を工夫して，何度も要求するように楽しく声かけを入れて，やさしく揺すってあげます。個々のお子さんの身体の状態に配慮しながら行います。

図6-32　人間ハンモックでの楽しい揺れのムーブメント活動をします

3. 第3ステップ「自他循環要求」(7ヶ月〜9ヶ月発達レベル)

1.「いけません」などの言葉に応じて，行動をやめる。

方法 日常生活のなかで観察する。
評定 何か行動をしている時や行おうとしている時，「いけません」などの制止の言葉に対して行動をやめる（＋）
その芽生えがみられれば（±）
みられなければ（－）

支援のめあて

遊んでいる時「ストップ」，「いけません」や，何かやろうとしている時「スタート」などの言葉で，行動ができれば，相手の存在が意識できたことになります。

これらの言葉で反応できれば，出来事の予測が可能であることを意味します。

ムーブメント活動のなかで，いろいろな言葉が育まれます。タイミングよい言葉かけで，「やりとり」の力を支援します。

推奨する活用プログラム

① めり張りを付けたトランポリンでの，ムーブメント活動をします。
 1）トランポリンなどでの活動を十分にします。その活動を中止する時に，対象児（者）に「ストップ」や「終わり」などの言葉かけをして，活動の流れを変えます。
 2）また，その活動を始める時に，「用意，スタート」でトランポリンの活動を支援します。それが予測できるように活動を続けます。
② パラシュートでの音楽ムーブメント(写真6-4)。
 1）パラシュートの上に対象児（者）を乗せて，楽しい波のムーブメント活動をします。
 2）音楽の力を借りて「音楽が止まったら，動きをやめる」という約束を取り入れます。
 3）変化を付けてそれを繰り返します。

写真6-4
パラシュートを使って揺らしながら，「ストップ」「スタート」など言葉を通して動きを支援します

m. 完全に隠された物を探し出せる。

方法　取ろうとしている物をハンカチなどで完全に隠し，それを探し出せるか観察する。
評定　探し出すことができれば（＋）
　　　探し出せないが，それをじっとみつめて探し出そうとする芽生えがみられれば（±）
　　　みられなければ（－）

支援のめあて

この活動から対象児(者)に大変興味を誘うプログラムを作ることができます。

一度，みえていて隠された物を取り出すことができることは，既に獲得されている記憶が再生されたこと示します。

このような物を隠したり，探したりするムーブメント活動の狙いは，認知機能の発達支援のプログラムとなりますから，時々，活用したいものです。

推奨する活用プログラム

① **隠れているビーンズバッグなどを探し出す活動をします。**
　1）対象児(者)の着ている服の中に物(ビーンズバッグ)を隠し，対象児(者)にその物を探し出す(例えばそれにタッチさせるなど)活動をします。
　2）対象児(者)の周りに大型の積み木を幾つか置いて，その下にビーンズバッグを置いて，みつけ出させます。
② **床にマットや毛布などを広げて物を隠し，探し出す活動をします**(図6-33)。
　1）床にマットや毛布など広げた下に，対象児(者)が普段遊んでいる物や，身近にあるよく知っている物を隠します。
　2）そして，対象児(者)にそれらを探すよう促します。
　3）そのきっかけを作るために，支援者は対象児(者)と一緒に隠れた物を「探しっこ」します。

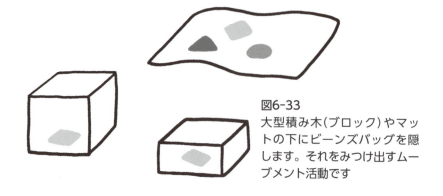

図6-33
大型積み木(ブロック)やマットの下にビーンズバッグを隠します。それをみつけ出すムーブメント活動です

3. 第3ステップ「自他循環要求」（7ヶ月～9ヶ月発達レベル）

n．喃語で人に語しかける。

方法 日常生活のなかで観察する。
評定 他の人に向かって喃語で話しかけることがあれば（＋）
　　　その芽生えがみられれば（±）
　　　みられなければ（－）

支援のめあて

喃語の表出という手段で「やりとり」ができることを支援します。
　人に向かって声を出すと相手がそれに頷き，そして話しかけてくれることを感覚的に知って行くなかで，喃語がますます使えるようになります。
　これをグループでのムーブメント活動で行います。

推奨する活用プログラム

① みんなで座って，輪になってボール転がしの活動をします。
　1）その輪の中で，ビーチボールを転がします。いろいろな転がし方を工夫します。
　2）ボールは，「こちらへ，こちらへ」などと，やり取りをしながら，自然に喃語で話しかけてくるように声かけをします。
　3）喃語で話しかけてくる様子がみられれば，それに応えるように手を握った動作や，タッチなどを取り入れて，「オーケー」「よくやったね」などと話しかけます。
② 犬などのまねをして，発声を促します(図6-34)。
　1）ぬいぐるみ(犬)をみせて，それに触らせます。その時，「ワン　ワン」と声かけをします。
　2）猫のぬいぐるみで，対象児(者)の身体の部位にタッチし，「ニャーオー　ニャーオー」と鳴いてまねを誘います。

図6-34
ぬいぐるみを使って，「ワンワン」と鳴いて，犬のまねをします

喃語：こどもは意味がとれない音声を続けて発します。機嫌のよい時などにみられる言語をいいます。

149

o．日常生活場面を理解し，簡単な行動がとれる。

方法　日常生活のなかで観察する。
評定　食事の時，進んで椅子に近づいたり，入浴の時，自分から風呂に近づくなど，日常生活場面を理解した簡単な行動がとれれば（＋）
　　　その芽生えがみられれば（±）
　　　みられなければ（－）

支援のめあて

日常の活動のいろいろな場面が理解できるようになるのは，毎日毎日の繰り返しの行動が，楽しい時が多いのです。

生活場面での理解と，行動の関係の成立のためにも，毎日毎日の繰り返しを支援したいものです。

家庭の中での身近な物（ペットボトル，新聞紙など）を使ってムーブメント活動の機会を作りましょう。

推奨する活用プログラム

① プログラムの流れを，繰り返し行うムーブメント活動をします（図6-35）。
　1）「○○ちゃん，ロープのムーブメントするよ」と声かけをして，いつも使っているムーブメント遊具のカラーロープを持たせます。
　2）そのロープで，「さあ，波を作りましょう」と言って，対象児（者）に呼びかけて，それを行います。
② タオルでのいろいろなムーブメント活動をします。
　1）タオルを使って，日頃の活動を取り入れます。
　2）タオルで，身体のいろいろなところを拭きます。
　3）また，タオルを雑巾として使ったりします。その様子をみます。
　4）折りたたんで床を拭いたり，洗濯のまねをするムーブメント活動をします。

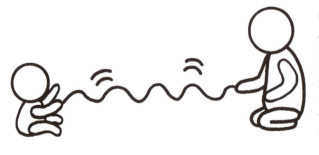

図6-35
二人向かい合ってロープを持ち，波をつくります。大きな波，小さな波など，手首の動かし方でいろいろな波ができることに気づかせます

3．第3ステップ「自他循環要求」（7ヶ月〜9ヶ月発達レベル）

コラム　いろいろな環境に応じたムーブメント活動の展開① 屋外編

　室内で実施することが多いムーブメント活動ですが，場所が変われば全く違った環境からの働きかけが可能になります。本コラムでは，公園や芝生など屋外で行うムーブメント活動を紹介します。

　ムーブメント教育・療法の達成課題のひとつである「感覚運動機能の向上」は，環境を変えることで，より多様な感覚刺激による経験が可能になります。屋外には室内とは違った光があり，風があります。例えば，風が吹いていれば，スカーフは風になびきます。「風」という環境があることで，目や手から新しい感覚を得ることができるのです。また，スカーフやパラシュート越しに見える光やその影は，室内で見るものとは違うでしょう。風の音が聞こえ，土や草花の匂いも感じられるかもしれません。このように，屋外という環境下では，視覚・聴覚・嗅覚・触覚などの多様な感覚を働かせることができるのです。

〈屋外ムーブメントの展開例①　お外でパラシュート〉

　パラシュートの活動を屋外で行います。バギーや車椅子に乗ったままパラシュートトンネルをくぐったり，パラシュートドームの下に入ったりしてみましょう(写真1)。日差しがあれば，パラシュートの色が室内より鮮やかに見えるかもしれません。また，芝生があればシートを敷いて，その上に寝転がったり座ったりして，上下するパラシュートのダイナミックな動きをより体感することができます。開放的な空間で活動を行うことで，子どものこころは動き，情緒的な発達にもつながるでしょう。

写真1　下から見上げてみよう

〈屋外ムーブメントの展開例②　斜面滑り〉

　屋外ならではの活動として斜面滑りがあります。子どもにとって，斜面という環境は特別です。多くの子どもたちが滑り台を好むのは，加速度を伴う感覚運動刺激を得られるためです。斜面滑りは，揺れ感覚（前庭感覚刺激）に座面からの触感覚も加わり，とてもダイナミックな遊びになります。斜面の環境に合わせて，段ボールやそりを使用してもよいですし，シートを敷けば，ユランコやパラシュートも乗り物として十分に活用できます(写真2)。

　屋外での活動は，暑すぎたり寒すぎたりする季節には不向きです。体温調整が苦手な子どもたちのため，屋外ムーブメントを行うのは，私たち大人が「心地よい」と感じる季節がよいでしょう。心地よい季節には，ぜひ，遊具を持って屋外でのムーブメント活動を楽しんでみてください。

写真2　風を感じよう

第6章 コミュニケーション分野の実施法と活用プログラム

4．第4ステップ「自発的循環要求」（10ヶ月〜12ヶ月発達レベル）
コミュニケーション4（C4：a〜j）

　この「自発的循環要求」の発達とは，コミュニケーションとしての要求が少しずつ，自己意識のレベルから，ごく身近な人や環境へと広がり，しかもそれを取り込み，また発信という行動を言います。

　「バイ バイ」というサインがわかったり，「バイ バイ」を自分からしたり，水を飲みたい時や，服を着たい時など，直接的な方法（しぐさ）で要求を示します。

　まだ，言葉（表出言語）がうまく使えないため，要求は相手の手を引いたり，動かしたりする動作が中心です。

　この発達期におけるコミュニケーション力は，自発的で自ら発する刺激の反応に，次第に興味を示すレベルになります。ピアジェのいう，第2次相互主体性の成熟と言えます。

　いずれ出現する高い社会性，コミュニケーションの入口を形づくる目覚めのスタートとして，位置づく発達の姿です。

　ピアジェは，この時期を知能発達段階の第5段階として，また第3次循環反応期と捉えています。つまり，この時期では，前段階での循環反応よりバリエーションが増え，「手段－目的の連合」という意味では，より調整的であり，さらに，活動に柔軟性が出てくる段階と言えます。

ムーブメント活動の支援に結びつく，コミュニケーション発達の基本的考え方
① 自発的刺激の循環的状況の支援をします。

　対象児（者）の興味は，人や物とのかかわりに一層変化をもたらします。

　これがこれまでの非言語的なコミュニケーション活動から，会話への交換の前段階であり，成熟したコミュニケーションの大切な発達のステップと言えましょう。

　循環的状況を支援するために，対象児（者）が自然に環境にかかわれるように，歌いかけ，音楽，遊具などを活用した楽しいムーブメント活動の配慮が要求されます。

② 言語・運動の連鎖的かかわりの支援をします。

　言語がコミュニケーション手段として成熟するには，言語だけでなく他の感覚や運動と結びつけることが必要となります。つまり，ここにムーブメント教育・療法によるアプローチが役立つのです（写真6-5）。

　言葉はそれらと連携して発達して行きます。特にムーブメント活動に伴う触覚や前庭感覚，筋感覚などへの多感覚による刺激が大切であり，これが発達の土台作りになるのです。

152

4．第4ステップ「自発的循環要求」（10ヶ月〜12ヶ月発達レベル）

これらの感覚が連鎖的にかかわるように支援します。

③ 動作や音声の模倣による広がりを支援します。

第4ステップの発達の姿は、まだ自分が経験していないレパートリーの動作であっても、楽しそうな動作であれば模倣が可能になってきます。特に、ムーブメント活動で使われるさまざまな遊具（色のきれいなスカーフ、形板、カラーロープなど）での多様な動きのプログラムは、対象児（者）の脳裏に強く焼きつきます。

④ 活発な喃語から言語音声への支援をします。

音声表出について、第4ステップでは、これまでの活発な反復喃語の時期を越えて、模倣言語に相当するステージに入ります。

両唇で調音される［p］［b］［m］の発達がみられ、また、舌先で調音される［t］［d］［n］の発達がみられるようになります。

外界の環境に対する意識の広がりは、遠くにいる人を呼ぶように声を出したり、移動して膝に乗ってきたり、喃語で人に話しかけることで展開されます。言語によるコミュニケーションのステージに次第に入ってきたことを示しています。

写真6-5 言葉だけでなく他の感覚や運動を結びつける環境づくりで、人とのコミュニケーションが育まれます

153

第6章　コミュニケーション分野の実施法と活用プログラム

a．「バイ バイ」がわかる。

方法　日常生活のなかで観察する。
評定　「バイ バイ」に手を振ったり，もしくはその意味を明確に理解していれば（＋）
　　　　その芽生えがみられれば（±）
　　　　みられなければ（－）

支援のめあて

　これは対象児(者)が「バイ バイ」とか「ダメ」という言葉と，手や首を振るという動作が結びついていることを，認識しているかどうかをみる項目です。
　感覚運動のムーブメント活動を通して，その繰り返しで活動の流れを作り，もう一度やりたい，などの欲求を支援します。

推奨する活用プログラム

① ムーブメントリボンを使った活動(床に座って)をします(図6-36)。
　1）対象児(者)に「バイ バイ」の言葉と合わせて，手にリボンを持たせて振らせたりします。リボンの波を作りながら，「きれいな波だね」とか，「バイ バイ」と言いながら，さよならのまねをします。
　2）慣れてきたら，手首を少し早く動かして，「ぐる ぐる」とリボンを回して，綿あめを作って楽しみます。
　3）音楽に合わせてリボンを揺すります。
② ムーブメントスカーフを使った活動(床に座って)をします(図6-37)。
　1）スカーフを広げて，自由に動かしたり，丸めたりします。
　2）スカーフを両手で持って動かして，「さよなら，バイ バイ」と大きく揺らしてみます。
　　「バイバイ」を何度も繰り返します。

図6-36
ムーブメントリボンを動かし
「バイ バイ」をします

図6-37
スカーフを使って「さよなら」
「バイ バイ」を繰り返します

4．第4ステップ「自発的循環要求」(10ヶ月～12ヶ月発達レベル)

b．大人の話す抑揚(イントネーション)をまねる。

|方法| 日常生活のなかで観察する。
|評定| 喃語ではあるが，話し言葉のイントネーションをまねていれば（＋）
その芽生えがみられれば（±）
みられなければ（－）

支援のめあて

対象児(者)は動作模倣が活発になる頃，喃語での模倣もみられるようになります。
喃語のまねをさせるために，対象児(者)の表情やしぐさのまねをするなど，面白おかしく組み入れるムーブメント活動を工夫します。

推奨する活用プログラム

① マイクを持って，いろいろな音を出す活動をします(図6-38)。
　1) 簡単な音(声)「こんにちは」など，お辞儀の動作と共に声を出します。表情や反応をみます。
　2) それを繰り返して笑顔を誘います。
　3) マイクを使って「ワン ワン」「ワーン ワーン」など，犬の鳴き声と動作を添えて，表情やしぐさを楽しみます。
② 言葉(喃語など)のキャッチボールをします。
　1)「こちょ こちょ」など動作に合わせた声かけ(簡単な音)をして，笑い声「ワハッハッ ワハッハッ」の声を出して楽しみます。
　2)「ナデ ナデ」「ポン ポン」と言って，身体をなでたり，タッピングをして，喃語の発声を促します。

図6-38
実際に声を拾うマイクを使って「ワン ワン」など犬の鳴き声をします

c．外出に使用する物をみて，外出を予想する。

方法　日常生活のなかで観察する。
評定　車椅子やリュックなどの外出の準備をみて，喜びを現すなど，
　　　外出を予想すれば（＋）
　　　はっきりしないが，その芽生えがみられれば（±）
　　　みられなければ（－）

支援のめあて

対象児(者)はムーブメント活動をする場所(ホールなど)に行くと，そこでどのような活動ができるか少しずつわかってきます。

例えば，トランポリン，プレイルーム，カラーボール，タンバリン，ロープなど，対象児(者)が日頃，楽しく使用しているムーブメントツールがあります。

広々とした場所や室外の芝生の場所では，服装も変えて，パラシュート遊具もできることを知っています。まさに「目標と手段の分化」の目覚めのための発達支援です。

推奨する活用プログラム

① **興味ある場所(プレイルーム)に行く時の，ムーブメント遊具の準備をします。**
　1）ムーブメント活動で使う遊具など特徴的な物を視覚，あるいは聴覚で確認できるような位置に置きます。
　2）それを「使いたい」「やりたい」気持ちを駆り立てるように，支援者は少しずつ遊具を使って，思い出させるように支援をします。
② **スクーターボード(箱型)で，トランポリンのある場所に移動します**(図6-39)。
　1）トランポリン活動の時に使用する物(車椅子・靴など)を必ず設定しておき，「○○ちゃん，これに乗って行こうか」などと声をかけます。
　2）トランポリンの上に乗せて遊ぶ「鈴」や「ぬいぐるみ」などにも気づかせます。

図6-39
プレールームにさまざまなムーブメント遊具を置きます。「トランポリンに乗りたい？」「好きな物をどうぞ乗せて！」と誘います

4．第4ステップ「自発的循環要求」（10ヶ月～12ヶ月発達レベル）

d．水を飲みたい時や服を着たい時，直接的な方法で要求を示す．

方法　日常生活のなかで観察する．
評定　水を飲みたい時はコップを持って来る，服を着たい時は服を持って来る，などの方法で要求を示すことがあれば（＋）
　　　その芽生えがみられれば（±）
　　　みられなければ（－）

支援のめあて

物を介した発達の行為は，「目標に適した手段の選択」の姿です．
発達レベル生後1年で，このような直接的な手段が選択できるようになります．
ムーブメント活動の遊具(物)で，「人，物，対象児(者)」のつながりを生み出し，幅広いコミュニケーションの広がりを作ります．

推奨する活用プログラム

① ビーンズバッグでのムーブメント活動をします(図6-40)．
　1）ビーンズバッグを自由に床にばらまき，自由に活動します．
　2）好きな形や色のビーンズバッグを拾ってもらい，支援者の所に持っていきます．
　3）そのビーンズバッグを床でスライドさせて，ペットボトルのビンを倒します．
　4）床でのスライドのいろいろな方法で対象児(者)を支援します．
② 風船でのムーブメント活動をします．
　1）床にたくさんの風船を置きます．これを動かすために，支援者がボールを転がします．
　2）対象児(者)もそれをやりたいと思うように，ボールを手渡し，対象児(者)の「動かしたい」とか，「～したい」という気持ちを支援します．

図6-40　ビーンズバッグを床でスライドさせて，これでペットボトルを倒します

第6章　コミュニケーション分野の実施法と活用プログラム

e．周りの人が指さした物をみる。

　方法　日常生活のなかで観察する。
　評定　友だちが使って遊んでいる遊具などを「あれをみて！」と，対象児(者)に指さしてみる。
　　　　それをみるしぐさがあれば（＋）
　　　　その芽生えがみられれば（±）
　　　　みられなければ（－）

支援のめあて

　周りの人や物に気づくという行為は，「他者への意識」さらには「空間意識」の発達の姿です。周囲の人や物を自分とのつながりの関係でみられるようになると，「やりとり」関係も，より拡大して，コミュニケーションスキルが一段と身についていきます。
　対象児(者)がいろいろな行為に目を向けられるように支援するには，「興味や気持ちを駆り立てる」楽しいムーブメント活動での「問いかけ」の誘引力のあることが必要です。

推奨する活用プログラム

① **遊具を通して気づき，いろいろな働きへの関心を誘います**(図6-41)。
　1）部屋の中の幾つかの場所で，いろいろなムーブメント活動をする場面を作ります。
　　　　例えば，「風船遊びの場」「ロープ遊びの場」「スカーフの場」などを設定します。
　2）「次は向こうにある風船で遊ぼう」と声かけと指さしをしながら，対象児(者)に他の物への関心を誘います。

② **対象児(者)の前での，興味を誘うムーブメント活動のパフォーマンスをします。**
　1）ムーブメント活動の開始にあたり，いろいろ遊具などの環境に興味を引かせるために，対象児(者)の前で，それぞれを使った楽しい活動のパフォーマンスを実践します。
　2）それに対象児(者)が注視するような機会を作ります。一緒に行う機会も作り，興味を誘います。

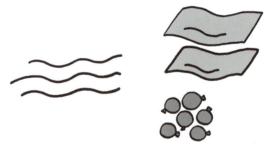

図6-41
いろいろなムーブメント活動の場を作り，動きの関心を誘います

4．第4ステップ「自発的循環要求」（10ヶ月～12ヶ月発達レベル）

f．人の手を引いたり動かしたりして，要求を伝える。

　方法　日常生活のなかで観察する。
　評定　して貰いたいことや，欲しい物がある時，人の手を引いたり動かして，
　　　　要求を伝えることがあれば（＋）
　　　　その芽生えがみられれば（±）
　　　　みられなければ（－）

支援のめあて

　対象児（者）にとって心地よい刺激であれば，繰り返すことによりその印象が強く残り，自らこれを求めるという要求行動が促進します。
　「人の手を引く」という行為は，「人－対象児（者）」という限られた関係における要求行動で，一番容易な方法です。
　この要求行為は「人－物－対象児（者）」の，広がりのあるコミュニケーションの始まりとして，大切にしたいものです。

推奨する活用プログラム

① **楽しい揺れ遊具（ユランコ）を使って，動きの要求行為を促します。**
　1）ユランコなどにより，快刺激のムーブメント活動を行います。揺れに合わせた歌や楽器により，可能な限りファンタジックな環境を作り，楽しい活動を続けます。
　2）一時，揺れを止めて表情を観察し，「もう少し続けようか」などの声かけをして続けます（この表情は要求表現の一つです）。
② **対象児（者）と一緒に，動作を入れて太鼓を叩きます**（図6-42）。
　1）向かい合って座り，太鼓を「ドン　ドン」などの声出しと，叩くリズムの動作を繰り返します。
　　時々，動作を止めて，様子をみながら，「もう一度やりたい」の気持ちを広げていきます。

図6-42
一緒に太鼓を叩きます。
叩き方を変えて対象児
（者）の関心を広げます

第6章　コミュニケーション分野の実施法と活用プログラム

g．取りたいけれど取れない物を，「ンー　ンー」などと言って要求を伝える。

　　方法　日常生活のなかで観察する。
　　評定　取りたいけれど取れない物を，「ンー　ンー」などと言って要求を伝えることが
　　　　　あれば（＋）
　　　　　はっきりしないが，その芽生えがみられれば（±）
　　　　　みられなければ（－）

支援のめあて

　動作だけでなく言語を入れることで，要求が聞き手に「より伝わる」ことを，子どもは
体験の中で学んで行きます。
　「人－物－自分」の関係の発達が，少しずつできるようになってきたことを示す行為と
言えます。
　いろいろなムーブメント活動の場を設定して，動作だけでなく「言語」を使って，相手
に要求できることを体験させたいと思います。
　支援者は，対象児（者）の気持ちが，何を要求しているか，やさしく判断し（推測し），そ
の行為を支援します。

推奨する活用プログラム

① 物（特にムーブメント活動で使う遊具）を通しての「やりとり」をします。
　1）本人の周りに，興味を持っていると思われるもの（遊具など）を置きます。
　2）何回かそれで遊ばせてみます。楽しい使い方を支援します。それに代えて違う物を
　　　使います。本人の反応を大切にします。
② 対象児（者）が遊んでいる物を一時的に取り，対象児（者）からみえる範囲で，支援者が
　　それで遊んでみます。
　1）遊びたいという要求が対象児（者）にみられれば，渡して遊ばせます。
③「人－物－子」の関係のために，「物」（遊具など）はやりとり手段の大きな力となります。
　1）特に，対象児（者）の好きな物をムーブメント活動に使います。

160

4．第4ステップ「自発的循環要求」（10ヶ月〜12ヶ月発達レベル）

h．指さしで要求を示す。

方法 日常生活のなかで観察する。
評定 指さしをして要求を示すことがあれば（＋）
その芽生えがみられれば（±）
みられなければ（－）

支援のめあて

指さし（ポインティング）動作は，動物にはみられない，人の行動の認知機能を示す特徴の一つとなっています。この動作は，神経発達学的にみて，指を使うという神経の育ちが，確実に進んでいることを示す現象としても捉えられています。

何か自分で欲しい物を指さしで要求することは，対象児（者）にとっては，相手にはっきり意思を伝えたり，指さしの対象を特定する大変嬉しい行為として受けとめられます。

このように気持ちを向ける動作の活動体験があることで，高い認知機能の発達としての指さし要求があることを理解し支援します。

推奨する活用プログラム

① **興味を持っているムーブメント活動の場面をつくります**（図6-43）。
 1）対象児（者）がやりたいと思った（興味を示した）ムーブメント遊具は確実に揃えておきます。これを利用します。
 2）対象児（者）のサインや発声を拾って，ムーブメント活動で使う遊具（ユランコ，風船など）に手で触れたり，動作で示します。
 3）「これ，やりたいの？」などと声をかけ，自発的な指さしの要求が満たされるようにします。
② **特に，音の出る遊具や身体を揺らす遊具に注目させます。**
 1）遊具を対象児（者）の視界に入るように設定し，「○○で遊ぼうか」「○○はどこ？」と声かけをして，視線を合わせて意欲を引き出します。

図6-43
好きな遊具を使って指さしでの要求場面を作ります

第6章　コミュニケーション分野の実施法と活用プログラム

> i．相手の視線の先や動作の意図がわかる。

　方法　日常生活のなかで観察する。
　評定　相手の視線の方向や，何をしようとしているかがわかれば（＋）
　　　　その芽生えがみられれば（±）
　　　　みられなければ（－）

> 支援のめあて

　ムーブメント活動にはいろいろな遊具や道具，環境がたくさん使われます。そこで対象児（者）にはどんな活動をするのか，対象児（者）にムーブメント活動の意図がどこにあるのかを言葉かけをしながら，わかりやすく支援していきます。
　対象児（者）にとって，いつも使っている遊具などの物が，楽しいムーブメントの手段となることを知ってもらうことです。

> 推奨する活用プログラム

① ムーブメントスカーフを使って注視を誘います(図6-44)。
　1）対象児(者)と一緒にムーブメントスカーフを「ヒラ ヒラ」と揺らしたり，「ギュ ギュ」と両手で「団子」のように丸めたりします。
　2）それらを何回も繰り返した後に，対象児(者)にその動作をやって貰います。
② 音の出るもの(タンバリンなど)を自由に使うムーブメント活動で，音への関心を誘います(図6-45)。
　1）動かすと「ジャラ ジャラ」と鈴の音が鳴ります。手でそれを叩くと「トン トン」と音が出ます。タンバリンを使う「意図」を，楽しいムーブメントの中で支援します。
　2）タンバリンで「トン トン」，鈴を振って「ジャラ ジャラ」と言いながら音出しをして，気持ちを誘います。一緒にそれを行います。
③ 活用プログラムに少しずつ遊具を増やして。
　1）動作の発達(これをムーブメント語いの拡大と捉えます)を支援します。

図6-44
スカーフを「ヒラ ヒラ」「ギュギュ」と両手で動かして，興味を誘います

図6-45
タンバリンなどで音への関心を誘います

4．第4ステップ「自発的循環要求」（10ヶ月〜12ヶ月発達レベル）

j．意味のある言葉を，１語言える。

方法 日常生活のなかで観察する。

評定 対象を意識してパパ・マンマなど，喃語ではなく有意味語を一言いえれば（＋）
対象を意識しないが発語するなどの芽生えがあれば（±）
みられなければ（−）

支援のめあて

　発達レベル１歳頃より対象に応じて，食べ物なら「マンマ」，父親なら「パパ」など，有意味言語を使うことができるようになります。このことにより，本人のコミュニケーション力は，飛躍的に上昇し始めます。

　「動き」に伴っていろいろな言葉が結びつきます。言葉が自然に使える場面をたくさん設定できるように工夫します。

推奨する活用プログラム

① まず身体に関する言葉を使って。

　　１）「あたま」「手」「足」「おなか」という身体部位にかかわる言葉を，ムーブメント活動でタッピングをしながら，使います。

　　２）歌「あたま，おなか，ひざ，ポン」と唄いながら，身体意識を支援する音楽ムーブメントをします。

② ビーンズバッグでの簡単なことばを入れたムーブメント活動をします(図6-46)。

　　１）ビーンズバッグを拾って的につけます。対象児と一緒にそれを的から取ったり，つけたりします。「つけた！」「取った！」の声出しをしながら，活動を楽しみます。

③ 簡単な動作語を使って。

　　１）楽しませてくれるいろいろなムーブメントの遊具で，活動をしている中に，簡単な動作語(座る，転がる，手を叩くなど)と合わせて，タイミングよく言葉を入れていきます。

図6-46
ビーンズバッグを一緒に的につけたり，取ったりします。簡単な言葉を添えて楽しみます

第6章　コミュニケーション分野の実施法と活用プログラム

5．第5ステップ「社会的循環要求」(13ヶ月～18ヶ月発達レベル)
コミュニケーション5（C5：a～e）

　コミュニケーション分野の第5ステップは，「社会的循環要求」の発達にかかわるアセスメントの評定と，そのムーブメントプログラムのガイドです。

　この発達レベルにいる対象児(者)は，意味のある言葉も少し言えるようになります。大人(他者)の行動も盛んに模倣するようになります。ピアジェのいう認知発達段階の第5段階を越えて，第6段階に入ります。

　人形遊びなどの象徴遊びも増えてきます。困った時には援助を求めるようにもなります。つまり，この時期の発達は，物の永続性(イメージ)が確実化し，延滞模倣の出現と象徴遊びが開始されるレベルに入ります。例えば，「トランポリン」や「パラシュート」という言葉を発声するのに，実際にそれで楽しいムーブメント活動をして，認知した上で発声するのです。そのためにも「イメージ」を確実なものにする体験が必要となります。

　イメージされた表象は，言語発達にも大いに関与します。受容言語(理解言語)が発達し，表出言語では「パパ」「ママ」「ブー　ブー」「ワン　ワン」などの簡単な有意味語も出現し，その語彙も増加します。特に，身体に関する部位の言語(頭，おなか，手，足など)の受容言語は，かなり発達がみられます。

　このような発達状況で，環境や場面に興味・意欲も増大するので，いろいろな遊具やオモチャや，さらには多様な場(室内，室外，プールなど)でのプログラムを取り入れたムーブメント活動を心がけることがポイントとなります。そのために音楽ムーブメント，ダンスムーブメントをおすすめします。

　特に，人に対する興味が高まる時期であり，社会的な環境としての集団での関係性を促すグループムーブメントを取り入れると，コミュニケーション発達の支援には有効です。

ムーブメント活動の支援に結びつくコミュニケーション発達の基本的考え方

① **グループでのムーブメント活動による支援をします。**

　この発達レベルにある対象児(者)は，一人で活動するよりも何人かの仲間での活動を好みます。他者とのつながり(関係性)のきっかけとなります。グループでのムーブメント活動を進めることで，大勢が参加できる場づくりが可能となります。

② **仲間とのつながりを広げるパラシュート遊具を介した支援をします(写真6-6)。**

　友だちや仲間とのつながりは，遊具などを介して「対象児(者)－遊具－他者」の集団でのつながりです。つまり「遊具」という物を使うことが，コミュニケーション発達のポイントと言えます。

164

5．第5ステップ「社会的循環要求」（13ヶ月～18ヶ月発達レベル）

写真6-6 「対象児(者)－遊具－他者(子ども)」という社会的環境で，コミュニケーションの発達が育まれます

　ムーブメント教育・療法のコミュニケーション発達支援の強みは，遊具という対象児(者)が引き込まれる環境を使うことができることです。よって，対象児(者)にとって魅力のある遊具を選ぶこと，それを使って柔軟なムーブメント活動の展開方法ができること，支援者はこの点のスキルを身につけるとよいでしょう。

③ **単純な運動（あるいは単なる動き）でなく，象徴的な遊びを取り入れた支援をします。**
　この発達レベルの対象児(者)は，「～のふり」，「～ごっこ」が少しずつできるようになるので，機械的に身体を動かすなどの運動をさせるのではなく，イメージをとり入れたムーブメント活動をすると，対象児(者)の気持ちも大きく前に動きます。また，延滞模倣（時間を経てからある状況を再現すること）も入れることで，反復をしたいという気持ちを刺激して，楽しくでき，2歳頃からさらに活発になる象徴的遊びの基礎づくりになります。

165

a．意味のある言葉を，3語言える。

方法　日常生活のなかで観察する。
評定　対象を意識して「パパ」「マンマ」「ワン ワン」など3語言えれば（＋）
　　　2語言えれば（±）
　　　言えなければ（－）

支援のめあて

　この発達レベルの対象児(者)は，まず理解言語のスキルを獲得して行きます。
楽しく経験できるムーブメント活動で，そのきっかけを支援します。
　その中で，「身体」にかんする言葉(身体意識)は，ムーブメント活動を通して比較的容易に受容され，また表出されやすいので，この点に注目します。

推奨する活用プログラム

① **身体部位の言葉で支援するムーブメント活動をします**(図6-47)。
　1）リズミカルな音楽に合わせて，身体のタッピングや手足を動かします。
　2）この時，身体の部位の名前(頭，おなか，足，手など)を言いながら，「足トン トン，ストップだよ」，「お手て バタ バタ グーになった」など，動きに合った声かけで，楽しいムーブメントをします。
② **身近な動物の鳴き声を使って動作をします。**
　1）動物などをみせて鳴き声のまねをします。「ブー ブー，ブタさん，笑いましょう，ワッ ハッ ハッ」「カア カア カラスさん，手を動かして！」などの声かけをくり返します。
　2）いろいろな動物の参加を考え(できれば，ぬいぐるみなどを使って)，興味をふくらませます。

図6-47
身体の部位の名前を言いながら，唄いながら何らかの動作語を使います

5．第5ステップ「社会的循環要求」（13ヶ月〜18ヶ月発達レベル）

b．日常生活場面での大人の行動を，まねることがある。

方法　日常生活のなかで観察する。

評定　日常生活場面での大人の行動を，まねることがあれば（＋）

その芽生えがみられれば（±）

みられなければ（−）

支援のめあて

対象児(者)は，人(大人)のまねをして，多くのことを学んでいきます。

楽しい動きのムーブメント活動で，そのきっかけを作りましょう。支援者は，動作・言葉・音楽を連合させることで(視覚・聴覚連合)，楽しい模倣の場(環境)を設定します。

タンバリンなどで音楽を上手に使って，対象児(者)がまねをしたくなる動きのムーブメント活動を工夫します。

推奨する活用プログラム

① 好きな動きのジェスチャーで，ムーブメント活動をします。

　1）「大きく手を動かして」「おひざを トン トン」などと声かけをしながら，大きなジェスチャーで身体部位にかかわる言葉をふくらませていきます。

　2）ジェスチャーをする時も，特徴的な声で「高く 高く」「トン トン」など，楽しく引きつけるように工夫します。

　3）両手を動かして「グー パッ」「グー パッ」などの簡単な動きを入れて対象児(者)の気持ちを引きつける活動を展開します。

② スカーフを使って，洋服にみたてポーズを取ります。

　1）対象児(者)の身体のいろいろな部位に，スカーフをかけてあげます。美しい洋服をつけた「可愛い」人形に見立てます。

　2）いろいろなポーズを取ります。写真を撮るまねも取り入れます。

　3）対象児(者)が興味を示し慣れてきたら，今度は支援者の身体に，スカーフをかけさせるまねをさせます。

167

c．簡単な指示（「〜を持って来なさい」など）に従う。

方法 日常生活場面で「〜を持って来なさい」などの簡単な指示をして観察する。
評定 その物を持って来れば（＋）
　　　　違う物であるが持って来る，などの芽生えがみられれば（±）
　　　　みられなければ（−）

支援のめあて

簡単な指示とは，わかりやすい，やさしい行動でできる指示，対象児（者）が支援者の言葉を理解できる指示です。

ムーブメント活動では，身近な物を遊具（風船，ロープ，紙など）として使うことができるので，対象児（者）はそれが「何か」を理解しやすいのです。

プログラムでは，日常的に使う遊具，動き（歩く，座るなど）を上手に組み合わせるとよいでしょう。

推奨する活用プログラム

① ビーンズバッグをひろいます。
　1）対象児（者）の前でビーンズバッグでのムーブメント活動を自由にします。そして「ビーンズバッグを頂戴」といって，対象児（者）にひろわせます。
　2）慣れてきたら，それを的につけさせたり，「ビーンズバッグを袋に入れて！」と言って，袋に入れさせます。
② スカーフ（あるいはムーブメント形板）をいっぱい集めます（図6-48）。
　1）スカーフをたくさん広げて床に置きます。「好きなところへ行って！」の指示で，移動します。
　2）「スカーフをいっぱい集めて！」と言って，集めることを支援します。それで，自由にムーブメント活動を展開します。

図6-48　「好きなスカーフまで ハイ ハイしよう」の指示で，移動を促します

5．第5ステップ「社会的循環要求」（13ヶ月〜18ヶ月発達レベル）

d．象徴遊び（人形遊びなど）をする。

|方法| 日常生活のなかで観察する。
|評定| オモチャのコップで飲むふりをしたり，積木を自動車に見立てるなど，
象徴遊びをすることがあれば（＋）
その芽生えがみられれば（±）
みられなければ（−）

支援のめあて

　象徴遊びとは「○○のふりをする」「○○をイメージして遊ぶ」などの遊びを言います。電車ごっこのまねをしたり，ボールを投げるまねをしたり，コップで水を飲むふりをしたり，ブロックや積木を使って自動車に見立てるなどの遊びを言います。

　対象児（者）のムーブメント活動は，フロスティッグの言う「創造的ムーブメント」と結びつきます。

　そのきっかけは，支援者のまねから始まるので，対象児（者）にいろいろな模倣行動ができるようなムーブメント活動プログラムの実践ができる環境作りが望まれます。

推奨する活用プログラム

① 見立てのムーブメント活動をします。
　1）車に見立てて車椅子などに乗り，「これから車に乗って動物園に行こうか」「出発します。ブー　ブー」などと言いながら，見立てのムーブメント活動をします。
　2）歌や音楽などを使って，気持ちを盛り上げます。
② ロープの電車に乗って動物園に行こう（図6-49）。
　1）皆で動物園に行くために，端と端をつなげて丸くしたロープで電車を作ります。それにつながって移動します。
　2）動物園に着いた想定で，他の対象児（者）をヤギなどの動物に見立てて，「メエー　メエー」など，それらしい声や動きを取り入れたプログラムにします。
　3）ムーブメント活動を発展させるために，対象児（者）の様子をみて，スカーフでトンネルを作り，それを潜って行くプログラムを追加します。

図6-49　ロープ電車でスカーフのトンネルを潜っての移動

169

e．困難なことに出会うと，助けを求める。

方法 日常生活のなかで観察する。
評定 困難なことに出会った時，助けを求めることがあれば（＋）
　　　　それらしい仕草をすれば（±）
　　　　みられなければ（－）

支援のめあて

　この発達段階の対象児(者)は，歩行の確立など移動能力の拡大をきっかけに，少しずつ活動の広がりを求めるようになります。しかし，いろいろな物に手を出したり，移動したりしますが，協応性や手指操作に未だ不安定な状態があるので，支援者に援助を求めます。これにより，支援者のやさしい上手な支援で，少しずつ困難を克服していきます。
　この関係のプロセスが，他者意識の向上に役立ちます。

推奨する活用プログラム

① プレイルームに，遊具で遊園地を作ってムーブメント活動をします(図6-50)。
　1）マットを並べたり，重ねたりして，少し高さや段差のある場所を使って，「上り 下り」の挑戦的なムーブメント活動をします。
　2）挑戦的な状況に直面した対象児(者)が，何らかの支援を求める状況を通して，手を添えるなど広い手助けをします。
　3）最初は小さいサインでも即時手助けします。自らするこの行為で，手助けして貰えると言う認識を育てます。
② ビーンズバッグを的につけます。
　1）ぶら下げた(あるいは，吊るした)ビーンズバッグの的に，沢山のビーンズバッグをつけておきます。
　2）それを対象児(者)が，1つずつ取るように支援します。
　3）取れない様子をみて，手助けをします。

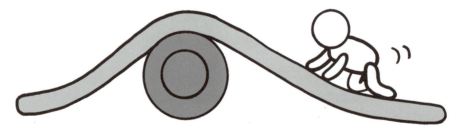

図6-50　マットの山登りに挑戦します

5．第5ステップ「社会的循環要求」（13ヶ月〜18ヶ月発達レベル）

コラム　いろいろな環境に応じたムーブメント活動の展開②　プール編

　プールは，全身から触覚刺激を得ることのできる感覚運動ムーブメントの環境です。ムーブメント教育・療法では，水中ムーブメントと位置づけられ，障がいの重い児(者)にとって，からだ，あたま，こころが参加するダイナミックなムーブメント活動を展開することができます。

　水の特性に「浮力」があります。この浮力により，水中では障がいの重い児(者)も抗重力姿勢を作りやすく，陸上で経験できないさまざまな姿勢を経験できます。また，プールでは温水により，身体の緊張が弱まり，適切な介助があれば手足を自由に動かすことができます。重い障がいがあっても人は皆，「自分で動きたい」という欲求をもっています。強い筋緊張や不随意な動きによって動きのコントロールが難しくても，水中では「自分で動く経験」ができ，新たな感覚刺激を得ることができるのです。そして，「自分で動けた」という達成感は，更なる意欲や自発性をもたらします。

〈水中ムーブメントの展開例①　揺れてリラックス〉

　ヘッドコントロールが困難な場合は，介助者が子どもの後方に立ち，自分の肩に子どもの頭部を乗せ，脇から腕を回して支えると安定します。介助者は，水中で子どもの身体を優しく左右に揺らしながらゆっくり後方に歩きます。水中に慣れ，子どもの身体がリラックスしてきたら，上体を徐々に起こして抗重力姿勢をとります。ヘッドコントロールが可能な場合は，上体を起こした姿勢のまま両脇を支え，上下に揺らしてあげるとよいでしょ

写真3　ゆらゆら楽しいな

う。フロートなどの上で座位姿勢をとって行うと，より楽しい活動になります(写真3)。

〈水中ムーブメントの展開例②　遊具で遊ぼう〉

　水中で使える遊具には，ロープやフープ，形板，ユランコ，パラシュートなどがあります。ユランコは水抜きが付いているので，子どもを乗せたまま水中に入れます。ロープを水中で使うことで，くぐる・またぐなど，さまざまな動きを引き出すことができます(写真4)。また，形板の色や形，数字を利用することもできます。例えば，形板をプールに沢山浮かべ，色や形，数字に着目して仲間集めをすることで，水中での知覚ムーブメントが

写真4　水の中でもまたげるよ

展開できます。安全に楽しく水中でのムーブメント活動を行うためには，子どもの体調に合わせた室温・水温の調節や時間配分が必要です。特に体温調節が困難な場合も多いので，顔色や表情などを注意深く観察しながら進めることが大切です。

第7章

MEPA-ⅡRの実施と活用に向けて
―記入例と実践への活用―

1．アセスメントシートの記入例

MEPA-ⅡR
Movement Education and Therapy Program Assessment-ⅡRevised

重症児(者)・重度重複障がい児の
ムーブメント教育・療法プログラム
アセスメント

監修・著

小林 芳文・藤村 元邦・飯村 敦子
協力：国際ムーブメント教育・療法学術研究センター

氏　　名	M.A	男・㊛ 20XX 年 4 月 11 日生	
	第1回評定	第2回評定	第3回評定
評定日	20XX 年 5 月 16 日	年　　月　　日	年　　月　　日
年　　齢	15 歳 1 ヶ月	歳　　ヶ月	歳　　ヶ月
所　　属	○○特別支援学校		
評定者	T.S		

萌 文 書 林

1．アセスメントシートの記入例

2．MEPA-ⅡR フェイスシート

行動上の特徴（障がい等）

1　障がいの状況

知的障がい	無 ・ ⓐ（ **重度**　　　　　　　　　　　　　　）
運動障がい	無 ・ ⓐ（ **痙性、四肢麻痺**　　　　　　　　　）
視覚障がい	ⓝ ・ 有（　　　　　　　　　　　　　　　　　　）
聴覚障がい	ⓝ ・ 有（　　　　　　　　　　　　　　　　　　）
脳性まひ病型　類別	アテトーゼ型・痙直型・強剛型・失調型・混合型・その他（　　　）
脳性まひ病型　部位	単まひ ・ 片まひ(右・左) ・ 対まひ ・ 両まひ ・ 四肢まひ
疾病等	**小頭症、水頭症（シャント有）**
医療的ケア	無 ・ ⓐ（ **経管栄養**　　　　　　　　　　）
2回目以降の状況	

2　健康の状況

睡眠リズム	安定している　・　安定していない
てんかん発作	無 ・ ⓐ
発作の様子	**一点を凝視する、口唇にけいれんがみられる。**
発作誘引	**特になし**
発作頻度	**4〜5**回/日　　　　　回/月　　　　　回/年
服薬状況	（薬名および回数）　**3**回/日 **フェノバール、セルシン**
2回目以降の状況	

3　日常生活動作（ADL）

食事　支援	自立 ・ 全介助 ・ 半介助（　　　　　　　　　）
食事　形態	普通 ・ きざみ ・ マッシュ ・ その他（ **経管栄養**　）
嚥下障がい	ⓝ ・ 有（　　　　　　　　　　　　　　　　　）
排泄	自立 ・ 全介助 ・ 半介助（　　　　　　　　　）
着脱	自立 ・ 全介助 ・ 半介助（　　　　　　　　　）
2回目以降の状況	

4

第7章　MEPA-ⅡRの実施と活用に向けて―記入例と実践への活用―

4　生育歴

障がいの発生原因など	痙直型四肢麻痺による障がい
これまでの療育・教育・地域支援などの経過	親子遊びの会（保健センター主催・20XX年〇月～〇月） 〇〇療育センター（就学前）での療育（20XX年〇月～20XX年〇月） 〇〇特別支援学校（小学部）での教育（20XX年〇月～20XX年〇月） 〇〇特別支援学校（中学部）での教育（20XX年〇月～20XX年〇月）
他の発達検査など	

5　現在の社会的環境

主な支援環境	家庭（訪問型児童発達支援等）・ 通園施設 ・ 保育所等 ・⊂学校⊃・ 入所施設 その他（　　〇〇特別支援学校高等部　　　　　　　　　）

2回目以降の状況

6　支援上，手がかりとなる事項

好んで行うことなど

本児は、音楽を聴くことを好むので、学校でも音楽を使った活動を多くいれています。保護者によると、家庭でも年齢相応の曲を聴かせるように努めているとのことです。

2回目以降の状況

7　QOL，ウェルビーイングのための環境

生活の質や幸福感を高めるための取り組み

本児は、周囲の語りかけに対する応答性が高いので、常に楽しい雰囲気で関わるように集団の場を設定します。例えば、可能な限りグループでの活動を多く取り入れ、その中で音楽ムーブメントを行う機会を増やすなどの環境に配慮します。

5

1．アセスメントシートの記入例

4．MEPA-ⅡR 評定表

運動・感覚分野　姿勢　P-1　P-2

明らかに観察できた場合……………………＋
できそうな場合，少しみられる場合……±
反応や行動がみられない場合……………－

領域	評定項目	第1回	第2回	第3回
	第1ステップ（0〜3ヶ月発達レベル）			
姿勢（Posture）	**P-1　腹臥位で，前腕で体重を支え，どうにか頭を持ち上げている。**			
	a　腹臥位で，頭を数秒持ち上げる。	＋		
	b　腹臥位で，頭をまっすぐ（中間位）にする。	±		
	c　前腕で上半身を支え，頭を持ち上げる。	－		
	d　前腕で上半身を支え，頭を持ち上げて，右または左に動かす。	－		
	e　腹臥位で，前腕で体重を支え，どうにか頭を持ち上げている。	－		

特記事項

腹臥位で頭を真っ直ぐ（中間位）にするに芽生え反応がある。特に本児は
「〇〇さん、〇〇さん」という呼名に反応する。

評定結果の活用状況

呼名に対する反応を手がかりに「ムーブメントスカーフ」好きな「ロープ」
などを用いて動きを引き出すようにしている。

領域	評定項目	第1回	第2回	第3回
	P-2　支持による垂直位で，どうにか首が座っている。			
	a　体幹上部を支えて垂直に起こし，前方に傾けられても，時々頭を垂直に起こす。	＋		
	b　体幹上部を支えて垂直に起こし，前方に傾けられても，頭を垂直に起こしている。	±		
	c　体幹上部を支えて垂直に起こし，後方に傾けられても，頭を垂直に起こしている。	－		
	d　体幹上部を支えて垂直に起こし，右または左に傾けられても，頭を垂直に起こしている。	－		
	e　支持による垂直位で，どうにか首が座っている。	－		

特記事項

体幹上部を支えて垂直に起こし、前方に傾けられても、頭を垂直に起こしているに
芽生え反応があり、声かけに応じて頭を垂直に保つことができつつある。

評定結果の活用状況

体幹上部を支えながら、好きな曲（音楽）をかけて、トランポリンでの揺れを
中心とした姿勢バランスの保持とヘッドコントロール力を高めるムーブメント活動を
取り入れている。

9

第7章　MEPA-ⅡRの実施と活用に向けて ―記入例と実践への活用―

明らかに観察できた場合‥‥‥‥‥‥‥‥‥ ＋
できそうな場合，少しみられる場合‥‥‥ ±
反応や行動がみられない場合‥‥‥‥‥‥ －

運動・感覚分野　姿勢　P-3　P-4

領域	評定項目	第1回	第2回	第3回
姿勢（Posture）	**第2ステップ（4～6ヶ月発達レベル）**			
	P-3　背臥位で，水平の位置から引き起こされた時，頭を持ち上げている。			
	a　背臥位で，頭をまっすぐ前に向けている（頭は持ち上げられなくてもよい）。	＋		
	b　背臥位で，頭を右に動かせる（頭は持ち上げられなくてもよい）。	＋		
	c　背臥位で，頭を左に動かせる（頭は持ち上げられなくてもよい）。	＋		
	d　三角マットなどを背にして引き起こされた時，頭を持ち上げている。	±		
	e　背臥位で，水平の位置から引き起こされた時，頭を持ち上げている。	－		

特記事項

　背臥位姿勢で頭を左右に動かすことができるので、一方向からの働きかけにならないように、左右両側から働きかけている。

評定結果の活用状況

　ユランコの上に背臥位に寝かせて、ゆっくりとユランコを引き起こすなどのムーブメントにより、ヘッドコントロールや頭部の持ち上げを促したい。

領域	評定項目	第1回	第2回	第3回
	P-4　初歩の座位がとれる。			
	a　体幹下部を支えられて座り，背中の丸みが少なく，どうにか伸ばす。	－		
	b　体幹上部を支えられて座り，前後左右に傾けられても，どうにか頭を垂直に保つ。	－		
	c　体幹下部を支えられて座り，背中を腰までどうにか伸ばす。	－		
	d　体幹下部を支えられて座り，身体を揺すられても，頭がぐらつかない。	－		
	e　支えなしで，両手を前についてどうにか座る（初歩の座位）。	－		

特記事項

評定結果の活用状況

10

1．アセスメントシートの記入例

明らかに観察できた場合……………………＋
できそうな場合，少しみられる場合……±
反応や行動がみられない場合……………−

運動・感覚分野　姿勢　P-5　P-6

領域	評 定 項 目	第1回	第2回	第3回
	第3ステップ（7〜9ヶ月発達レベル）			
姿勢（Posture）	**P-5　安定した座位がとれる。**			
	a　支えなしで，両手を前につかないで，1分間程度座っている。	−		
	b　前にバランスを崩しても，体幹を元に戻す。	−		
	c　横にバランスを崩しても，体幹を元に戻す。	−		
	d　後方にバランスを崩しても，体幹を元に戻す。	−		
	e　安定した座位がとれる。	−		
	特記事項			
	評定結果の活用状況			
	P-6　初歩の四つ這い位がとれる。			
	a　腹臥位で，肘立ち位にて，上半身を支える。			
	b　腹臥位で，手立ち位にて，上半身を支える。			
	c　腹臥位で，一方の上肢にて，上半身を支える。			
	d　腹臥位で，両手と片膝をつく。			
	e　初歩の四つ這い位がとれる。			
	特記事項			
	評定結果の活用状況			

11

第7章　MEPA-ⅡRの実施と活用に向けて—記入例と実践への活用—

運動・感覚分野　移動　Lo-1　Lo-2

明らかに観察できた場合……………………　＋
できそうな場合，少しみられる場合……　±
反応や行動がみられない場合……………　—

領域	評 定 項 目	第1回	第2回	第3回
移動 (Locomotion)	**第1ステップ（0〜3ヶ月発達レベル）**			
	Lo-1　背臥位でムズムズと身体を動かす。			
	a　首を動かす。	＋		
	b　腕を動かす。	＋		
	c　足を動かす。	＋		
	d　体幹（上体）を動かす。	＋		
	e　背臥位で，ムズムズと身体を動かす。	＋		

特記事項

評定結果の活用状況
背臥位で寝ている本児の真上でムーブメントスカーフを上下にゆっくり動かして
（可能なかぎり音楽の環境を使う）、身体の動きをさらに引き出すことで、
強みを生かしている。

Lo-2　背臥位で手足をバタバタと動かす。

	評 定 項 目	第1回	第2回	第3回
	a　背臥位で，一側の腕を，床から持ち上げて動かす。	＋		
	b　背臥位で，両側の腕を，床から持ち上げて動かす。	＋		
	c　背臥位で，一側の足を，床から持ち上げて動かす。	±		
	d　背臥位で，両側の足を，床から持ち上げて動かす。	—		
	e　背臥位で，手足をバタバタと動かす。	—		

特記事項
音の出る楽器（鈴）などの働きかけを好む。

評定結果の活用状況
背臥位にして、鈴などで身体に触れてあげたりタッピングしたり、
鈴のついたプレイバンドに手や足を引っかけて動かしている。

14

1．アセスメントシートの記入例

運動・感覚分野　移動　Lo-3　Lo-4

明らかに観察できた場合……………………＋
できそうな場合，少しみられる場合……±
反応や行動がみられない場合……………－

領域	評定項目	第1回	第2回	第3回
移動 (Locomotion)	**第2ステップ（4～6ヶ月発達レベル）**			
	Lo-3　背臥位から横向きになる。			
	a　背臥位で，頭を右，または左へ向ける。	＋		
	b　背臥位で，顔を右左どちらへも向ける。	＋		
	c　背臥位で，肩を持ち上げて横になる。	－		
	d　腰を捻って，横向きになる。	－		
	e　背臥位から横向きになる。	－		

特記事項

背臥位で顔をどちらにも向けることができるので、一方向からの働きかけにならないようにする。

評定結果の活用状況

鈴を入れた風船を床面に置き、肩や腕を支持しながら、それに触って風船を動かすことを楽しむ環境を作っている。

	Lo-4　背臥位から腹臥位への寝返りをして，元の姿勢まで戻る。			
	a　右，または左側臥位から，腹臥位になる。	－		
	b　右でも左でも側臥位から，腹臥位になる。	－		
	c　背臥位から，右または左に首・肩・腰を回転させて，腹臥位になる。	－		
	d　背臥位から，右でも左でも首・肩・腰を回転させて，腹臥位になる。	－		
	e　背臥位から腹臥位への寝返りをして，元の姿勢まで戻る。	－		

特記事項

評定結果の活用状況

15

第7章　MEPA-ⅡRの実施と活用に向けて―記入例と実践への活用―

明らかに観察できた場合……………………＋
できそうな場合，少しみられる場合……±
反応や行動がみられない場合……………－

運動・感覚分野　操作　M-1　M-2

領域	評 定 項 目	第1回	第2回	第3回
	第1ステップ（0～3ヶ月発達レベル）			
操作 （Manipulation）	**M-1　手を握ったり，開いたりする。**			
	a　手のひらにオモチャなどを持たせると握る。	＋		
	b　手の甲や腕を，なでさすったりすると，指を広げる。	±		
	c　手のひらに物が触れると，握ろうとする。	＋		
	d　手に握らせたオモチャを，開いて放す。	－		
	e　手を握ったり，開いたりする。	－		

特記事項

M-1a／M-1c：本児の気に入っているロープ類を使うと動きが活発になる。
M-1b：本児の手に優しく触れたり、軽くタッピングしたりすると動きに変化が
見られることもある。

評定結果の活用状況

ムーブメントロープを握らせる、スカーフで手の甲や腕をマッサージするなどを
通して、動きを引き出すようにしている。

	M-2　物に手を出したり，探ったりする。			
	a　オモチャなどをみると，手を活発に動かす。	±		
	b　物をつかもうとして，その方向に手を伸ばす。	－		
	c　物をつかもうとして，その方向に十分に手を伸ばす。	－		
	d　オモチャなどに両手を出して，手のひらでさわる。	－		
	e　物に手を出したり，探ったりする。	－		

特記事項

M-2a：日常生活や学習場面の中で気に入っているロープ類と一緒に、
音の出るオモチャを見せると小さな動きが見られることもある。

評定結果の活用状況

本児の好きなロープ類と同時に鈴などの楽器や柔らかいムーブメントスカーフ
を使って、自発的な動きを引き出すように関わっている。

1．アセスメントシートの記入例

		明らかに観察できた場合…………………＋
		できそうな場合，少しみられる場合……±
		反応や行動がみられない場合…………－

運動・感覚分野　操作　M-3　M-4

領域	評 定 項 目	第1回	第2回	第3回
操作 (Manipulation)	**第2ステップ（4～6ヶ月発達レベル）**			
	M-3　両手で物をつかみ，口まで運ぶ。			
	a　手指を，口まで持っていく。	＋		
	b　両手を前に持ってきて，手と手を合わせる。	－		
	c　手に物を持たせると，数秒間，手のひらで握る。	±		
	d　手に物を持たせると，握り続ける。	±		
	e　両手で物をつかみ，口まで運ぶ。	－		

特記事項

手を口に持っていく動きが見られる。

M-3c/M-3d：気に入っているロープやスカーフを片手で握ったり、握り続けたりすることが少し見られる。

評定結果の活用状況

手指を口に持っていくことができるので、本児がプレイバンドを握った状態を設定し、支援者がプレイバンドをゆっくり動かすなどの活動を取り入れている。

	M-4　片手で物をつかんだり，放したりする。			
	a　物をみて，5本の指を開いて，手を伸ばす。	－		
	b　大きいボールや縫いぐるみなどを，手でかかえる。	－		
	c　出された物を，指でつかむ。	－		
	d　天井などから吊された物を，つかむ。	－		
	e　片手で物をつかんだり，放したりする。	－		

特記事項

片手でものをつかんだり話したりする動きは、生活や学習の中で大切なことである。学習課題ごとに取り入れている。

評定結果の活用状況

手と目の協応を学習の課題として取り上げ、ビーンズバッグやムーブメントスカーフで活動している。

第7章　MEPA-ⅡRの実施と活用に向けて—記入例と実践への活用—

明らかに観察できた場合……………… ＋
できそうな場合，少しみられる場合…… ±
反応や行動がみられない場合………… －

コミュニケーション分野　C-1

領域	評 定 項 目	第1回	第2回	第3回
コミュニケーション（Communication）	**第1ステップ（0〜3ヶ月発達レベル）**			
	C-1　自己内部要求			
	a　泣くことがある。	＋		
	b　抱かれると表情に変化がみられる。	＋		
	c　状況によって，快の表情を示す。	＋		
	d　近寄ると顔をじっとみる。	＋		
	e　話しかけに反応する。	＋		
	f　泣き声ではない，平静な音声を出す。	±		
	g　人の動きを目で追う。	＋		
	h　人の声のする方に注意を向ける。	＋		
	i　笑顔で話しかけると，ほほえむ。	＋		
	j　声を出して笑う。	＋		

特記事項

C-1g：機嫌のよい時やムーブメント活動の途中で「ワァーワァー」など発声することが少し見られるようになっている。
本児は、自己内部要求（C-1）の項目をほぼクリアしている。本児に対するムーブメント活動は、自己内部要求を基礎として、多様なムーブメント遊具を取り入れて外部への関わりができるような環境を設定する。

評定結果の活用状況

働きかけに対して、声を出し反応することが定着してきているので、本児の好きな音楽やユランコや車椅子ムーブメントなど揺れを入れた活動などを用いて「ヒト」との関係を深めるようにしている。また、グループ活動でも笑顔が出るように楽しいムーブメントを「自立活動の時間や動きづくり」の学習時間で工夫している。

24

1．アセスメントシートの記入例

明らかに観察できた場合……………＋
できそうな場合，少しみられる場合……±
反応や行動がみられない場合……………－

コミュニケーション分野　C-2

領域	評 定 項 目	第1回	第2回	第3回
コミュニケーション（Communication）	**第2ステップ（4〜6ヶ月発達レベル）**			
	C-2　自己外界要求			
	a　みなれない場所に行くと，いつもと違った反応を示す。	＋		
	b　親や特定の人がわかる。	＋		
	c　身体を動かす遊びを好む。	±		
	d　ほほえむなどの愛着を示す。	＋		
	e　オモチャなど，欲しい物を取ろうとする。	－		
	f　人に向かって声を出す。	＋		
	g　自分の名前を呼ばれた時，反応する。	±		
	h　「イナイ　イナイバー」を喜ぶ。	－		
	i　簡単な日常生活場面を理解し，予想している様子がみられる。	－		
	j　隠された物に気づく。	－		

特記事項

C-2c：ユランコやシーツブランコで歌を唄いながらゆっくり動かすと笑顔が少しみられる。

C-2f：この項目が（＋）であることから、自己外界要求の確立に向けて、他者とのやりとりなどができるムーブメント活動を考える必要がある。

C-2g：体調がよい時や機嫌のよい時は、呼名に対して呼ばれた方向を向くことが少しみられる。

評定結果の活用状況

「○○さん」など呼名に対して反応がより明確になるように働きかけを多くするようにしている。また、他者への働きかけが多くなっているので、ムーブメント活動にその強みを取り入れている。例えば、大人と子どもが関係するロープムーブメント、子どもと子どもの関わりができるスカーフのやりとりムーブメントなどである。

25

第7章　MEPA-ⅡRの実施と活用に向けて―記入例と実践への活用―

明らかに観察できた場合‥‥‥‥‥‥‥＋
できそうな場合，少しみられる場合‥‥‥±
反応や行動がみられない場合‥‥‥‥‥―

コミュニケーション分野　C-3

領域	評 定 項 目	第1回	第2回	第3回
	第3ステップ（7～9ヶ月発達レベル）			
	C-3　自他循環要求			
	a　鏡に映った自分の顔に，ほほえむなどして反応する。	±		
	b　喃語（意味のとれない音声の連鎖）を，盛んに発声する。	±		
	c　知らない人に不安を示す（人見知りをする）。	±		
	d　介助に対して協力する様子がみられる。	―		
	e　遠くにいる人を呼ぶように声を出す。	―		
	f　親しみと怒った感情がわかる。	―		
	g　ママ・パパの2音節の発音ができる。	―		
	h　ダダ・タタの2音節の発音ができる。	―		
	i　持っているオモチャなどを取ろうとするといやがる。	―		
	j　いやな時，手や足で押しのける。	―		
	k　そばに寄ってきたり，膝に乗ったりする。	―		
	l　「いけません」などの言葉に応じて，行動をやめる。	―		
	m　完全に隠された物を探し出せる。	―		
	n　喃語で人に話しかける。	―		
	o　日常生活場面を理解し，簡単な行動がとれる。	―		

コミュニケーション（Communication）

特記事項

C-3a：大きな鏡を用意して顔に近づけると反応が見られる。

C-3b：機嫌のよい時は、小さい声を出すことが見られる。

C-3c：常に関わっている人とそうでない人を区別している様子が見られる。

評定結果の活用状況

本児は、「自他循環要求」の段階に少しずつ入っていることがわかり、喃語が出始めているので、楽しいムーブメント活動を沢山取り入れ、笑顔で話しかけるなど「やりとり」ができるような働きかけを多くするようにしている。

26

1．アセスメントシートの記入例

MEPA-ⅡR プロフィール表

氏名 **M.A**
（男 ⓦ）　**20XX** 年 **4** 月 **11** 日生

ステップ	月齢	キー項目		姿勢(P) 1 2 3		移動(Lo) 1 2 3		操作(M) 1 2 3		コミュニケーション(C) 1 2 3
第5ステップ	18〜13ヶ月	10	立位↔座位	e d c b a	一人で歩く	e d c b a	豆を取り出す	e d c b a	社会的循環要求	e d c b a
第4ステップ	12〜10ヶ月	9	立位	e d c b a	支持歩行	e d c b a	片手で投げる	e d c b a	自発的循環要求	j i h g f e d c b a
第4ステップ	12〜10ヶ月	8	膝立ち位	e d c b a	つかまり移動	e d c b a	積み木重ね	e d c b a	自発的循環要求	
第3ステップ	9〜7ヶ月	7	安定四つ這い位	e d c b a	四つ這い移動	e d c b a	両手に持つ	e d c b a	自他循環要求	o n m l k j i h g f e d c b a
第3ステップ	9〜7ヶ月	6	初歩四つ這い位	e d c b a	交互腹這い移動	e d c b a	物を振る	e d c b a	自他循環要求	
第3ステップ	9〜7ヶ月	5	安定座位	e d c b a	這いずり移動	e d c b a	持ち替える	e d c b a	自他循環要求	e d c b a
第2ステップ	6〜4ヶ月	4	初歩座位	e d c b a	寝返り背↔背	e d c b a	片手伸ばしつかみ	e d c b a	自己外界要求	j i h g f e d c b a
第2ステップ	6〜4ヶ月	3	背臥位頭挙	e d c b a	寝返り背↔側	e d c b a	両手つかみ	e d c b a	自己外界要求	
第1ステップ	3〜0ヶ月	2	垂直位頭保持	e d c b a	上下肢挙上	e d c b a	手で探る	e d c b a	自己内部要求	j i h g f e d c b a
第1ステップ	3〜0ヶ月	1	腹臥位頭挙	e d c b a	身体ムズムズ	e d c b a	手の握開	e d c b a	自己内部要求	

領域：姿勢(P)　移動(Lo)　操作(M)　コミュニケーション(C)
分野：運動・感覚

	第 1 回目	第 2 回目	第 3 回目
評定日	20XX 年 5 月 26 日（水）	年　月　日（　）	年　月　日（　）
年齢	15 歳 1 ヶ月	歳　ヶ月	歳　ヶ月

注）グリッドの記入方法：各項目の評定が（＋）の場合■■■，（±）の場合◥，（−）の場合□

3. MEPA-ⅡR プログラム編成ポイント

第1回　支援プログラム編成ポイント

20XX 年 5 月 26 日
15 歳 1 ヶ月

【運動・感覚】

姿勢 Posture	腹臥位姿勢で、数秒間、頭を持ち上げることができます。背臥位姿勢では、頭を左右に動かすこともできます。また、腹臥位姿勢で頭を真っ直ぐ（中間位）にする、体幹上部を支えて垂直に起こし、前方に傾けられても、頭を垂直に起こしているに芽生え反応が見られます。
移動 Locomotion	背臥位姿勢で両上肢を持ち上げて動かしたり、頭を左右に動かしたりすることができます。また、片側の足を床から持ち上げて動かすに芽生え反応が見られます。傾斜面を滑り降りたりする活動も喜びます。
操作 Manipulation	オモチャなどを持たせると握ることができます。また、手のひらに物が触れると握ろうとしたり、オモチャなどを見せると手を活発に動かしたりします。手に物を持たせた時に握り続けることは芽生え反応です。

【コミュニケーション】

コミュニケーション Communication	周囲からの働きかけに対して、笑顔や声を出して笑うなど快の表情を示します。親や特定の先生がわかり、他者と区別することができるようになりました。身体を動かす遊びや呼名に対して芽生え反応が見られます。

総合所見

本児は、日常生活場面では、車いすによる移動を主としています。痙性、四肢麻痺があり、学習場面でも車いすやクッションを使用しています。
本児は、運動・感覚分野に比べてコミュニケーション分野に良好な反応が見られるので、コミュニケーション分野を軸に、人との関わりや遊具環境を活用した支援プログラムを計画・実践することが大切です。運動・感覚分野については、本児の興味・関心が高いムーブメントロープを使って、手の動きを引き出し、手と目の協応を高めながら定頸を促進します。また、痙性や四肢麻痺の状態を考慮しながら、トランポリンやパラシュートなどを活用し、姿勢の安定や移動に関わる身体機能の促進に向けて、楽しいムーブメントを通して自発的な動きを引き出します。

2．発達パターンからみたプログラム実践方法

はじめに

　障がいの重い児(者)のためにムーブメント活動プログラムを活用するには，支援において，次のような5つの発達パターンの特徴を活かして，実践方法の活動を考えます。

(1)　Aパターン：（全領域にわたって発達レベルが低い状態）

　Aパターンの特徴は，図7-1のように運動・感覚分野の姿勢・移動・操作，ならびにコミュニケーション分野のすべての領域［P，Lo，M＝C］にわたって発達レベルが低い状態にあることです。

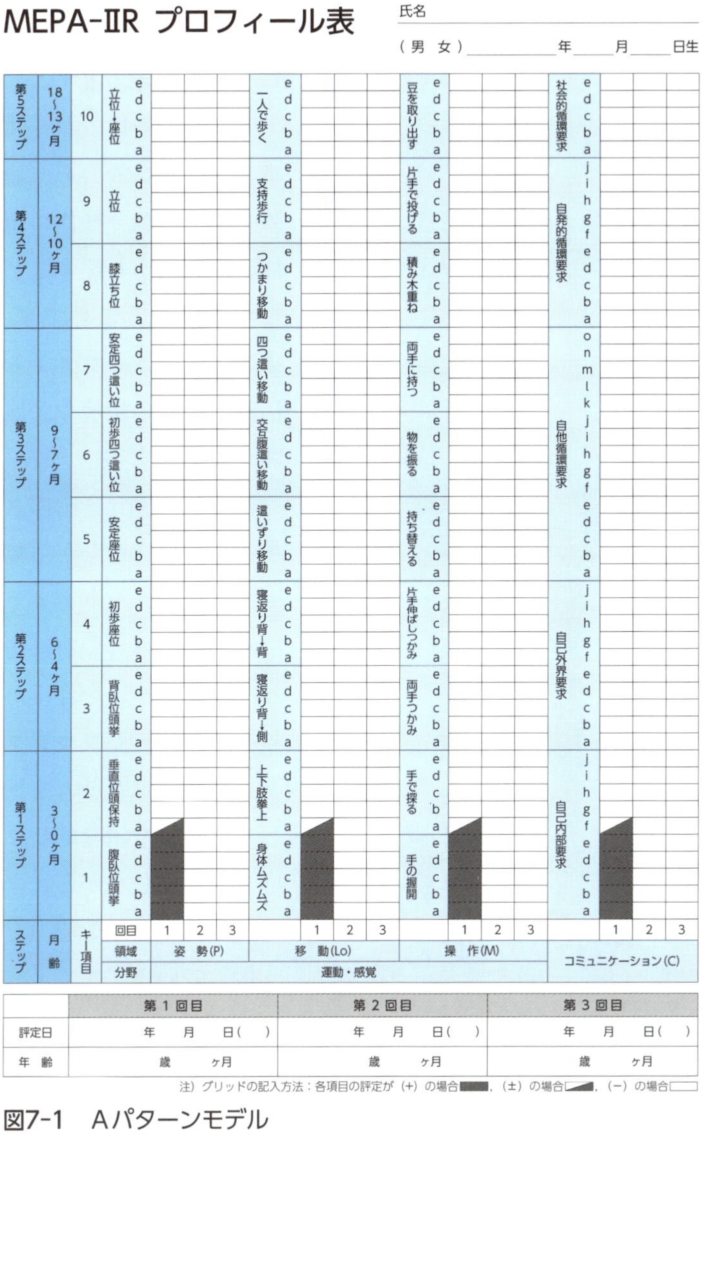

　このような発達レベルの対象児(者)に対しては，特に感覚運動分野の基礎となる全体的な活動と，コミュニケーション分野の自己内部要求を育てるムーブメント活動の支援が，主要な課題となります。

　例えば，ユランコ遊具に乗せて歌を唄いながら豊かな感覚運動による揺れのムーブメント活動があります。

　Aパターンに対応するプログラム実践方法としては，本書のP-1「腹臥位で，前腕で体重を支え，どうにか頭を持ち上げている。」（腹臥位頭挙），P-2「支持による垂直位で，どうにか首が座っている。」（垂直位頭保持），M-1「手を握っ

MEPA-ⅡR プロフィール表

氏名 ＿＿＿＿＿＿＿＿＿＿
（男　女）＿＿＿＿＿年＿＿＿月＿＿＿日生

ステップ	月齢	キー項目	姿勢(P)	移動(Lo)	操作(M)	コミュニケーション(C)
第5ステップ	18〜13ヶ月	10	立位↔座位	一人で歩く	豆を取り出す	社会的循環要求
第4ステップ	12〜10ヶ月	9	立位	支持歩行	片手で投げる	自発的循環要求
		8	膝立ち位	つかまり移動	積み木重ね	
第3ステップ	9〜7ヶ月	7	安定四つ這い位	四つ這い移動	両手に持つ	自他循環要求
		6	初歩四つ這い位	交互腹這い移動	物を振る	
		5	安定座位	這いずり移動	持ち替える	
第2ステップ	6〜4ヶ月	4	初歩座位	寝返り背→腹	片手伸ばしつかみ	自己外界要求
		3	背臥位頭挙	寝返り背→側	両手つかみ	
第1ステップ	3〜0ヶ月	2	垂直位頭保持	上下肢挙上	手で探る	自己内部要求
		1	腹臥位頭挙	身体ムズムズ	手の把握	

回目　1　2　3

領域	姿勢(P)	移動(Lo)	操作(M)	コミュニケーション(C)
分野	運動・感覚			

	第1回目	第2回目	第3回目
評定日	年　月　日( )	年　月　日( )	年　月　日( )
年齢	歳　ヶ月	歳　ヶ月	歳　ヶ月

注）グリッドの記入方法：各項目の評定が（＋）の場合■■■，（±）の場合◪，（－）の場合□

図7-1　Aパターンモデル

第 7 章　MEPA-ⅡRの実施と活用に向けて─記入例と実践への活用─

たり，開いたりする。」（手の握開），C-1「第1ステップ（0〜3ヶ月）」（自己内部要求）などの項目を考慮したプログラムを参考にします。

(2) Bパターン：（運動・感覚分野の姿勢・移動・操作に比較してコミュニケーション分野の発達の方が低い状態）

　Bパターンの特徴は，図7-2のように運動・感覚分野の姿勢・移動・操作に比較してコミュニケーション分野の発達の方が低い状態［P，Lo，M＞C］にあることです。

　このような発達レベルの対象児（者）に対しては，ムーブメント教育・療法の「すぐれていること，得意なことを活用する，強みを活かす」という基本的考え方を踏まえ，まず，運動・感覚を軸にコミュニケーションを育てるプログラムを考えます。

　大切なことは，コミュニケーション能力を，他の姿勢・移動・操作の領域の活動と切り離すことなく支援することです。そのようなムーブメント活動のための環境や，展開が大切です。

　例えば，感覚運動のスキルを大事にしながら集団でパラシュートを上下に動かしたり，左右に送ったり，ドームを作ったりして，楽しくファンタジックなプログラムを通して，笑顔や情緒的な反応を引き出しながら，コミュニケーション能力を支援していきます。

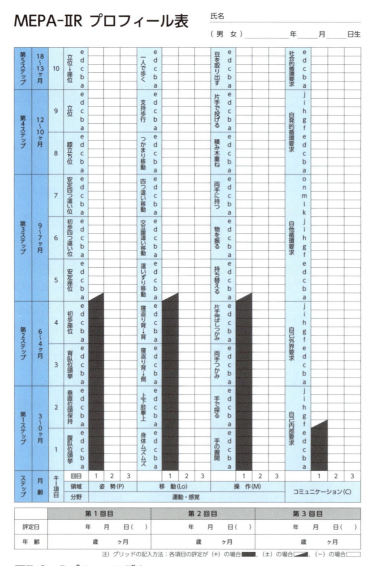

図7-2　Bパターンモデル

2．発達パターンからみたプログラム実践方法

(3) Cパターン：（感覚・運動分野の姿勢・移動・操作の領域よりコミュニケーション分野の発達レベルが高い状態）

　Cパターンの特徴は，図7-3のように感覚・運動分野の姿勢・移動・操作の領域より，コミュニケーション分野の発達レベルが高い状態［P, Lo, M＜C］にあることです。

　このような発達状態の対象児（者）に対しては，すぐれているコミュニケーション能力を活かして，低い発達レベルである感覚・運動の姿勢・移動・操作を高めるムーブメント活動があります。

　つまり，プログラム実践方法としては，コミュニケーションを軸に感覚・運動を育てるプログラムが有効です。例えば，対象児（者）との関係性を大切にして，感覚・運動の支援を行います。トランポリンの活用プログラムを考えた時に，対象児（者）の好きな歌を唄いながら，上下の揺れ刺激を与えると，笑顔や笑い声と共に，頭を上げたり，手足の自発的な動きを誘発することができます。

　また「ボールプール」のように，カラーボールをフロアに敷き詰めて，四方をマットなどで囲んでボールが逃げないような環境を設定して，ユランコなどに対象児（者）を乗せて，一人ひとりの好きな歌を唄いながら前後，左右，回転などのゆれ刺激を与えると，リラックスしている様子や，また笑顔などの情緒的な反応と共に，首のコントロールや体幹，上肢の活発な動きを引き出すこと

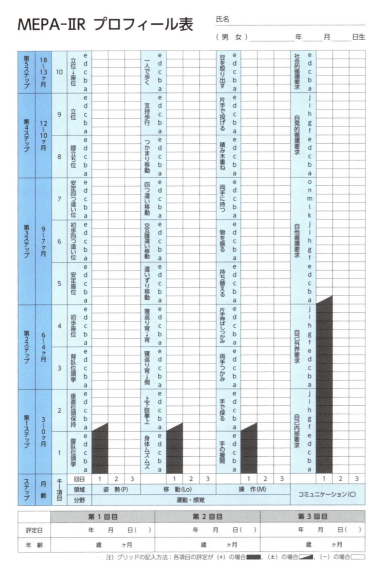

図7-3　Cパターンモデル

第7章　MEPA-ⅡRの実施と活用に向けて―記入例と実践への活用―

ができます。

（4）Dパターン：（感覚・運動分野の操作とコミュニケーション分野の方が姿勢・移動より高い発達状態）

　Dパターンの特徴は，図7-4のように感覚・運動分野の操作とコミュニケーション分野の発達の方が，姿勢・移動より高い発達状態［P，Lo＜M，C］にあることです。

　このような発達状態を示す対象児（者）に対しての基本的考え方は，手操作とコミュニケーションを軸にして，姿勢，移動を育てるプログラムとなります。

　具体的なプログラム実践方法としては，プレイバンドなどを活用して，集団でサークル状になり，皆で楽しくプレイバンドを握り，手を参加させることが大切です。いつも使っている集まりの時の歌を唄いながら，プレイバンドを回したり，振ったり，上，下や前，後ろなどのムーブメント活動や，プログラムを展開します。楽しい雰囲気で，笑顔と喜びが広がります。

　このような手操作とコミュニケーション領域を活用した，かかわりを通して一人ひとりの課題となっている姿勢や移動の力を高めていくことができます。

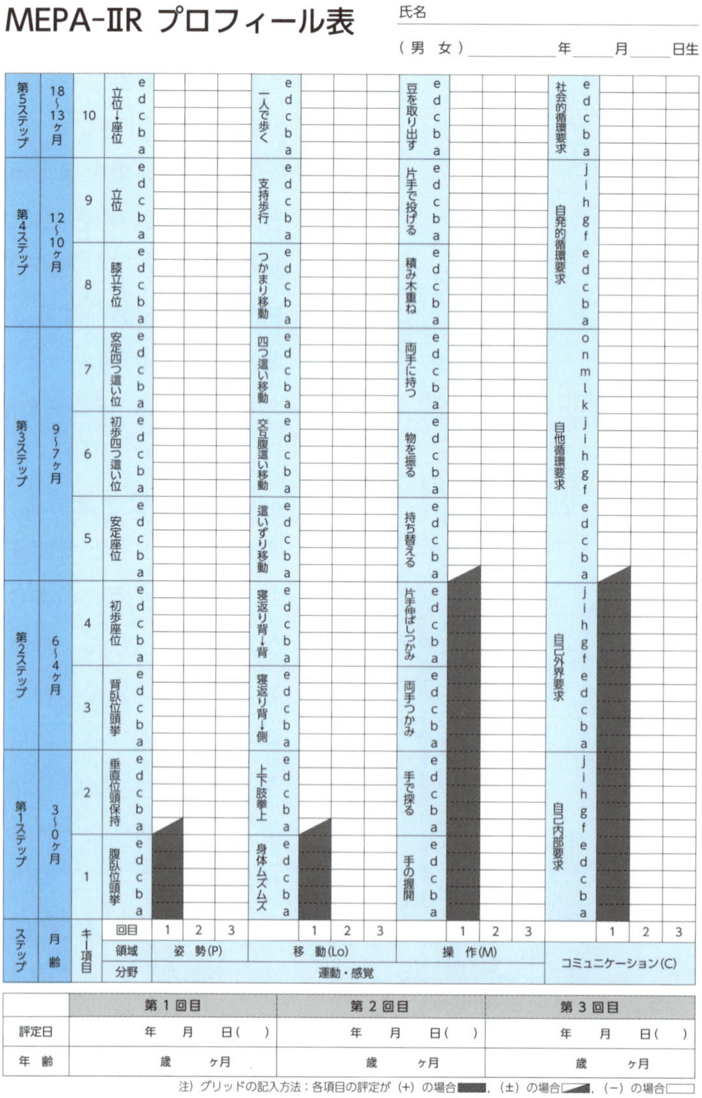

図7-4　Dパターンモデル

190

(5) Eパターン：（感覚・運動分野の姿勢・移動・操作，並びにコミュニケーション分野のすべての領域にわたって高い発達状態）

Eパターンの特徴は，図7-5のように感覚・運動分野の姿勢，移動，操作，並びにコミュニケーション分野のすべての領域にわたって，高い発達水準［P, Lo, M = C］にあります。

このような各領域とも高い水準を示す対象児(者)に対しては，各領域の能力を活かしたプログラム活動の方法が望まれます。基礎的な粗大運動とやりとりのコミュニケーションは獲得されているので，豊かな，かつ多様な感覚・運動のムーブメント活動を支援します。コミュニケーションの拡大を育てるプログラムとなります。

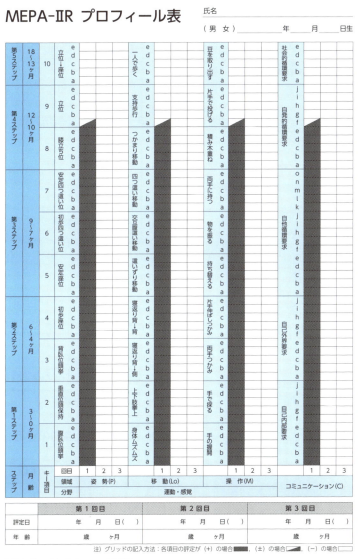

図7-5 Eパターンモデル

3．実践事例1：児童発達支援センターでの実践

実際に肢体不自由児の医療ではどのようにMEPA-ⅡRを実践しているのか，長年にわたり療育にムーブメント療法を取り入れ，実践してきた児童発達支援センターA園を例に説明します。

(1) A園のMEPA-Ⅱ（改定前のアセスメント）を活用したムーブメント療法の実践概要

A園では，平成7年度から療育プログラムの一環として親子参加のムーブメント療法を導入し，子どもへの発達支援と，保護者への子育て支援を行っています。

ムーブメント療法は，障がいの状況に応じて2つのグループに分け，毎月1回，表7-1に示したような1日の流れで実施しています。親子で行う実際のプログラムは朝10時から11時の1時間で，グループ担当保育士がプログラムを作成し，実施しています。午後の保護者懇談会は撮影したビデオを観ながら行います。

年間を通してムーブメントの活動は，室内，屋外，プールの3つの環境のもとで行います。

春と冬は園内にあるホールで，気候のよい5月と10月は近隣の公園で，そして7月と9月は，地域の障がい者用室内プールで，それぞれの環境が持つ特性を活かしたプログラムを実践しています。

表7-1 ムーブメント療法実施日の1日の流れ

時間	内容
9：00	打ち合わせ
10：00 11：00	ムーブメント療法実施
13：30 14：30	保護者懇談会
15：15	職員反省会
16：00 17：00	職員研修

(2) アセスメントの実施方法

A園においては，一人ひとりの子どもの発達アセスメントをMEPA-ⅡRを用いて毎年，年初と秋の2回定期的に行っています。必要に応じて，MEPA-Rを併用して発達をみていくこともあります。これらのアセスメント結果は，図7-6に示したように，個別の支援計画の実践において発達特性の把握と実践の評価に活用しています。

支援計画の作成においては，家庭訪問の際に，MEPA-ⅡRのプロフィール表を保護者と相互に確認し，支援計画のねらいを

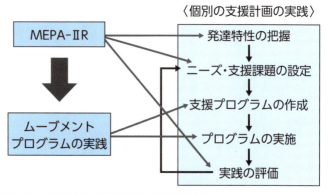

図7-6 A園におけるMEPA-ⅡRの活用法

3．実践事例1：児童発達支援センターでの実践

見出していきます。評価においても，アセスメント結果から読み取れる発達上の変化を確認する資料として，重要な役目を果たしています。また，ムーブメント療法のためのグループ分けもアセスメント結果を基に行います。そして，ムーブメントプログラムの作成や日々の療育活動での個別の取り組みを考える際にも活用しています。

アセスメントは，ムーブメント療法導入後10年余りは保育者等の専門職が行ってきました。しかし，それ以後，現在に至るまで，保護者が中心となって行う方法をとっています。その理由として，保護者は定期的にアセスメントを行うことで，子どもの発達の変化を自ら確認する機会が得られると同時に，子どもの発達について学ぶことができるのではないかと考えたからです。

そのため，毎年度初めに，保護者を対象に，MEPA-ⅡRとムーブメント療法の研修会を実施しています（写真7-1）。この機会を活用し，アセスメントとは何か，いかに療育に活かすのかなど，評定の方法や評価の際の留意点（図7-7）などについても丁寧に説明します。

ただし，保護者がアセスメントの総てを単独で行っている訳ではありません。支援者である保育者は，アセスメントの時期になると保護者にMEPA-ⅡRを渡します。保護者は，各質問項目に回答し，記入した後，園に提出します。

写真7-1　ムーブメント療法・MEPA-Ⅱ保護者研修会

評定の際の留意点
- MEPAⅡの場合，めばえ反応を見逃さず，前向きに評価しましょう。
- 療育の情報，家庭での子どもの様子から発達を見るという姿勢を大切にします。
- 保護者や専門職（Dr., PT，OT等）との日々の情報交換が大切。迷ったら，確認しましょう。
- 評価が異なることはあります。それを知ることが大事。そこに発達を見るポイントがあります。
例：子どもの環境への反応状況が見えます。

図7-7　保護者研修会資料より

次に保育者は，総ての質問項目と保護者のつけた回答を確認し，プロフィール表にマークしていきます。

そこから各児の発達の実態と発達課題を見出すと共に，半年間の発達上の変化を確認します。この方法をとることで，保育者も総ての項目において，対象児の発達を確認することができます。さらに，保護者とアセスメントを共有することで，保育者は，保護者と同じ目線で子どもの発達をみることができます。このようにすることで，療育に不可欠な保護者と保育者の共通理解が得られやすくなり，より一層充実した支援が可能となります。

193

第7章　MEPA-ⅡRの実施と活用に向けて―記入例と実践への活用―

（3）個別の支援におけるMEPA-ⅡRの活用実践例

　A園でのMEPA-Ⅱを活用した個別の支援の実践例として，Kさんのケースを紹介します。

①　Kさんの入園時の状況

　Kさんは，平成13年生まれの女児で，診断名は脳性まひです。4歳になる年に当園に入園しました。入園当時は，運動機能の姿勢面では座位および四つ這い位はほぼ安定していましたが，まだ介助立位は困難で月齢10〜12ヶ月の発達段階にありました。移動面では，四つ這い位での移動の芽生えがみえ始めた段階で，発達月齢7〜9ヶ月でした。

　姿勢や移動能力と比べると，手の操作性とコミュニケーション能力は高く，家では時々意味のある言葉を発する様子がみえ始め，発達月齢で18ヶ月を上まわっていました（図7-8　プロフィール表，第1回目評定）。

　生育環境は，両親と本人，および祖母の4人家族で，入園するまでリハビリテーション以外では月1回の親子教室に通う程度でした。そのため専門的な療育は初めてであり，運動，遊びもほとんど経験がない状況でした。

②　1年目の取り組み

　1年目は，家庭という限られた環境における集団での活動経験の不足を踏まえ，ゆったりとした環境の中で，集団生活に慣れていきながら，徐々に自発的な行動を促していくこととしました。また，毎月行う親子ムーブメント活動では，感覚運動を中心としたプログラムを通して運動遊びの楽しさを知り，運動刺激に対する適応力を高めていくことをねらいとしました。

　当初は，室内の騒音や大きな楽器の音，子どもの泣き声などに萎縮している様子がみられ，ほとんど自ら環境に働きかけたり，動き回ろうとする様子はみられませんでした。

　しかし，半年を過ぎる頃には，集団生活にも慣れ，ムーブメント活動でも慎重な様子をみせながらも，遊びを楽しむ様子が頻繁にうかがえるようになりました。

　本児の好きなユランコやトランポリン等を用いた揺れ刺激によって体幹や四肢がしっかりし，姿勢を保持する力も高まってきました。

③　2年目の取り組み

　徐々に体幹や四肢が強化されてきたことから，四つ這い位での移動を促すこと，また，自発的な動きと環境に働きかける力を養うことをねらいとしました。

　そこでムーブメント活動では，Kさんの好きな遊びを盛り込んだサーキットやコーナー遊びなど，動きたくなるムーブメント環境をプログラムの中に頻繁に取り入れました。

　また，本児のコミュニケーション能力の高さを活用し，興味・関心を促す声かけを通して，自発的に行動を引き出して行くこととしました。

　その結果，自分が興味ある遊具を目がけて，四つ這いで移動することが増え，以前は狭

3．実践事例１：児童発達支援センターでの実践

MEPA-ⅡR プロフィール表

氏名　**Kさん**

（男 ⓨ）　　**H13**年　**6**月　　日生

注）グリッドの記入方法：各項目の評定が（＋）の場合■■■，（±）の場合◢◥，（－）の場合▢▢▢

図7-8　KさんのMEPA-Ⅱに基づきMEPA-ⅡRに転記したプロフィール表

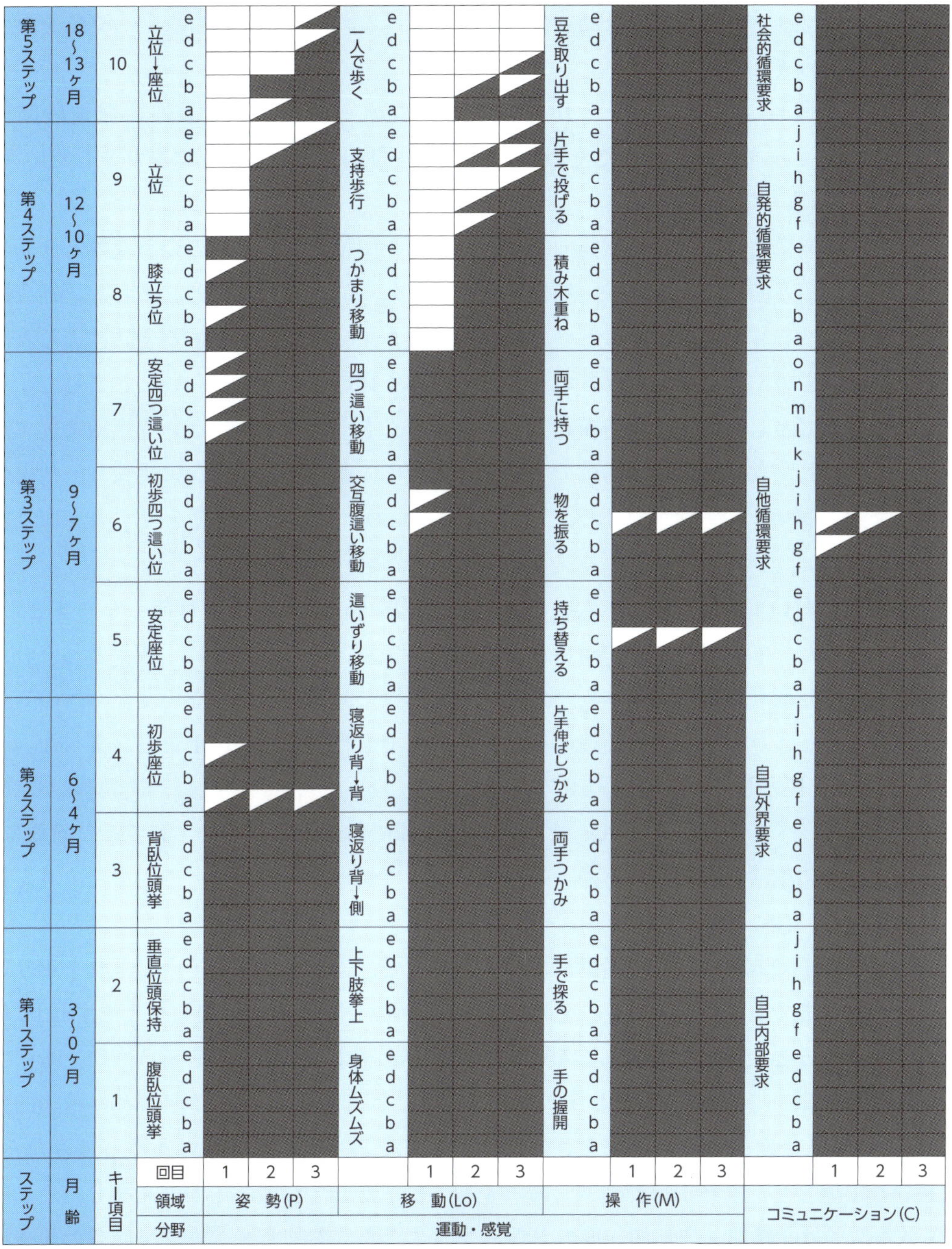

	第１回目			第２回目			第３回目		
評定日	17年 6月　日（　）			18年 4月　日（　）			19年 10月　日（　）		
年齢	4歳 0ヶ月			4歳 10ヶ月			5歳 4ヶ月		

195

い範囲に留まっていた物事に対する興味・関心や空間認知も広がりをみせるようになりました。年度の後半には，四つ這い移動が自由に行えるようになると，一段と足腰の強化が促され，ムーブメント活動では介助立位でトランポリンの揺れを楽しむなど，立位を促す取り組みも始めました。

2年目の2回目のアセスメントから，コミュニケーションや社会性の発達段階がMEPA-Ⅱのスケールを越えてきたため，MEPA-Rも併用していくことになりました。

④ 3年目の取り組み

次年度の就学に向けて，運動機能面では，安定した座位から立位への姿勢変換と介助歩行の安定を促すと同時に，車椅子の操作性も高めていくことをねらいとしました。社会性やコミュニケーション機能の面においては，受容面と比較して苦手とする発語による表出言語を高め，思いや考えを他者にきちんと伝える力を付けることをねらいとしました。

支援の手立てとしては，年長さんとしての意識や，もうすぐ1年生という意識を促す声かけを大事にし，ムーブメント活動では，先輩として先頭を切って遊びに挑戦し，他児の見本になって貰い，「さすがKちゃん，上手にできたね」と自己肯定感を促すよう取り組みました。

最終年度においては，Kさん本人のやる気が大変強く，独り歩きが可能となりました。また，年長者として集団の中での積極性や自信が高まり，それと同時に，苦手としていた会話によるやり取りや自己主張，友だちとのやり取りや，会話ができない友だちへの気遣いなどもできるようになり，言語機能や社会性の面でも目覚ましい向上をとげました。

⑤ 子育て支援としてのMEPA-ⅡRの存在

Kさんはたいへん小さく生まれ，乳幼児期は虚弱であったことから，Kさんの両親は，入園当初は集団生活に耐えられるか，運動遊びなんて無理なのでは，と不安をたくさん抱えていました。

しかし，親子でムーブメント活動に参加することで，子どもが楽しそうにトランポリンやパラシュートで遊ぶ姿をみたり，その様子を保育者が「Kちゃん，楽しそうですね」「何時もこれをやると大喜びしてくれるんですよ」などと話すのを聞いているうちに，ムーブメント活動に前向きに取り組むようになりました。回を重ねるごとにどんどん積極的になってきて，「今度はこんな遊びをさせてみたいです。」「家でお父さんとやってみたら，大喜びしていました」とご自身が楽しんで子育てに活かしている様子が伺えました。

Kさん親子は，結局，3年間一度もお休みすることなく参加しました。卒園前の最後の面談では，「ムーブメントは，毎回本当に楽しみに参加していました。それと，半年ごとに“MEPA-ⅡR”を記入するのも実はとても楽しみだったんです。前回と見比べると，あっ，こんなこともできるようになったんだなって，確認もできて嬉しかったです」とおっしゃっていました。

3．実践事例１：児童発達支援センターでの実践

　Kさんの両親は，今後もムーブメント教育・療法を継続して行くことと，定期的にMEPA-ⅡRをつけて行きたいと希望されていました。

　園で実践してきたムーブメント療法とMEPA-ⅡRが，Kさんの早期療育期の発達支援に止まらず，保護者への子育て支援としても役立っていたことが確認されました。

第7章　MEPA-ⅡRの実施と活用に向けて―記入例と実践への活用―

4．実践事例2：特別支援学校での実践
―応答・要求表出ができるようになるための取り組み―

(1) フェイスシートの概要

a 対象児

　女児（A児）。7歳。肢体不自由児特別支援学校小学部2年。脳性まひ（混合型），てんかん，重度知的障がい，視覚障がい。

b 成育歴

　在胎週数28週，生下時体重1612g。生後16時間で人工換気療法を受ける。生後6ヶ月時に機能訓練，言語訓練を開始。

　3歳より，肢体不自由児通園センターに措置。

　祖父母，両親の5人家族。

(2) 指導開始時のアセスメント

a 評定の概要

　本児の指導開始時の評定は，図7-9　プロフィール表「第1回目」欄の通り。

b 運動・感覚分野

① 姿勢領域（P）：腹臥位で頭を持ち上げ，左右に動かす様子がみられる。しかし，背臥位で水平方向から引き起こしても頭を持ち上げることができず，定頸は不安定である。

② 移動領域（Lo）：背臥位で片腕を上方に向けて伸ばしたまま，回旋するように持ち上げる。背臥位から，側臥位への転換は芽生えがみられる。腹臥位への寝返りは困難。

③ 操作領域（M）：手にオモチャを持たせると握ることができる。

　人の指に手が触れるとつかむことがある。しかし把持し続けることは困難。

c コミュニケーション分野

① 表情や発声で，快や不快の感情を表出することができる。音楽や歌いかけなどを好み，聴くと笑顔や発声の表出が盛んになる。また，トランポリンやキャスターボードなど，揺れ刺激を伴うムーブメント活動で，同様に笑顔や発声の表出が盛んになる様子がみられる。

② 欲しいものや興味のあるものに向かって，手を伸ばすことはしない。

③ 自分の名前を呼ばれた時は反応する，「イナイ　イナイバー」をおかしがるなどの，人とのやり取りに関する項目，いやな時は手や足で押しのけるという，目的を果たすための手段として手足を使う項目が確立している。

198

4．実践事例２：特別支援学校での実践

MEPA-ⅡR プロフィール表

氏名　_____

（男・⑲女）_____年_____月_____日生

ステップ	月齢	キー項目	姿勢（P）	移動（Lo）	操作（M）	コミュニケーション（C）
第5ステップ	18〜13ヶ月	10	立位�→座位	一人で歩く	豆を取り出す	社会的循環要求
第4ステップ	12〜10ヶ月	9	立位	支持歩行	片手で投げる	自発的循環要求
		8	膝立ち位	つかまり移動	積み木重ね	
第3ステップ	9〜7ヶ月	7	安定四つ這い位	四つ這い移動	両手に持つ	自他循環要求
		6	初歩四つ這い位	交互腹這い移動	物を振る	
		5	安定座位	這いずり移動	持ち替える	
第2ステップ	6〜4ヶ月	4	初歩座位	寝返り背→背	片手伸ばしつかみ	自己外界要求
		3	背臥位頭挙	寝返り背→側	両手つかみ	
第1ステップ	3〜0ヶ月	2	垂直位頭保持	上下肢挙上	手で探る	自己内部要求
		1	腹臥位頭挙	身体ムズムズ	手の握開	

各項目スケール：姿勢・移動・操作 = e d c b a／コミュニケーション = j i h g f e d c b a（自他循環要求は o n m l k j i h g f e d c b a）

ステップ	月齢	キー項目	回目	1	2	3	1	2	3	1	2	3	1	2	3
		領域		姿勢（P）			移動（Lo）			操作（M）			コミュニケーション（C）		
		分野		運動・感覚											

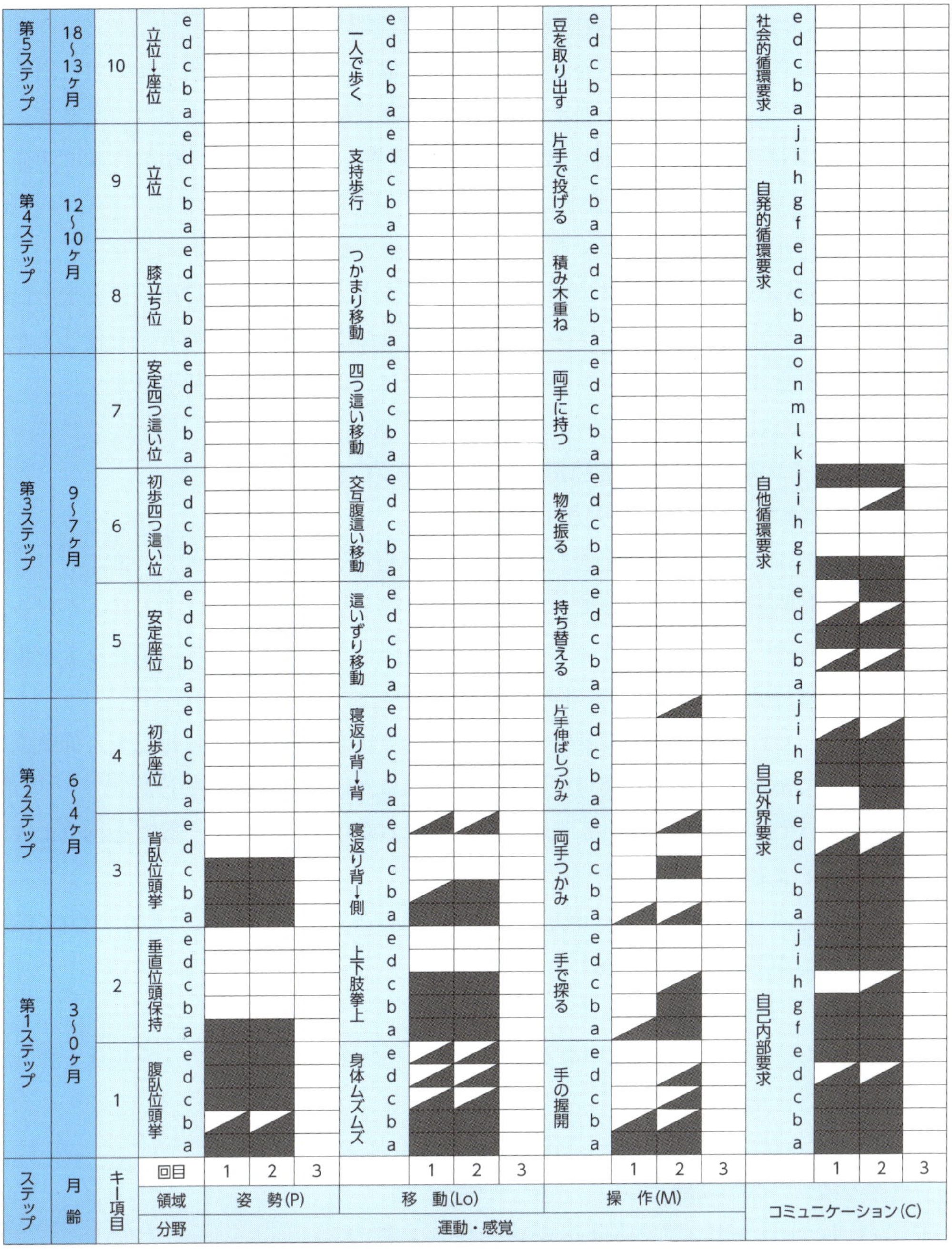

	第1回目	第2回目	第3回目
評定日	X年　　月　　日（　）	X＋1年　　月　　日（　）	年　　月　　日（　）
年齢	7歳 3ヶ月	8歳 3ヶ月	歳　　ヶ月

注）グリッドの記入方法：各項目の評定が（＋）の場合■，（±）の場合◢，（−）の場合□

図7-9　A児のMEPA-ⅡRプロフィール表

199

第7章　MEPA-ⅡRの実施と活用に向けて―記入例と実践への活用―

d　総合所見

A児のコミュニケーションに関する発達段階は，ほぼ第2ステップ（4～6ヶ月）に属し，第3ステップ（7～9ヶ月）にいくつか芽生えとなる行動がみられます。

本児は，第2ステップ「自己外界要求」段階に位置しており，前段階までの自己内部の生理的なものが中心だった欲求や要求の対象が，外界に広がる段階にあると言えます。

第3ステップは「自他循環要求」段階であり，外界に対する要求行動がさらに活発化し，要求対象も明確化していきます。このことから，A児は発達的な視点からみると，手段を用いて要求を伝えることができるようになる可能性があると思われます。

しかし，実際にはA児の表出は感情表現が中心であり，自らサインを出して要求を伝える行動は未だみられません。ムーブメント活動により楽しさと，遊具や音楽を使ってかかわりを深めることで，特にコミュニケーション分野における発達が期待されます。

(3) 身振りサインの表出の拡大を目指す運動・感覚プログラム

a　第1ステップ：応答表出を引き出すために

トランポリンでの揺らし運動は，A児の笑顔や発声を活性化します。A児はトランポリンによる揺れを好んでいるので，支援者から「揺らし運動をしよう」と問いかけると「Yes」の応答ができるようになるなら，それはA児にとって意思表出の重要なスキルの一つとなると考えられます。

そこで，トランポリンに支援者と2人で乗り，支援者の問いかけに対して，仰臥位で右手を上げて応答する行動を獲得することを目標に，活動を展開しました。

A児にとって応答することが，それに続く環境の変化を引き起こす機能を持つように場面を設定しました。

① 支援者がA児と一緒にトランポリンに乗り，A児の左手を取って，「もう一つの手（右手）もちょうだい」と声をかける。

② A児が右手を伸ばしたら，

③ 支援者はその手を取って歌いながらトランポリンを揺らす，という手続きを繰り返しました。

b　第2ステップ：要求表出を引き出すために

上記の活動の次の段階として，

① 支援者はトランポリンから降りてA児の近くで待つ。

② A児が自分から右手を伸ばしたら，

③ それを合図に支援者はトランポリンに乗り，前述した第1ステップ：応答表出を引き出すために①②③を実施するという手続きを繰り返しました。

４．実践事例２：特別支援学校での実践

c 活動場面等

学校で個別形態での自立活動の授業で，週１〜２回，約30分間実施しました。

(4) 支援後のアセスメント

支援後の評定は，図7-9のプロフィール表「第２回目」欄の通りです。

支援の結果，トランポリンの揺らし運動場面では，第１ステップで支援者の問いかけに100％の確率で右手を伸ばして応答するようになり，また，第２ステップでも100％の確率で右手を伸ばして要求することができるようになりました。さらに，トランポリンの揺らし運動以外の活動場面でも，同様に右手を伸ばして支援者の問いかけに応答したり，要求したりするようになったことが複数の支援者により確認されました。

MEPA-ⅡRのコミュニケーションの領域にみられた変化として，人の声を聞いてその方向を向いて探るようにする様子がみられるようになり(C-1h)，人に向かって声を出したり(C-2f)，遠くにいる人を呼ぶように声を出す(C-3e)行動が確立しました。

特にトランポリンに乗っている時，支援者がそばを離れると，探すように目を動かしたり，「はい」「はい」と何回も呼ぶように声を出す様子が観察できました。このように，A児の「自他循環要求段階」のコミュニケーションが促進されたことがわかりました。

201

第8章
障がいの重い児(者)に向けた ムーブメント遊具等の活用の実際

ムーブメント教育・療法の特徴は，遊具，音楽，人，場など，環境力を最大限に活用しながら展開するところにあります。対象児(者)の喜びや自発性を大切に，遊びの要素を持った活動を通して，その笑顔と発達を支えます。本章では，代表的なムーブメント遊具に位置付けられるユランコ，プレーバンド，ビーンズバッグ，ハットフリスビー，ムーブメントスカーフ，ムーブメントパラシュートの活用(展開例)について紹介します。なお，文中に示された項目(P-1など)は，アセスメントと連携できるように関連する評定項目の番号です。適宜，本書の該当箇所を参照してください。

ユランコ

ユランコは，丈夫な布製のシート型遊具で，布のエッジに持ち手がついており，水平性，垂直性，回転性の前庭感覚刺激を容易に作ることができます。ハンモックのような揺れとソリ滑りの体験が味わえます。天井からぶら下がっているフックにユランコの持ち手を引っかければ，ぶら下がり遊具としても利用できます。

■展開例1：ユランコを皆で持って動かそう

対象児(者)と支援者は，フロアに座ります。皆でユランコの取っ手を持ち，パタパタと上下に動かします。この時「ヨーイドン」で動かしたり，「止まれ」で動きを止めたりします。また，「イチ，ニ，サン」と声を掛けながら(「イチ，ニ」で上下に，「サン」の時には少し後ろに引くように)，リズミカルに動かすとよいでしょう。また，歌ったり，音楽に合わせて行ったりすると，身体と心が参加する楽しいムーブメントになります。

写真8-1 遊具を組み合わせて多様な環境を作ります

ユランコの上に風船やビーンズバッグを乗せてみましょう(C-2f)。手を動かすとユランコに乗せたものが動きます。これが「もっと手を動かしたくなる」環境からの問いかけです(写真8-1)。また，ユランコに乗って揺れることが難しい対象児(者)には，このような活動からスモールステップで始めることが大切です。

■展開例2：ユランコをスライドさせて楽しむ揺れ

　対象児(者)はユランコの上に乗ります。支援者はユランコの周りに座り，ユランコの取っ手を持って，対象児(者)が乗ったユランコがフロアでスライドするように動かします。この時，対象児(者)ができるだけ抗重力姿勢をとれるように，三角マットなどを使った緩やかな傾斜での背臥位や，胸の下にマットを入れた腹這位(P-6・P-7・C-1j)，介助での座位姿勢(P-4・P-5)などを工夫します。前後，左右や回転など，揺れの方向をバランスよく取り入れ，対象児(者)が好きな歌を歌ったり，数を数えたりしながら揺らします(C-3f)。

■展開例3：ハンモックのようなダイナミックな揺れ

　対象児(者)はユランコに乗せてもらい，ハンモックのように揺らしてもらうことで，前後，左右，上下など，様々な方向性の揺れを経験します。その時の揺れ感覚が喜びをもたらします。支援者が「取っ手」をしっかり持ち，リズム的に持ち上げたり下げたりすれば，垂直方向の揺れを楽しませることができます(P-2)。

■展開例4：ソリ滑りを楽しむ

　ユランコの魅力は，付属の牽引ベルトをユランコの持ち手につけることで，床の上を滑るソリになることです(写真8-2)。何人かの対象児(者)が一緒に乗ることもできます。ソリが滑る時に，座位姿勢でバランスをコントロールできない対象児(者)には，遊具の取っ手につかまって姿勢を維持できるように促します(P-4・P-5)。

写真8-2　ユランコのソリに乗って移動の楽しさを体験します

プレーバンド

　対象児(者)が気楽に簡単に手を出せるバンドやロープ類は，手指運動や上肢の動きの拡大につながる効果的な遊具です。プレーバンドは，柔らかく伸び縮みする幅広(2.5cm)のバンド(帯)で，通常の長さは170cmです。伸ばすと2倍から3倍の長さになります。両サイドが輪になっているので握りやすく，手首や足首にひっかけることもできます。また，複数のバンドをつなげて使うこともできます。適度な伸縮により，障がいの重い児(者)が「手を出したくなる，つかみたくなる」優しい環境として活用できます。

■展開例1：上肢や下肢のストレッチをする

　伸縮自由で適度な強度のプレーバンドを活用して，上肢や下肢のストレッチをします。支援者がプレーバンドを両手で持ちます。対象児(者)の両手(または片手)を支援者が持つプレーバンドに乗せるようにして，プレーバンドをゆっくり持ち上げたり降ろしたりします(Lo-2)。「うえ…した…」と声をかけながら，ゆっくりと上下させます。「イチ，ニ，

イチ，ニ…」とリズミカルに動かすのもよいでしょう。プレーバンドを摑むことが難しい場合でも，対象児(者)の手のひらを乗せて動かしてあげることで，プレーバンドの優しい伸び縮みが伝わります。また，対象児(者)の足首やふくらはぎをプレーバンドに乗せて，上下させます。

■展開例2：プレーバンドの伸び縮みを楽しむ

対象児(者)と支援者は向かい合って，プレーバンドの両端の輪をそれぞれ持ちます。支援者が後方に動くとプレーバンドは伸びます(M-2)。対象児(者)にプレーバンドの張りが伝わったところで，支援者はプレーバンドを細かく動かしたり止めたりします。「ブルブルブル…ピーン」などとコミカルに声をかけながら行うと，とても楽しい

写真8-3　プレーバンドの伸縮を楽しめるように働きかけます

活動になります(M-6，M-7)。また，プレーバンドが伸びた状態から，対象児(者)に近づくことで，プレーバンドの伸び縮みを感じることもできます。介助者がいれば，支援者は動かずに対象児(者)の車いすを動かしてあげることで同じ活動ができます(写真8-3)。

■展開例3：プレーバンドを操作する

プレーバンドを数本つなげて円にします。プレーバンドは，赤・青・黄・緑の4色があるので，異なる色を人数に合わせてつなげるとよいでしょう。つなげたプレーバンドを大勢で持つと円陣ができます。そして「イチ，ニ，イチ，ニ…」と上下に動かしたり，「イチ，ニ，サーン…」で引っ張ったりします(C-3e)。リズミカルに声をかけたり，歌ったりしながら行うとよいでしょう。また，プレーバンドの色を活用して「赤を持っている人，持ち上げてください」と声をかけます(C-2g)。さらに，「ヨーイドン」で，プレーバンドを右(または，左)方向に送るように動かします。「ストップ！」で止めると，持っている色が変わるので，楽しく繰り返すことができます。円形でのムーブメントは，互いの動きや笑顔が無理なく見えるので，情緒・社会性を支える支援として大切な環境です。

ビーンズバッグ／ハットフリスビー

ビーンズバッグは，お手玉に似た遊具で，赤・青・黄・緑・白の5色，丸・三角・四角の3種類があります。また，付属品の布製の的は，投げたビーンズバッグがつくようにマジックテープが縫い付けられており，数字がついています。

ハットフリスビーは，赤・青・黄・緑・白の鮮やかな縁取りのある直径約20cmの布製のフリスビーです。付属品のミットのマジックテープに，フリスビーがくっつくようになっているので，つかむことが困難な対象児(者)の「受ける楽しさ」につながる環境として，また防水処理された布製のため水中ムーブメントにも活用できます。

■展開例1：投げたり，もぎ取ったりして，ぶどう狩りを楽しもう

　いくつかのビーンズバッグを箱に入れます。対象児(者)は箱に手を入れて，ビーンズバッグを選びます(M-2・C-5c)。的に向かって投げてみましょう(M-4・M-9)。対象児(者)が勢いよくビーンズバッグを投げることが困難な場合には，支援者が的を持って対象児(者)に近づいてあげるとよいでしょう。このように「環境が近づく」ことは，障がいの重い児(者)のムーブメントにおいて大切な考え方です。次は，的についたビーンズバッグをもぎ取ります。ビーンズバッグをもぎ取る時の何とも言えない心地よい感触と，取れた時の達成感が「もっと手を出したくなる，やってみたくなる」ムーブメント環境を作ります。支援者は「さあ，ぶどう狩りをしましょう」と，的を対象児(者)の頭上にかざしてもよいでしょう。対象児(者)は，手を伸ばしてビーンズバッグをもぎ取ります(写真8-4)(C-4j)。ハットフリスビーも同様に的につくので，ビーンズバッグとフリスビーの両方をくっつけてもぎ取るのも楽しい活動です(写真8-5)。

写真8-4　手を伸ばしてビーンズバッグをもぎ取ります

写真8-5　フリスビーを加えて変化のあるくり返しを楽しみましょう

■展開例2：ハットフリスビーを受け取ろう

　対象児(者)は，ハットフリスビーに付属しているミットを両手につけて差し出します。それをめがけて，支援者がフリスビーを優しく投げてあげましょう。ミットのマジックテープにフリスビーがくっついて，容易に受け取ることができるでしょう(写真8-6)。

写真8-6　ミットを手にはめてフリスビーを受けます

■展開例3：身体に乗せよう

　ビーンズバッグやハットフリスビーを対象児(者)の頭や肩，手のひら，ひざ，足の甲などに乗せてあげます(M-7)。フリスビーを頭にのせると帽子のようです。また，「イチ，ニの，サン！」で落とします。身体を動かすとビーンズバッグやフリスビーが落ちるので，行為と結果の関係がわかりやすく，楽しい活動になります。最後は，対象児(者)も支援者も，皆で思い思いに身体に乗せて記念撮影をします。

ムーブメントスカーフ

ムーブメントスカーフは，柔らかくナイロン製の布で作られ，美しい色（赤・青・黄・緑・ピンクの5色）の遊具です。手が不自由だったり，目と手の協応が困難だったり，ボールを上手に受け取れないなど，操作することが困難な対象児（者）への優しい操作性遊具として活用することができます。

■展開例1：スカーフの動きを楽しむ

支援者は，背臥位，あるいは座位姿勢の対象児（者）にスカーフをかざして，ゆっくり動かします。スカーフの動きに触発されて，対象児（者）は手を出したり，身体の動きが引き出されたりします（Lo-1・C-1a・C-4i）。

■展開例2：空中に投げて，受け止める

スカーフを自由に投げ上げたり，受け止めたり，振ったりして，いろいろな動きを楽しみます（M-6）。ボールの動きについていけない対象児（者）でも，スカーフであれば確実にキャッチできます。空中に投げて，ゆっくり落ちてくるスカーフを受け止めます。スカーフは，とても柔らかいので，指や手のひらに引っ掛けて受け止められます。慣れてきたら頭で受け止めたり，足を出して受け止めたりします。支援者が投げてあげても，仲間と互いに投げあったりしてもよいでしょう。

■展開例3：身体に乗せたり，腕に掛けたりする

スカーフで対象児（者）のお腹，足，頭などの部位を包んで優しくマッサージしたり，タッピングしたりします（C-3d）。また，対象児（者）が好きな色のスカーフを身体の上（肩，頭，膝，腕など）に乗せてあげます。きれいな洋服になります。さらに，座っている対象児（者）が両手を広げて大きな樹木になり，仲間が対象児（者）の好きなところ（身体部位）にスカーフを掛けてあげて，記念写真を撮ります。

■展開例4：スカーフを二人で一緒に持って動かす

対象児（者）と支援者は向かい合って，スカーフの両サイドを持ち，スカーフを大きく持ち上げたり，下ろしたりします。「うえ，した」と声をかけながら行いましょう（C-3e・C-3o）。この動きの繰り返しで空気の山ができることに気づくでしょう。さらに，上に持ちあげた時に「ピーン！」と言いながら，スカーフを引っ張ってその動きを止めてみます。無理のない範囲で，上肢の挙上を促します（C-4a・C-4i）。また，このようにして作ったスカーフの波の下を仲間がくぐります。楽しい集団でのムーブメントが展開できます（写真8-7）。

写真8-7 スカーフの波をくぐります

ムーブメントパラシュート

パラシュートは，フロアに広げただけで，対象児(者)の気持ちを誘い，ファンタジーの世界を作ります。パラシュートに空気をはらませ，皆で協力してドームをつくります。そこには，競争もなく上手や下手もありません。成功を皆と一緒に分かちあう喜びがあります。ムーブメントパラシュートには，中・小(直径：5m・3m)の2種類があり，握る力が弱い児(者)でも持ちやすいように，円周にロープを入れたエッジ機構になっています。

■展開例1：ポップコーンを作ろう：小型(直径3m)パラシュート

パラシュートの周りに座り，両手で持って，優しい波を作ります。「ヨーイドン」で手を動かして波を作り「止まれ」の合図で止めます。この合図に，タンバリンなどの楽器や鍵盤楽器による簡単な即興演奏を使うと「変化のある繰り返し」の活動になります。

次に，カラーボールやラバーボールをその上に乗せてみましょう。カラーボールは，美味しいポップコーンに変わり，パラシュートの上で元気に飛び跳ねます。対象児(者)は，飛び跳ねるボールの動きを見ながら，手をどのように動かしたら，もっと高く飛び上がるポップコーンができるかを体験します(C-2f)。

■展開例2：メリーゴーランドを楽しもう：中型(直径5m)パラシュート

パラシュートの上に対象児(者)を乗せてあげます。支援者は周りに座ってパラシュートを持ち，優しい波を作ります。波の動きに誘われて，這ったり転がったりする対象児(者)の動きを引き出すことができるでしょう(C-2a・C-3f)。また，支援者が介助して座位姿勢や，三角マットなどを活用して伏臥位を取るのもよいでしょう。大切なことは，無理なく抗重力姿勢がとれるように支援することです。

波を楽しんだ後は，メリーゴーランドのような回転性の揺れを経験しましょう。支援者がパラシュートの周りを持って立ち上がり，パラシュートが回転するように動きます(写真8-8)。対象児(者)は倒れないようにバランスをとったり，転がったりしながら身体意識を高めます。

写真8-8 パラシュートに乗ってメリーゴーランド(回転性)の揺れを楽しみます

■展開例3：トンネルをくぐろう：中型(直径5m)パラシュート

パラシュートが半分になるように二人の支援者が持って，長いトンネルを作ります。対象児(者)はそのトンネルを思い思いにくぐって移動します(Lo-9, Lo-10)。車いすでもバギーでも介助歩行でも，安心して移動できる方法がよいでしょう。トンネルの出口には，必ず支援者や他の参加者がいて，対象児(者)が出てきたら，タンバリンをたたく，相手の両手にタッチするなどの環境を作って，コミュニケーションにつなげましょう。

《書 籍》

『フロスティッグのムーブメント教育・療法
－理論と実際』M. フロスティッグ著　小林
芳文訳　日本文化科学社　2007
　　ムーブメント教育・療法の創始者である
M. フロスティッグによるムーブメント教
育・療法の原典である。ムーブメント教育・
療法の理論と実際について，基礎・基本を
学ぶことができる。

『医療スタッフのためのムーブメントセラ
ピー』仁志田博司監修　小林芳文・藤村元邦
編著　メディカ出版　2003
　　発達障がい・重症心身障がい児(者)の医
療・福祉・教育にいかすためのムーブメン
ト療法の専門書である。本書は，教育界で
発展してきたムーブメント教育・療法の考
え方や手法を，医療の領域で実践されてい
る支援法に発展・展開するために編集され
ている。発達障がい・重症心身障がい児(者)
の看護や療育，教育に好適の書。

『ムーブメント教育・療法による発達支援ス
テップガイド―MEPA-R実践プログラム』
小林芳文他著　日本文化科学社　2006
　　「MEPA-R」に基づくムーブメント教育・
療法実践のための発達支援プログラムガイ
ドブック。MEPAの改訂に伴い，『乳幼児
と障害児の発達指導ステップガイド』を全
面的に書き替えた。人間発達の引き金とな
る動き(ムーブメント)をとおして，「運動・
感覚」(からだ)，「言語」(あたま)，「社会性
(情緒を含む)」(こころ)の3分野6領域の発
達を支援する。MEPA-Rで育ちを確認し，
その育ちに応じた支援を行う上でのプログ
ラムアイデア集。

『フロスティッグ視知覚発達検査』M. フロス
ティッグ著，飯鉢和子，鈴木陽子，茂木茂八
訳　日本文化科学社　1977
　　視知覚能力に困難を示す子どもの支援に
活用し，読み書きや初歩の算数の基礎能力
を育成するために役立てることができる。

学習能力に関連深い「視覚と運動の協応」，
「図形と素地」，「形の恒常性」，「空間にお
ける位置」，「空間関係」の5つの視知覚技
能をとらえる。

自立活動に関する全4巻　明治図書　2001
『① 認知発達を育てる自立活動』小林芳文・
當島茂登編著
『② 身体の健康・動きを育む自立活動』小林
芳文・永松裕希編著
『③ コミュニケーションを育てる自立活動』
小林芳文・是枝喜代治編著
『④ 音楽・遊具を活用した自立活動』小林芳
文・飯村敦子編著
　　特別支援教育の固有の領域である自立活
動について，その基本的な考え方やムーブ
メント教育・療法による具体的な支援法に
ついて分かりやすく解説されている。

『LD児・ADHD児が蘇る身体運動』小林芳
文著　大修館書店　2001
　　特別支援教育は新しい時代の要請として
教育現場に広く求められている。本書は，
著者の長年の研究をまとめたもので，脳の
機能を活性化する豊かな身体運動を楽しく
経験させるための理論と方法を豊富な実践
例で示した発達障がい児の支援に好適の書。

『楽しい，遊びの動的環境によるLD・ADHD・
高機能自閉症児のコミュニケーション支援』
小林芳文・是枝喜代治編著　明治図書　2005
　　特別支援教育の対象として新たに加えら
れたLDやADHD，高機能自閉症の子ども
たちに共通してみられる，ことばの使用の
問題，対人関係や社会性を含めた「コミュ
ニケーション」の問題について，各障がい
に応じた基本的な対応や，集団活動を通し
たコミュニケーション支援のあり方につい
て，ムーブメント教育・療法の立場から，
数多くの事例を交えて解説している。通常
の学級の先生を始め，特別支援学級や特別
支援学校の先生方にも広く活用できる書で
ある。

《書籍》

『発達障がい児の育成・支援とムーブメント教育』小林芳文・大橋さつき・飯村敦子編著 大修館書店 2014

「発達障害」を対象としたムーブメント教育の理論と実践法の解説書。発達障害を切り口に，ムーブメント教育における「発達」や「障害」のとらえ方を示し，楽しい集団遊びの環境が子どもの育成に有効であることを示している。3部構成になっており，第1部【理論編】では，発達障害やムーブメント教育に関する理論の整理，第2部【方法・実践編】においては，アセスメントや遊具の活用と応用として音楽，ダンス，水中ムーブメントの紹介，第3部【展開編】では，療育・保育，子育て支援・特別支援教育・地域支援など様々な現場から，14の実践報告が掲載されている。

『特別支援教育・体育に活かすダンスムーブメント〜「共創力」を育み合うムーブメント教育の理論と実際』大橋さつき著 明治図書 2008

特別支援教育や体育を中心としたさまざまな育み合いの場において，「ダンスムーブメント」を行うために役立つエッセンスを集約。ダンスムーブメントの背景や意義，基礎理論をまとめた上で，実践のための基本ワークや豊富な活動例を紹介している。

『遊びの場づくりに役立つムーブメント教育・療法 ─笑顔が笑顔をよぶ好循環を活かした子ども・子育て支援』小林芳文・大橋さつき著 明治図書 2010

家庭，地域，教育などの現場で子どもの育ちを支える方々に「遊びの場」を活用してもらうためのムーブメント教育・療法の考え方をわかりやすく18のポイントで解説。また，MEPA-Rを活用するねらいや具体的な使い方，代表的な遊具の使い方と共に，実践例や発展的な取り組みも紹介。

『子どもの発達と運動教育：ムーブメント活動による発達促進と障害児の体育』J．ウイニック著，小林芳文他訳 大修館書店 1992

子どもの成長と身体・動き・知覚・学習能力・認知の発達との関係を明らかにし，様々な障がいはなぜ起こり，どう診断し，運動教育の側面からどのように改善を図るかを説く。

『発達に遅れがある子どものためのムーブメントプログラム177』小林芳文監修・著 横浜国立大学教育人間科学部附属特別支援学校編 学研教育出版 2010

障害のある児童生徒の教育にムーブメント教育を取り入れ，多くの教材やプログラムを開発，発信してきた横浜国立大学附属特別支援学校での25年以上にわたる教育実践をまとめた書。手先が不器用で細かい作業が苦手，ボールをうまくキャッチすることができない，ことばの理解が遅れている，視覚・聴覚・触覚などに弱さがある，グループ活動にうまく入れない，自分に自信がないなどの困難を有する子ども達。動くことを通して発達を支援するムーブメント教育の遊具や教材を活用した環境設定のあり方やプログラムの展開方法などを具体的に提示している。

『障害乳幼児の早期治療に向けた家族支援計画(IFSP)─Play-Based Assessmentの取り組みと展開─』小林芳文・飯村敦子著 青山社 2006

本書は，障害乳幼児をめぐる早期発達支援において，我が国で初めて取り組まれた"個別家族支援計画"(IFSP；Individualized Family Service Plan)による「家族参加型，子ども中心の支援」を展開するための研究書である。本研究で開発したPlay-Based Assessmentによる遊びの療育プログラムは，従来の訓練型アプローチとは異なり，両親など家族が楽しんで取り組むことが可能である。本書における研究の成果は，これまで目が向けられなかった「家族が楽しみながら育児ができる」新たな療育の発展につながるものである。

209

『子どもたちが笑顔で育つムーブメント療育』
小林芳文監修，小林保子・花岡純子編著　クリエイツかもがわ　2020

　　医療型児童発達支援センターにおいて，25年間実践されてきたムーブメント療育をまとめた書。重い障がいのある子どもとその家族を笑顔にするムーブメント療育の実践例が多数紹介されている。ムーブメント教育・療法の理論と具体的な実践内容が，多くのカラー写真とイラストでわかりやすく示されている。また，光のムーブメント・野外ムーブメント・水中ムーブメントなどの環境やさまざまな遊具を活用した豊富な実践例が掲載されている。

『運動・遊び・学びを育てる ムーブメント教育プログラム100　―幼児教育・保育，小学校体育，特別支援教育に向けて』小林芳文，是枝喜代治，飯村敦子，雨宮由紀枝編著　大修館書店　2021

　　幼児教育・保育，小学校体育，特別支援教育の現場で，子どもたちの運動や遊び，学びをより豊かに，楽しく支援するために活用できる書。3部構成になっており，第1部【理論編】では，運動の苦手さを抱える子どもや，発達障害・知的障害のある子どもの支援に生かすムーブメント教育・療法の理論が整理されている。第2部【プログラム編】は，「身体づくりや動きづくりを育てるプログラム」と「学ぶ力，考える力，かかわる力を育てるプログラム」に分かれ，合わせて11の運動属性ごとに計100個のプログラムが紹介されている。第3部【事例・実践編】では，さまざまな現場での6つの実践が紹介されている。

『実践！ ムーブメント教育・療法　楽しく動いて，からだ・あたま・こころを育てる』小林芳文監修，阿部美穂子編著，NPO法人日本ムーブメント教育・療法協会著　クリエイツかもがわ　2023

　　本書は，「認定ムーブメント教育・療法初級指導者」養成のテキストとして刊行された。この資格は，NPO法人日本ムーブメント教育・療法協会（JAMET）が認定するものである。ムーブメント教育・療法に関する基礎的な理論を学び，ムーブメント環境に関する基本的な活用方法を理解して，ムーブメント教育・療法に取り組めることを協会が認定する。初級指導者を養成する講座では，基本的な理論を学ぶために本書を使用する。資格の取得にかかわらず，はじめてムーブメント教育・療法を学ぶ方の入門書として，最適な書である。

『子どものウェルビーイングとムーブメント教育』小林芳文監修，大橋さつき著　大修館書店　2024

　　筆者が20年以上にわたり実践してきたムーブメント教育を基盤とした遊びの場づくりの実践と研究をまとめた書。半世紀以上も前にフロスティッグ博士が唱えた「健康と幸福感の達成（Health and a Sense of Well-being）」というムーブメント教育の中心的ゴールを軸に，さまざまな視点から子どものウェルビーイングについて論じられている。「ムーブメント教育」の意義と方法について，豊富な事例を交えて解説されている。

《関連資料》

〈映　像〉

『ムーブメント教育・療法《I》基礎編』(DVD)
パステル舎

　　ムーブメント教育・療法の基礎と進め方について具体的に学ぶために作成された。感覚運動，知覚運動，精神運動という発達の流れに基づくムーブメント教育・療法の展開について，遊具活用の実際と共に活動事例を紹介しながらわかりやすく解説している(25分)。

『ムーブメント教育・療法《II》理論編：フロスティッグ理論を理解する』(DVD)　パステル舎

　　ムーブメント教育・療法を構築したマリアンヌ・フロスティッグ(Marianne Frostig)の理論に新しい情報を加えて作成された。フロスティッグの生い立ちや生涯をかけて取り組んだ研究の数々，ムーブメント教育・療法の軸となる理論，そして世界の研究者たち，フロスティッグの発達観やムーブメント教育・療法の達成課題，進め方まで広範な内容で構成されている。フロスティッグの貴重な実践映像を含めながら，ムーブメント教育・療法の理論を丁寧に紹介している(30分)。

〈アセスメント〉

『MEPA-R(Movement Education and Therapy Program Assessment-Revised：ムーブメント教育・療法プログラムアセスメント改訂版)』小林芳文著　国際ムーブメント教育・療法学術研究センター協会　日本文化科学社　2005

　　1985年に日本におけるムーブメント教育・療法の独自のアセスメントとして開発されたMEPAの改訂版である。2005年に基本となる構成・内容は変えず，必要なアセスメント項目を増やし，全ての領域を30項目に統一して改訂された。単に運動発達年齢を知るための発達診断ではなく，運動・言語・社会性という，「からだ」「あたま」「こころ」の発達について，アセスメントの結果を手がかりに，ムーブメント教育・療法による支援プログラムの構成につながるツールである。

『MEPA-R　手引』小林芳文著　国際ムーブメント教育・療法学術研究センター協力　日本文化科学社　2005

　　MEPA-R実施上の注意，実施方法，評定結果の整理と活用方法などを具体的に解説した手引き書。評定者によるばらつきを防ぐための必携書。

『MEPA-IIR　重症児(者)・重度重複障がい児のムーブメント教育・療法プログラムアセスメント』小林芳文・藤村元邦・飯村敦子監修・著　萌文書林　2024

　　重症児(者)，医療的ケア児，重度重複障がい児の支援の手がかりとして最も導入しやすい感覚・運動面を中核に据え，ムーブメント教育療法の理論に基づいて発達を捉えるためのアセスメントである。0ヶ月から18ヶ月までの発達年齢に対して，姿勢・移動・操作などの感覚・運動発達とコミュニケーションに関するアセスメントで構成されている。諸診断法の詳細な検討に生理・運動学の知見を加えた。

　　全項目が本書「新訂　障がいの重い児(者)が求めるムーブメントプログラム―MEPA-IIRの実施と活用―」と連携しており，具体的な支援プログラムの実施が可能となる。

● 紹介した遊具の問い合わせ先：パステル舎

〒248-0013　神奈川県鎌倉市材木座2-7-15

Tel：0467-23-8360　Fax：0467-23-9170

HP：http://www5.ocn.ne.jp/~pastel-s/

第8章　障がいの重い児(者)に向けたムーブメント遊具等の活用の実際

参考・引用文献

1 ）MEPA-Ⅱ：Movement Education Program Assessment-Ⅱ
　　乳幼児と障害児の感覚運動発達アセスメント　小林芳文他著　コレール社　1992

2 ）感覚運動発達アセスメント（略称：MEPA-Ⅱ）マニュアル
　　小林芳文他著　コレール社　1992

3 ）重度重複障害児(者)の感覚運動指導　第1巻：基礎編
　　小林芳文・上原則子編著　コレール社　1992

4 ）重度重複障害児(者)の感覚運動指導　第2巻：プログラム編
　　小林芳文・上原則子編著　コレール社　1992

5 ）重度重複障害児(者)の感覚運動指導　第3巻：指導実践編
　　小林芳文・藤村元邦・新井良保編著　コレール社　1992

6 ）医療スタッフのためのムーブメントセラピー
　　仁司田博司監修　小林芳文・藤村元邦編著　メディカ出版　2003

7 ）MEPA-R：Movement Education and Therapy Program Assessment-Revised
　　（ムーブメント教育・療法プログラムアセスメント改定版）
　　小林芳文著　国際ムーブメント教育・療法学術研究センター協力　日本文化科学社　2005

8 ）MEPA-R―手引―
　　小林芳文著　国際ムーブメント教育・療法学術研究センター協力　日本文化科学社　2005

9 ）ムーブメント教育・療法による発達支援ステップガイド　MEPA-R実践プログラム
　　小林芳文編　日本文化科学社　2006

10）フロスティッグのムーブメント教育・療法－理論と実際－
　　マリアンヌ・フロスティッグ著　小林芳文訳　日本文化科学社　2007

《第1章－1》

11）重度重複障害児(者)のPositive Health―ネットカームーブメントにおける心拍数の分析―
　　新井良保・小林芳文　学校保健研究　34(8)　366-371　1992

12）ムーブメント教育―理論と実際―
　　Frostig,M.著　肥田野直・茂木茂八・小林芳文訳　日本文化科学社　1978

《第1章－2》

13）感覚統合と学習障害　Ayres,J.著　宮前珠子・鎌倉矩子訳　共同医書　1978

14）リハビリの夜　熊谷晋一郎　医学書院　2009

《第2章－1》

15）家族支援に生かしたムーブメント法の活用事例―17年間にわたるMEPA-Ⅱの記録を通して
　　大崎恵子・新井良保　児童研究　87 21-29　2008

《第2章－3》

16）特別支援学校　小学校・中学校学習指導要領　文部科学省　2009

17）特別支援学校　学習指導要領解説　自立活動編　文部科学省　2009

《第2章－4》

18）医療スタッフのためのムーブメントセラピー
　　仁司田博司監修　小林芳文・藤村元邦編著　メディカ出版　2003

《第2章－5》

19）医療的ケア児の保育所保育に関する研究―保育士を対象としたアンケート調査から―　児童研究　101
　　小林保子・河合高鋭　日本児童学会　2022　pp.11-18

《第2章－6》

20）保育所に等における特別なニーズのある子どもへの支援の実際―保育者へのインタビュー調査を通して―　児童研究　102　袴田優子　日本児童学会　2023　pp.55-68

21）保育所における特別なニーズのある子どもの保護者支援の在り方に関する一考察―親子ムーブメント活動の実践を通して―　和光大学人間学部紀要　17　袴田優子・大橋さつき　2023　pp.145-165

22）「子ども・子育て支援推進調査研究事業」実施事業　保育所における障害児やいわゆる「気になる子」等の受け入れ実態、障害児保育等のその支援の内容、居宅訪問型保育の利用実態に関する調査研究報告書　社会福祉法人日本保育協会　2016　pp.84-102

《第5章－1》

23）運動を育てる　林邦雄・小林芳文編　コレール社　1986

24）運動発達　前川喜平　小児医学　7：321　1974

《第6章－2》

25）知能の誕生　Piajet,J.著　谷村覚・浜田寿美男訳　ミネルヴァ書房　1978

《第6章－コラム》

26）医療スタッフのためのムーブメントセラピー
　　仁志田博司監修，小林芳文・藤村元邦編著　メディカ出版　2003

第9章
アセスメント実施にあたってのQ&A

1．評定方法について

Q 評定者はだれがよいですか？

　対象児（者）の療育・教育に直接携わる家族や，保育士，教師，施設職員，医療従事者などの支援者が実施します。特段の資格は必要ありませんが，対象児（者）の普段の様子をよく知っている人が実施するのがよいでしょう。

　評定者は，必ずしも一人とは限りません。対象児（者）の発達の実態を確実に捉えるために，複数の支援者が話し合って，評定するのもよい方法です。

Q 複数の評定者で所見が異なる場合は，どのようにしたらよいですか？

　家族とそれ以外の支援者の間や，支援者同士で所見が異なることは，よくあることです。これは，問題ではなく，むしろ対象児（者）の姿を多角的に捉えることができるチャンスです。そのような場合は，各評定者が情報交換し，現在の時点でもっとも妥当と思われる評定を選ぶことにします。また，それぞれの情報は，特記事項に記入して，支援の参考情報として活用するようにしましょう。

Q 日によって対象児（者）の状態が安定しない場合，どのように評定したらよいですか？

　障がいの重い児（者）の場合，体調の変化や非日常的な活動があった時など，日によってできるはずのことができなかったりする場合があります。1週間ぐらいの余裕をもって，平常の状態を確認して評価するようにしましょう。

Q 対面以外でも使うことができますか？

　対象児（者）のことを全く知らない人が評定することは好ましくありませんが，療育相談などでは，面接時間が限られていたり，直接，対象児（者）に会うことができなかったりな

1. 評定方法について

ど十分な観察時間が取れないことがあります。そのような場合は，日常生活の様子をよく知っている人から聞き取って評定することも可能です。

MEPA-ⅡRは，対象児(者)の評定のみが目的なのではなく，評定の結果得られた発達に関する知見を支援に役立てることが目的ですから，その観点を最優先にして活用しましょう。

 どれくらいの頻度で評定するのがよいですか？

決まった頻度はありませんので，必要に応じていつでも評定することができます。複数回評定することで，対象児(者)の発達の変化を継続して確認し，支援プログラムの見直しに活かすことができます。学期ごとや，半年ごと，1年ごとなど，時期を決めて評定することをお勧めします。特に障がいの重い児(者)の場合，短期間での変化がみられなくても，長期間継続して定期的に評定することで，ゆっくりとした発達の伸長を確認でき，支援者や支援機関が変更になっても，継続した支援プランを作成することに役立ちます。

 再評定の時は，前回できていない項目だけを調べればよいですか？

前回できていた項目であっても，もう一度見直してみましょう。それにより，対象児(者)の発達の全体像をつかむことができます。これまで，できていたことでも，できる場面が広がっていたり，よりスムーズにできるようになっていたりなど，新しい気づきが得られて，支援プログラムの作成に役立つヒントが得られます。

 場面や，相手によって対象児(者)の反応や様子が異なる場合はどうしたらよいですか？

複数の場面で確実にできる場合をプラス(＋)にしましょう。できる場面や相手が限られている場合は，プラスマイナス(±)と評定し，その状況を特記事項に記しておきましょう。できる場面が限られる場合は，その環境に含まれている要素を分析することで，対象児(者)が力を発揮しやすい支援環境作りのヒントが得られます。

また，相手が限られる場合は，それぞれの相手がどのようなかかわり方をしているかを分析してみましょう。それにより，対象児(者)の力を引き出しやすい働きかけ方がみえてきます。いずれの場合も，評定結果を支援に活かすためには，環境との相互作用から対象児(者)の状態を把握するという視点が重要です。

第9章　アセスメント実施にあたってのQ&A

 以前はプラス「＋」だった項目が，体調を崩してほとんどみられなくなってしまった場合は，どう評定したらよいでしょうか？

　長期間の体調不良や入院による影響で一時的に身体が固くなったり，引っ越しやクラス替え等，日常生活環境の急激な変化に対する適応時の心理的な原因で，これまでみられた活動や表現がみられなくなることがあります。

　そのような時は，現状で評定し，特記事項として状況を記録しておくと，次回以降のアセスメント時に参考になります。

2．活用方法について

 対象児(者)のコミュニケーション能力を伸ばすプログラムを考えています。支援プログラムを考える際には，すべての分野の項目の評定をしなければなりませんか？

　対象児(者)の発達は，身体的能力，知的能力，社会性能力などの複数分野の能力が互いに関係しあいながら伸びていきます。ですから，どれか一つの発達分野だけに注目して支援プログラムを作成するという考え方は，発達の原理に即していないことになります。

　まず，発達の全体像を把握したうえで，必要な発達課題を選定します。その場合，例えば対象児(者)の重点課題がコミュニケーション分野に見い出された場合は，その課題を軸としながら，運動・感覚分野の発達の状態に即して，コミュニケーションの課題に取り組む活動プログラムを作成するようにします。その結果，ターゲットであるコミュニケーション面の発達が促進されていきます。

Q 評定の結果をどのように支援プログラム作成に活かせばよいでしょうか。

　評定結果は，「できる(＋)」「芽生えがみられる(±)」「できない(－)」の3つからなっています。

　「できる」とは，安定してできる項目ですので，このような項目に関しては，いろいろな場面でそのスキルを発揮できるように，活動環境やかかわる人を変えるなど，その力の応用力を拡大していくようなプログラムを設定します。

　「できない」項目は，全く未経験なスキル，発達的にまだ獲得するには至らないスキル，あるいは身体機能上獲得することが困難なスキルです。このような項目については，できないからと言ってプログラムに取り入れないのではなく，全面的な援助のもとに成功

体験を重ねるようにします。例えば立位が難しいからと言って、活動中ずっと臥位で過ごすのではなく、介助によって立位で活動する場を設定し、その体験を増やすことが大切です。そして、プログラム作成の際に最も意識して取り入れたいのが、「芽生えがみられる」項目です。これは、環境や援助の方法によってそのスキルが発揮できたり、できなかったりする項目です。

　これは、対象児(者)にとって、発達が伸長しようとしている項目と考えられます。このような項目を重点的にプログラム内容に取り入れるようにします。

　ここで大切なことは、支援者の援助と本人の力を合わせてちょうど100％になるように、支援の量を調整し、対象児(者)が必ず成功体験を積めるようにすることです。そして、徐々に支援の量やレベルを減少させていきます。このように評定結果は、「できる」「できない」の判断をするためだけでなく、今どのような力を発揮できる状況なのか、そのためには、どれくらいの支援をする必要があるかを判断するために重要な情報源なのです。

 評定の結果、できる項目とできる項目の間に、ところどころできない空白の項目があることについて、どのように考えるのがよいでしょうか。

　MEPA-ⅡRの項目は、典型的な発達の道筋に沿って配置されていますので、原則としては、段階を追って項目が達成されていくことが想定されています。しかし、現実には、対象児(者)によって必ずしも厳密に順をたどるとは限りません。なぜなら、発達の様相には、一人ひとりの個性があるからです。

　また、MEPA-ⅡRの項目は、対象児(者)がその持てる力を発揮して成し遂げることができる具体的な行動スキルを示しているので、環境との相互作用により、経験する機会が多かったり、そのスキルを発揮しやすい環境にあったりする場合、発達のより高次なスキルであっても、先に達成されることはあり得ることなのです。

　このような発達の飛越がある場合、達成項目と達成項目の間にある空白の「できない」項目は、その力が全く身についていないというよりは、達成の可能性があるが、今までそのスキルを獲得するための機会が不十分で達成に至っていない項目、あるいは潜在的な能力はあるが、例えば、視覚や聴覚などの感覚障害や、身体の欠損や可動域の限定などのため、代替機能や補助具を用いることが必要な項目と考える必要があります。

評定の結果を支援目標にどう結びつけるのがよいでしょうか。

　評定結果をみると，ついできない項目が気になります。そして，あれもできない，これもできないと，その項目を取り上げて，「できないことができるようになる」ことを目標にしたくなります。

　また，つい評定の達成度の低い分野に注目し，発達の落ち込みを改善する目標を立てたくなります。

　しかし，この考え方は欠点解消・苦手克服を第一とするものであり，対象児(者)が伸びようとする力や活動の喜びを支えるムーブメント教育・療法による発達支援の考え方とは相容れないものです。

　私たちは，支援者として発達の伸長を目指すのは当然ですが，それは児(者)を定型発達の流れに当てはめるための支援をすることではありません。あくまでも生活実態に即した形で，その持てる可能性を最大限実現できるように支援し，その結果としての発達の伸長を引き出していく支援が大切なのです。

　それでは，MEPA-ⅡRの評定結果はどのように支援目標に生かされるのでしょうか。まず，対象児(者)のすでに「できる(＋)」項目，また，「芽生えがみられる(±)」項目に着目し，それが本人の生活のどのような場面で発揮できるスキルなのかを確認します。そして，すでにできているスキルを発展させたり，芽生えがみられるスキルが定着することによって，本人の生活における環境との相互作用が促進し，QOLやウェルビーイングの向上に結びつくと考えられる具体的なムーブメント活動目標を設定するようにします。

　ここで大切なのは，MEPA-ⅡRの項目そのものを単体で目標とするのではなく，MEPA-ⅡRの複数の項目の達成度をベースとして，具体的な生活場面の目標として設定することです。

　例えば，操作の領域で「M-5.b：ねらいを付けて，どちらかの手で物をつかみ，それを持ち続ける」ことがほぼできており，コミュニケーションの領域で「C-2g：自分の名前を呼ばれた時，反応する」項目に芽生えがみられるお子さんの場合，「名前を呼ばれたら，音の出るスイッチやおもちゃをつかんで応答できるようになる」という具体的な生活場面での目標を設定できるでしょう。

　さらに，この目標を達成する場面として，当番の活動や，名前呼びの歌遊びのムーブメント活動などが考えられるでしょう。このように，対象児(者)が目標を達成することによって生活を変えたり，楽しめるようにすることが重要です。その結果として，対象児(者)が活動に主体的に取り組むようになり，上記のMEPA-ⅡRで把握した発達課題を達成できることにつながります。

2. 活用方法について

 設定したプログラムに沿って活動を繰り返し実施しても、MEPA-ⅡRの項目に変化がみられないのですが……

　MEPA-ⅡRに基づく支援プログラムは、型の決まった訓練プログラムとは異なり、同じ活動をそのまま何度も繰り返すという考え方をしません。対象児(者)の発達課題を中核とし、活動内容に毎回新しいチャレンジを組み込みます。

　たとえベースとなる活動展開は同じであっても、その時の対象児(者)の反応に合わせて、遊具の使い方や支援者の働きかけを変化させるのです。例えば、物をつかんで振ることができつつある対象児(者)の場合、つかんで振る物の大きさを変えたり、振ることによって出る音を変えたり、振るだけでなくそれをぶつけるものを用意したり、それをつかむためにもっと広い範囲に手を伸ばさなければならないように設定したりします。

　さらに、振るおもちゃを支援者が視線を合わせたら手渡すようにしたり、対象児(者)が声を出したら渡すようにしたり、支援者が場所を移動して対象児(者)が目で追いかけたら手渡したりなど、コミュニケーションの発達課題を組み合わせて発展させていきます。

　このように、今、この時に対象児(者)の力を最も引き出せる物的・人的環境は何かを判断して、支援環境を柔軟に変化させていく過程において、初めて対象児(者)の発達の伸長が引き出されるのです。

　MEPA-ⅡRの項目は、あくまでも対象児(者)の実態に応じた支援目標やプログラムの内容を設定するための手がかりとして用いられるものであり、項目とその達成のための活動内容との固定的な対応関係を想定しているものではありません。

　対象児(者)にとってチャレンジしがいのある柔軟な活動展開の繰り返しこそが、発達課題の確実な達成につながります。

 継続的にMEPA-ⅡRを評定しているのですが、項目に変化がみられません。これは、もう発達の可能性がなくなったのでしょうか。

　MEPA-ⅡRの項目は、1歳半頃までの定型発達児の初期発達の高次化の様相を示したものです。発達の過程でどの児(者)にも観察できる、発達の目安となる行動がどのようにして獲得されていくかについて、障がいの重い児(者)でも観察可能なように、大変細かなステップで示されています。

　このステップを右肩上がりの直線的な発達モデルで捉えるなら、対象児(者)の障がいの特性や原因疾患によっては、発達が停滞したり、むしろ後退するようにみえる場合もあります。

　しかし、人の発達は、単純なステップアップの様相を示すものではありません。特に重

219

い障がいがある児(者)の場合，1つのスキルの獲得後，それを自在に洗練された形で使いこなせるようになるまでに時間がかかるケースがあったり，運動・感覚分野の項目に達成の伸びがみられなくても，実はすでに獲得している項目がコミュニケーション分野の伸びを下支えする重要なスキルであり，当初に比べその応用力が大きく向上していたりするケースもあります。

MEPA-ⅡRは，発達を直線的に捉えることをせず，それぞれの項目で示されているスキルが，どのように対象児(者)の発達の全体像にかかわっているかを確認し，対象児(者)の変化を広く立体的な視野で捉えようとする発達観に根ざしています。より高次な項目が達成可能となる垂直軸の発達のみならず，それを十分に活用する水平軸の発達の視点が含まれているのです。

達成項目が増えることがそのまま発達のすべてではないことをしっかり意識し，長期的な視野に立って，対象児(者)の発達スキル全体の変容を評価することが大切です。

 "運動・感覚分野"と比べて"コミュニケーション分野"が高いのですが，第5ステップを越えた場合はどうすればよいのですか？

運動・感覚分野の各領域は，MEPA-ⅡRを用いてじっくりと発達を確認し，コミュニケーション分野は，MEPA-Rと併用してアセスメントすることをお勧めします。

 MEPA-ⅡRを個別の指導計画や個別の教育支援計画のために役立てることできますか？

是非，MEPA-ⅡRを活用してください。MEPA-ⅡRから明らかになった各分野や領域の実態は，そのまま個別の指導計画や個別の教育支援計画を作成する際の対象児(者)の実態把握のためのツールとしても，また，実践後の変化をみるためのツールにもなります。積極的に活用しましょう。

 療育センターでは，定期的にMEPA-ⅡRでアセスメントをしていましたが，学校でもやっていただけるのでしょうか？

MEPA-ⅡRによるアセスメントは継続して実施していくことに意義があります。これまでのアセスメントを学校の先生にもみていただき，「今後もMEPA-ⅡRをアセスメントツールとして活用してもらいたい」と，希望を伝えましょう。

監 修・著

小林　芳文（横浜国立大学名誉教授／和光大学名誉教授　教育学博士）

藤村　元邦（元東京都立東大和療育センター福祉相談科長）

飯村　敦子（鎌倉女子大学教授　博士〔教育学〕）

新井　良保（元鎌倉女子大学教授）

小林　保子（元鎌倉女子大学教授　博士〔教育学〕）

著 者

阿部美穂子（山梨県立大学教授　博士〔教育学〕）

碓田　美保（元国立病院機構まつもと医療センター中信松本病院保育士）

大橋さつき（和光大学教授　博士〔学術〕）

庄司　亮子（鎌倉女子大学講師）

當島　茂登（元鎌倉女子大学教授）

袴田　優子（鎌倉女子大学非常勤講師）

新訂 障がいの重い児（者）が求めるムーブメントプログラム
―MEPA-ⅡRの実施と活用の手引―

2025年3月31日　初版第1刷発行

監修・著者	小 林 芳 文・藤 村 元 邦・飯 村 敦 子・新 井 良 保・小 林 保 子
発 行 者	服 部 直 人
発 行 所	㈱萌 文 書 林

〒113-0021　東京都文京区本駒込 6-15-11

TEL 03-3943-0576　　FAX 03-3943-0567

https://www.houbun.com

info@houbun.com

印刷・製本	シナノ印刷株式会社

©2025 Yoshifumi Kobayashi　Printed in Japan　　　　　C3011　978-4-89347-438-4

● 落丁・乱丁本は弊社までお送りください。送料弊社負担でお取り替えいたします。

● 本書の内容を一部または全部を無断で複写・複製，転記・転載することは，法律で認められた場合を除き，著作者および出版社の権利の侵害となります。本書からの複写・複製，転記・転載をご希望の場合，あらかじめ弊社あてに許諾をお求めください。

装丁 大路浩実／装画 なかざきまり子／イラスト 鳥取秀子・なかざきまり子（原案）／DTP 坂本芳子